講談社選書メチエ

716

超高層のバベル

見田宗介対話集

見田宗介

MÉTIER

超高層のバベル◉**目次**

河合隼雄　超高層のバベル　7
大岡昇平　戦後日本を振り返る　29
吉本隆明　根柢を問い続ける存在　41
石牟礼道子　前の世の眼。この生の海。　69
廣松渉　現代社会の存立構造　83
黒井千次　日常の中の熱狂とニヒル　117
山田太一　母子関係と日本社会　149

三浦　展　若い世代の精神変容　181
藤原帰一　二一世紀世界の構図　197
津島佑子　人間はどこへゆくのか　235
加藤典洋　現代社会論／比較社会学を再照射する　247
交響空間——あとがきに　見田宗介　291
人名索引　308

Kawai Hayao

河合隼雄

超高層のバベル

1928-2007 年。心理学者。
1952 年、京都大学理学部数学科卒業。1962 年よりユング研究所（スイス）に留学し、日本人として初めてユング派分析家の資格を取得。天理大学教授を経て、京都大学教育学部教授、国際日本文化研究センター所長を歴任。京都大学名誉教授、国際日本文化研究センター名誉教授。文化功労者。元文化庁長官。
主な著書に、『ユング心理学入門』（培風館、1967 年。のち、岩波現代文庫、2009 年）、『昔話と日本人の心』（岩波書店、1982 年。大佛次郎賞。のち、岩波現代文庫、2002 年）、『明恵　夢を生きる』（京都松柏社、1987 年。新潮学芸賞。のち、講談社＋α文庫、1995 年）、『ユング心理学と仏教』（岩波書店、1995 年。のち、岩波現代文庫、2010 年）、『神話と日本人の心』（岩波書店、2003 年。のち、岩波現代文庫、2016 年）はか。

精神の粉ミルク

見田　『心理療法と現代社会』（河合隼雄編『講座　心理療法』第八巻、岩波書店、二〇〇一年）の中の橋本やよい論文「現代社会と母親の語り」で山姥の話が出てきますが、あれから柳田国男の話を連想しました。柳田は、一家心中とか親子心中は、ふつう日本的な現象と思われているけれども、実は近代化が生んだものである、と言っています。

近代化以前は、仮に親が早死などしていなくなっても村の中で何とか育っていったけれども、その共同体がなくなって孤児というものが生まれてきた。それで、自分が死ななければならなくなると、いちばん愛している者を一緒に殺さなければならなくなって、親子心中や一家心中が出てきた、というわけです。実際に調べても、一家心中が初めて出てきたのは大正の終わりで、昭和になってから一斉に出てくる。つまり、近代になって家族が小さくなってくると、一人の親が背負いきれないはずのものを全部背負い込まされるわけです。それを社会がサポートしなければいけないのだけれども、そのサポートするメカニズムが現代社会でまだ十分できていない。

豊かな社会になって、例えば父親が不慮の事故に遭えば、母親が何とか仕事を探して働くとか、粉ミルクとか紙オムツとかもいろいろあって、いちおう物質的な面では、サポートというか、代わりになるものがあるから、一人の親でも育てられる。しかし、精神面のことはまた話が別で、「精神の孤児」のようなものとか、「精神の親子心中」、「精神の一家心中」のようなものが出てくる。それに対する一つのサポートとして、セラピーという要求が出てくるのではないか。だから、心理療法というのは、誤解を招きやすいかもしれないけれども、「精神の粉ミルク」のようなところがあるのではないかと思います。精神の母乳がいっぱい出ていれば必要ないのだけれど、現実にそういうものが足りないから、必要になってくる面があるのだと思います。

現代の心理療法で、発端となるのは子どもの問題からにしても、親子でセラピーしなければいけない、あるいは「家族療法」などが必要だということも、やはりそういう「精神の親子心中」とか「精神の一家心中」が出てきたことへの対応として捉えると納得ができるように思います。

河合　おっしゃっているとおりで、核家族になるということは大変なことなのに、みんなは楽になったと思っている。核家族化して、どうしても共同体とか大家族で与えていた「精神の粉ミルク」が急に欠乏して、職業としての精神粉ミルク係の必要が出てきたわけで、実際それがわれわれのやっていることだと思います。

ところが、ミルクを飲むほうがわっと急激に欲しがってくるから、下手な人がやるとお乳を食い切られてしまって、失敗してしまう。今までは善意や熱意で精神粉ミルク係ができたのですが、この頃その程度がものすごくひどくなってきたから、ものすごく難しくなったのだと思います。

見田　橋本論文の、山姥のうちのかなりの部分は産後の精神の変調をきっかけに起こる場合が多かった、というのは面白い指摘だと思います。論文でも指摘されているように、産後の女性はいちばん人間の動物性とか自然性が出てくる時期で、それと、あの当時で言えば封建社会の共同体のシステムとのひずみが大きくなって、山姥になったりする。

現代の一〇代の少女たちの「ヤマンバ」というのがいるでしょう。あれは、私は比喩である以上に、本質に触れるところもあると思うんです。分裂症（統合失調症）の一部を「破瓜《はか》病」といったように、女性の思春期というのは、産後の時期とはまた別に、動物性、生命性がわっと出てくる時期でしょう。

現代のヤマンバは、彼ら自身では「アフリカマン」という言い方をしたりしていて、アフリカのイメージがあるようですね。日本人にとっての「アフリカ」というシンボリズムは「ヨーロッパ」とは正反対だし、「アメリカ」とも「アジア」とも違って、ある種の原始性、自然性の比喩として文学などにも出てきますけれども、彼らにとっての「アフリカ」のイメージも同じだと思うのです。ですから、単なる一時的なお化粧の流行の一つである以上に、ある種の深層心理的な何かがあるのではないか。つまり、現代のヤマンバは、流行としては二〇〇一年ぐらいにはもう廃《すた》れるかもしれないけれども、あそこに出てきたヤマンバには、古典的な山姥に働いていた力と同じ力が働いていた気がするのです。

河合 あの人たちに会う上で、そういうことが分かっているかいないかで、すごく違いますね。

見田 ヤンママの子育てと言われるものがありますが、あれにも単に悪いとか、嘆かわしいとかいうだけではない面があると思うんです。例えば、ヤンママ同士が赤ちゃんを連れて、公園や仲間の家でワイワイやっている。そこには現代の母子関係で問題になっている密閉された母子家庭に代わる何かを探っている面があって、かといって昔のようなお姑《しゅうと》さんとか大家族に戻る気持ちもない。現代的な共同性をどうやって作るかという意味では、一つの試行過程というか、突破口を示している面があって、意外と面白いと思っているんです。

では、いいことばかりで問題はないかというと、例えば育児のファッション化とか、子どものペット化と言われるように、ヤンママの中には子どもをアクセサリーとかペットのように扱っている人もいる。あれはあれで私はけっこう面白いと思っているのですが、ただ問題は二つあって、一つはペットというのは飽きることもあるわけです。もう一つは、動物のペットは人間の大人にはならないけれども、人間の子どもはやがて人間の大人になるわけですね。

アメリカの現代社会では、離婚や再婚が繰り返されていますから、また可愛がるペットとして養子をもらうようなシステムがあって、日本より盛んですね。離婚・再婚の時の「連れ子」でも、結婚当初は相手に惚れ込んでいるし、それが小さい女の子や男の子だとかわいい。しかし、連れ子がだんだん大きくなって、男の子だったらうっすら髭が生えたりする頃になると、もともと自分の子でもないし、あまりかわいくなくなってくる。アメリカにはそういうケースが多くて、そこで身体的あるいは精神的虐待が起こったりしていますね。犯罪者のライフ・ヒストリーにも多い。

河合　それは本当に深刻なのです。ただでさえ思春期の爆発力は相当なものでしょう。だから、本当の親子でも時々コンチクショウと思うけれど、そこは何か不可解な血のつながりがあって、かろうじて緩和される。けれども、養子や連れ子の場合は、その不可解なものがないでしょう。だから、そのまま爆発したら、これは大変なことになります。

見田　日本社会は、アメリカ社会ほど顕在的な虐待は起こりにくいのかもしれませんが、家族の体面を保ったままで精神的な遺棄はずいぶん起こっているのではないでしょうか。今、軽井沢などで遺棄された元ペットの野生化が問題になっていますが、パソコンの古くなった機種を棄てるみたいに、ペットも飽きると棄てる、というメンタリティを現代社会は作り出す。そうすると、精神的に遺棄された元ペットの野生化のような問題が人間でも起こって、本人たちとしては、非常に深い孤独感とか虚無感、あるいは成熟拒否とか、アイデンティティの喪失、社会への一般化された復讐心とかを、いろいろな形でもつようなことが起こってくるのではないかと思います。

河合　今はある程度モノがあるから、人間と人間として関わらなくても生きていける。煩《わずら》わしかったら、モノを与えておけばいいわけです。最近は、常識的に見るかぎり、よいお父さん、よいお母さん、よい子どもと揃っているのだけれども、生身の接触がない家族が多いのです。例えば、援助交際なんかやっている子に「なんでやっているのか」と聞くと、「五万円のブランド品が欲しいのだけど、こんなのお父さんに気の毒だから」などと、何か父親思いみたいなことを言って自分で稼いでいるわけです。そういう家では、ガチッとぶつかったことが一度もないわけです。昔はモノがないから、ぶつからざるをえなかった。そうすると、ガーンとぶつかって火花が出るから、本当は好きなんだということが分かったけれども、表面的にスイスイスイといっていると、よほどヘンなことをしてみないと生きていけない。

見田　矛盾が内向するようなところがありますね。日本の社会では特に。

世界は放送局から送られてくる

河合　今のひきこもりの問題などでも、ひきこもりプラスそこにあるのは、ひきこもりの道具で、ゲームなどがすごく入ってきているんですね。極端な場合、その世界だけに入っていて、もう外へは通じられない。だから、両方の言い方があって、ゲームのおかげでその人は生きていると言えないこともないし、それがあるからそこにひっこんでいるとも言えるわけです。これは、話の続きで言うと、人と人との関係が、昔に比べると、赤ちゃんの時から稀薄すぎるのじゃないですか。だから、思春期になるとひきこもらざるをえない。

見田　今は一人の母親と夜に帰ってくる父親だけで、あとはすべてテレビでしょう。だから、ある意味では「テレビが世界」みたいなところがある。

河合　世界がテレビという箱に入っているんです。これは、すごいことです。本当は世界は自分の視野を越えてしまうものなのに、世界が箱の中に入っていて見られるという、すごい錯覚を起こす。

見田　しかも、それは視覚と聴覚だけで、触ったり味わったりはできない。そして、本当の世界だったら自分がアクションすれば、それに応じたリアクションがあるのだけれども、テレビという世界は変わらない。働きかけることが基本的にできない世界ですね。できるのは、切る、つまり消すことだけです。そのあたりは心の世界の形成に関わっている気がしますね。

河合　まさにキレた、ですね。

見田　キレる以外に反応ができない。相手を説得して変えていこうとか、あるいは場合によってはガーンとやって変えようとは思わなくて、非常に受身的で、自分たちで何かやろうという時でもセットアップしてやらないとできない。

文化人類学の上田紀行氏がテレビで言っていたそうですが、彼は僕のゼミの出身で、僕のゼミはお祭り的なところがあったものだから、彼も今の学生とそういう楽しい場を作ろうとしたそうなのですが、何事も起こらないらしいんです。そのうちに学生が「先生、間がもちません」と言い出したというので怒っていたと。

テレビ的に受身の体験ばかりしていたら、自分たちで何か作ろうという気にはならない。みんなお互いに先生が何かやってくれると思っているから、何も起こらないと。おとなしい学生の場合は、間がもたなくなる。何かムシャクシャしている学生の場合は、「消しちゃえ」ということになりますね。

僕の学生でも、前は期末リポートも、基本的に出したいやつは出せ、枚数は自由で、テーマも今年やったことに関係があれば何でも書けと言うと、それぞれ面白いことを書いてきたのですが、最近の学生は「枚数とか決めてくれないと困ります」と言う。

河合　まず枠がないと入れない。

見田　世界は放送局から送られてくるものだと思っている。

河合　ゲームというのも、そうなんです。しかも、そのゲームを飽きもせずやるというのは、あれは一種の強迫行為なんですね。ずっと手を洗っているのと同じです。それをやめたら、もう死んでしまう。やめたら空白になるから。空白ほど恐ろしいものはないわけです。だから、本当に楽しんでいるかどうかは問題です。

本当の過保護は何も悪いことはない

見田　僕は社会学を教えていますが、最近の学生は抽象的な社会理論をやっても興味をもちにくいので、ケース・コンファレンスのようなやり方をしているんです。学生に、自分の知っている人とか、自分自身とか、あるいはマスコミに出てくるケースでもいいから、一人の人間を取り上げて調べさせる。

その中で、高校の頃の親友をケースに取り上げた学生がいたんです。それは拒食症、過食症、自傷行為などをやっている同級生で、その子は女の子ばかり三人姉妹の二番目の子どもだった。親がどこか遠くに出かける時には、いちばん上の子は役に立つから連れていくし、いちばん下の子は小さいから連れていく。いつでもその子だけお留守番だった。そうすると、必ずいちばんいいお土産を買ってきてもらえる。中学高校の頃はブランドものをいっぱい身につけて、みんなからうらやましがられている子どもだった。ケース・コンファレンスで調べるためにその子に会っていろいろ話を聞いてみたら、ポツンと「私はモノをもらってうれしいと思ったことは一回もなかった」と言っていたのが印象的だったというんです。たぶん、今の豊かな社会の子どもたちは、多かれ少なかれ、それに似たようなところがあるのではないかと思いました。

河合　私たちの子どもの頃は、親がモノを与えるというのは全身全霊をかけないとできなかったから、モノに心が完全に一致して入ってきていた。だから、饅頭一つもらっても感激できた。ところが、今のモノには心がつかずに、カネだけで与えられるわけです。

見田　心が不在の部分をモノで埋めるという面がありますね。

河合　だから、私は今の時代は子どもを育てるのが非常に難しい時代だと思っているんです。モノのない時のほうが、よほど楽です。

見田　問題が単純に見えやすいわけですね。

河合　そういう親がよく言いますよ。「これだけちゃんとしてやって、何が不足か」と。子どもは不足だらけです。

見田　ペット的とかアクセサリー的にかわいがられた子どもがどういう心を形成するに至るかというのは、心理学的な研究はあるのですか。

河合　本当に徹底的にかわいがられて、おかしくなる子はいません。

見田　ペット的にのみかわいがられるというところに問題があるんですね。

河合　過保護というけれど、本当の過保護は何も怖いことはないんです。ところが、今、過保護というのはだいたいどこか抜けていて、ある面だけ過保護なんです。

見田　何かの代わりに過保護になる。

河合　今言ったように、根源的なところが抜けて、片方だけ過保護をしているでしょう。そこが見えるから、みんな「過保護をやめなさい」と言うんです。そうすると、何もかもやめてしまう。それで、ものすごく悪くなる。まだしも過保護のほうがましです。しかし、そういうことを分かってもらうというのは難しいことですね。

見田　言うほうでも「過保護だからいかん」とかいう言い方をするから、分からなくなるんでしょうね。

河合　だから、そういうアドバイスというのは、だいたいろくなことないです。

見田　もちろん本当にいいアドバイスもあると思いますが、全体をトータルに見ないで、マニュアルどおりにいろいろアドバイスする専門家がいるから困ると思いますね。

河合　そういう偽専門家というのは、ここが悪いからこれを取り替えましょうと、まるでテレビか何かの修繕みたいなことを言うわけです。人間はそういうことができないからこそ、人間がやっているのだ、ということを自覚しているのが専門家なのだけれども、そういう偽専門家が増えて、すごく害を与えているわけです。

見田　専門職として経済的に大事にされたりするのと引き換えに、マニュアル的な専門性を要求されたりしてしまうのでしょうね。

河合　アメリカでは心理療法にも保険が使えますが、保険屋さんから見れば、マニュアル的説明のほうが分かりやすいでしょう。例えば「この親は過保護をやっています。この過保護をやめさせると、よくなるでしょう」と言ったら、保険屋さんは「そうですか」となる。しかし、それは全然違うわけです。本質的な問題点を保険屋さんに分かるように言語表現するというのは、ものすごく難しい。それで、よくできるセラピストの多くは保険なしでやっている。そうでなかったら、保険屋さんに嘘ばかりついてないといけない。

現代の祭りの困難

見田　本当は身体的な病でもそうだと思うのですが、病気というのは「身体の祭り」のようなところがある。例えば、風邪をひいたり、下痢をするというのは必要な過程であることがあって、そこをうまく通過するといいけれども、無理に抑えたりすると、かえって重大な病気になったりする。その時に保険的なところで計算ができるような治療法で言うと、簡単に熱が下がったり、外見上元気になるというのは「薬」になるのだけれども、この人にとって今、風邪をひくことが必要なんだからやりなさい、などと言うのでは保険の「点数」にならない。

社会のもともとの祭りも、そういうところがありますよね。社会が鬱屈してきたり、いろいろなことがある時に適当に祭りがある……。

河合 現代社会の問題は、本来的祭りがものすごく少なくなったということではないでしょうか。

見田 そのとおりで、本書（前出『心理療法と現代社会』）の東山紘久論文「現代社会と家族」で、和歌山の毒入りカレーの事件について触れられていますが、あそこには町内会で無理に祭りを復活させようとするところに出てくる歪みのようなものがあるわけですね。祭りの前提になるような共同性がないのに、町おこしとか村おこしなどといって、役所なんかが一所懸命、人工的にやる。本当は人々の心はバラバラだったり、あるいは疎外される人がいたりするのに、無理にやるから、逆にまたいろいろこじれた問題が出てきたりする。

河合 今は擬似祭りばかりで、本来的祭りというのはすごく難しい。

見田 かき立てるほどシラケているような祭りが、またあるんですね。

河合 そして、それをやった人だけが喜んでいる。しかし、その人だってシステムの上にいるというだけで喜んでいるのであって、本当に心の底から湧き上がってくるものではなく、本当の意味の祭りとして喜んではいない。これは日本の祭り、儀式にものすごく多いですね。祭りというのは、どこかで何か超越と関係しているようなところがあるでしょう。それがもう本当に難しいですからね。

見田 現代社会で祭りをどう復興するかということの難しさと、セラピーの難しさは、同じ構造をもっているのだと思います。原初的な生命感覚の稀薄なところで表面的なところだけで補おうとすると、下手なセラピストのように、いろいろ困難が出てきたりする。

河合　最近、アメリカのナヴァホのシャーマンの人たちに会って、いろいろ儀式にも参加したりしたのですが、あれはそういう共同幻想があるから成立するわけです。時々あんなのを見て感激して真似する人がいるのですが、そんなものは全然意味がない。われわれは共同幻想なしのところで仕事をしろ、というわけでしょう。それは難しいのが当たり前なんです。だから、私はクライエントの人がその人なりの自然発生的祭りをやるのを援助しているわけです。

見田　それがいちばん大事なことだと思いますね。

本当にいいセラピストとは

見田　病気というものは「身体の祭り」だというのと同じように、心の病は「こころの祭り」のような面があると思うのです。ですから、セラピストはその祭りに共感して、一緒に踊るところがないとだめだと思うんです。そういうことを言うと、それはわれわれのマニュアルにもあって、第一段階はまず「受容」だ、という話になってしまうのですが、それではシステムになってしまって、またちょっと違う気がするのです。

大事なのは、あとから「拒否」したり、「対決」したり、「意識化」したりする時にも、常にそのベースに共感がないとだめだ、ということです。セラピストは、ずっと一緒に終わりまで踊り続けているところがないと、本当はだめなのじゃないか。本当にいいセラピストだと思う人とそうでない人の違いは、どうもそのあたりにあるような気がします。

河合　偽《にせ》になるほど意図的な操作が入ってくるんです。しかも、「私がこうしたから」と言う人がいるけれども、本来的なやり方をしていると、なかなか「こうしたから」なんて言えないんです。

見田　時々ケース研究のようなものを見ていても、ある種の優等生的なセラピストのケース研究で、その人がいかにいいセラピストかよく分かるように書いてあるものがありますが、それらは読んでいて、きちんとしすぎていると感じることもありますね。

河合　そのとおりです。本当に難しい事例が本当によくなった場合は、だいたい説明できないんです。悪くなった例は説明できる。つまり、ここでこんなことをしたから、こう下手になったということは、すごく言いやすい。けれども、うまくいった場合は、ものすごく自然の力が作用しているだけに説明できないのです。だから、すごい事例研究になるほど、私はアートに近づいていくと思うんです。

だからこそ、事例研究の評価という場合に、新しい概念を提供したかとか、新しいテクニックを提供したかといったことばかり見るのではなくて、絵や音楽を鑑賞する時と同じように、いかにわれわれを捉えられたか、という点から評価すべきではないか、と繰り返し言っているのです。といって、自分でもやっていて分かるけれども、芸術家ではないので、そこが難しいですね。

見田　それは専門的ないろいろなこともあるのでしょうね。

河合　しかし、今言っておられる本質は、みんなもっと意識しているべきだと思います。まずそういう祭りの起こりやすい状況に入るということ、二人で祭りをやろうと、ぱっと入れるかどうかが、いちばん大事でしょうね。

見田　座禅などのメディテーションというのは、するものではなくて、自然に起こるものですね。例えば暗いところで座って蠟燭を立ててやっているからできるというものでもないし、逆に言うと、ランニングとか山登りの途中でメディテーションが起こることもあるわけです。じゃあ人にできることは何もないかというと、今おっしゃったこととパラレルだと思うのですが、メディテーションが起こりやすい場を作るところまではできる。そのあとで起こるかどうかは本人の問題で、たぶんセラピーも同じかもしれないという気がします。

河合　同じですね。長い人間の歴史の中で、こういうのは起こりやすいだろうというのはある程度言い伝えられてきているけれども、それが絶対ではないし、そのとおりやったから偉いというわけでもない。

それから、これも問題にしたいのですが、例えばメディテーションして、非常に深い体験がありますね。確かに、そういう深い体験をしたのは認める。しかし、別にその人が治療者としてすごいというわけでもないし、宗教家として大したものではないということはありうるんです。

見田　それは大事な問題ですね。

河合　芸術家でも、ステージではすごい演奏をして、幕間では「明日行くところのギャラはいくらだ」とか言っている人もいる。それがちゃんと両立するんです。

見田　宗教などの場合だと、かなりの経験までして、ある種の人並み外れた能力を身につけた人の場合、それだけにかえって危険だということはありますね。

オウム真理教（当時）の麻原彰晃の超能力だって、それ自体は別に嘘じゃないということはありうる。空中浮遊だって、インドなどでは本当にあるわけです。だけど、そういう超能力があるからすごい人だと思ってしまうのは間違いなんですね。超能力自体が嘘だとは限らないわけですが、ああいう超能力は大したものではない、という視点のほうが大事だと思うんです。

河合　しかし、一般にそれが一つの証明のように使われるから、全然間違ってくるんです。そして、そうなり出したら、それはもう堕落するんです。

われわれの世界も似ている面はあります。やっぱり治るということは奇跡みたいなことが起こりますからね。それで、うれしくなって威張って講演していたら、だんだん超能力がなくなるんです。私はそのへん迷信みたいなところがあって、やっていてすごいことが起こっても、記録に書かないんです。それを字にしてしまうことが何か危ない気がするんです。

見田　マルティン・ブーバーの馬の話というのがあって、彼があるとき馬と目が合って、言葉では言えないけれども、その馬とのあいだに一つの純粋な時というか、そういうものをもったことがある。翌朝、同じ馬と会って、また目が合ったら、本当にとてもいい時をもったわけです。そういうことが何回かあって、そのことを人に話した。こういうことがあって、それはどんなに感動的なものであるか、と。その次の日にまたその馬と目が合ったら、馬は目を逸らしてしまった。そういう微妙なところがあるのですね。

河合　だから、私はそういう体験を何もしゃべらずに死ぬか、すごく長生きして、死ぬ寸前ぐらいに、こんなのがあります、と言って死んだほうがいいのか、ちょっと迷いますね。

見田　書きためておいて隠しておくとか（笑）。

河合　今のところは全然書いていません。それから、もっと面白いのは、その体験自体を忘れますね。例えば、湯川秀樹さんがある会合の時に自分の夢を私に話されて、それは湯川さんの内面を端的に物語るもので実に印象的でしたが、今は完璧に忘れてます。

見田　すごいものですね（笑）。

河合　覚えていたら、どこかで言いたくなるでしょう。だから、そういう忘れる才能も、ひょっとしたら私たちの職業では大事なのかな、と思ったりします。時々クライエントの人に会っている最中にすごいことが起こったり、われながらものすごくいいことを言ったりするんです。それで、こういうのを大学院の学生に言ったら喜ぶだろうなと思っているけど、三日も経ったら、もうその言ったことを忘れてます。

まさに祭りの出来事ですから、ふつうの時間ではないことが起こっているんですね。だから、通常の意識に返った時に、しばらくしたら忘れてしまうんです。

見田　覚えておこうと思って言ったらいけないのでしょうね。

河合　さっきのブーバーの馬みたいにね。あれは、その馬にバレたんですね。「おまえ、言うたやろ」とか言って（笑）。

見田　翌日に馬と目が合った時に瞬間的にある無意識の不純なものが入っちゃったのでしょうね。

河合　絶対そうです。

見田　動物のほうが感じるのかもしれません。人間の子どもも、そういうところがありますね。

河合　私たちはそれに近い勘みたいなものをものすごく洗練させていかなければいけないと私は思

っているんです。だから、ふつうの学者のする努力とすごく違いますね。

超高層のバベル

見田　現代社会というのは、そもそも基本的に言語化できて数量化できて測定できて顕在化できるものだけを評価するシステムだから、それとは逆の、そこからこぼれる面でいろいろな問題が出てきたのだと思うのですが、それを治す心理療法のシステムがまたそうなってしまうと、もうだめではないですか。

「バベルの塔」神話がありますね。人間が神に近づこうと思って無限に高い塔を築いていったのだけれども、あまりに高く築きすぎるから神様がその高慢を怒って壊してしまった。あの神話を脱神話化して考えると非常に示唆的だと思うのです。つまり、人間は自然をどんどん離れて、どんどん高くなっていきますね。しかし、そこにはやはり無理があって、どこかで壊れてくる面があると思うのです。現代は超高層のバベルみたいな文明になった。

人間が原始人の段階、文明社会、近代社会と経て、どんどん高層になっていくわけです。同時に、それは一人の人間の中にも全部あると思うんです。上だけの人間というのはいなくて、どんな現代人間の内部にも本当は全部あると思う。けれども、あまり離れすぎたものだから、自然性と現代性とか、共同体と現代性とか、各フロア間に軋《きし》みが出て、その軋みに対する一つの対応として、セラピーというものが必要になってきているのではないでしょうか。

河合　しかも、層が高いほど評価される傾向があって、そうすると、みんなから評価されている人がすごく軋んでくるわけです。

見田　私のドグマで言うと、こころの病を癒す人は、基本的に、現代社会と自然との矛盾があるとしたら、自然の側に立たないといけないのではないかと思っています。

河合　本当は、それはセラピストになるための前提条件なのです。しかも、難しいのは、自然の側にありながら高層の人までつながらなければいけないのです。

見田　両方行き来できる人でないと、うまくいかない。

河合　宗教家などで素晴らしい人がいても、実際にはなかなか役に立ちにくいんです。そういう人は上のほうが分からない。逆に、上のことが分かって、そこだけやっている人とか、金儲けに専念している人も、「土」のことを忘れてしまって、これも困る。

心理療法は、「土」のほうに住んでいるという意味で、現代社会の超高層建築システムの中で本来すごく居心地の悪いものなんです。ところが、居心地をよくするために何か取り入れようといった動きもあるわけです。アメリカなどでは、心理療法も非常に大事だ、だからこれは保険を適用しましょう、と保険で払い出してから、だんだんおかしくなってきた。確かに、ある程度はそれを考えないとやっていけないから、そのジレンマはすごく大きいのです。

見田　システムに入らないといけなくなるわけですね。

河合　これは、日本でわれわれがこれからやっていく時のすごく大きな課題だと思っています。単純に、日本は遅れている、だからアメリカのように保険を適用するべきだ、と言う人がいるのですが、私はそのへんは非常に曖昧なんです。

今スクール・カウンセラーを常勤化する話があるのですが、待遇はいろいろ考えてもらっていいけれども、私は非常勤のほうがいいと思っています。どこかシステムから外れているからこそいいのです。自分の仕事をちゃんとやるのには野にいないとだめで、社会システムの外にいたほうがやりやすい。実際、私自身、何べん大学を辞めようと思ったか分かりません。ところが、臨床心理というのはまだまだ日本の社会の中で認めてもらわなければいけないし、そのためにがんばらなければいけないとなると、システムの中にいないとだめなんです。私の人生からいったら、どちらがよかったか分からないけれども……。

見田　その構造は身体的な医学でもそうだと思うし、社会学でもそうで、本当を言えば、すべてそういうところがあると思います。

河合　社会学の場合でも、そう言えますか。

見田　社会学の初心を貫こうとした人たちの面白さは、社会科学の一部門としてアカデミズムのシステムに入るようにもっともらしくシステムを作ろうとすると、たいていつまらなくなる。

河合　そういう点で面白いのは、ユング派はほとんど大学の先生にならなかったんです。だから、胡散くさがられる面と、すごく信頼される面とあったのです。

見田　例えば、学生がなぜ心理学を志すかというと、人間のことを本当に知りたいと思って来るわけでしょう。ところが、心理学科に入ると、ネズミの心理は分かるようになるかもしれないけれども、人間では分からなくなる……とならないと認めてもらえない。社会学も、生きた人間の社会をもっと知りたい、つかみたいと思って入るのだけれども、そうしたことをやろうとすると、教授から

「おまえ、それは社会学じゃないよ。そんなことをやるんだったら、文学か哲学に行きたまえ」と言われる。

河合　アカデミズムの評価体系を変えていかないとだめだと思うんです。

見田　本当はそうですね。でも、それは大学やアカデミズムだけでなくて、現代社会のシステム全体にそういうところがありますね。

河合　だから、金持ちで社会のために尽くしたいと思う人は、われわれみたいに何の役にも立たないやつを集めて金を与えるというような、本当はそういうインスティテュートを作るべきですね。今は研究所とかいったら役に立つことばかり考えているんです。

見田　だいたい申請書に「目的と効果」となっている。

河合　「目的——何もしない。効果——なし」、これに自信のある人、集まれ、というのが集まって、そういうのに金がばあっと出たら、どうですか（笑）。本当は人文科学や社会科学を活性化するためにはそういうところから考えなくてはいけないぐらいに私は思います。

見田　効果を測定できる研究ばかりになったら、人間科学は死にますね。

河合　そうですね。「カワイアンバンド」とか、そういうのを作って、「みんなで踊ろう、カワイアンバンド」とかいうインスティテュートを作って、金は豊富にあります、飲めや歌えと……（笑）。顧問ぐらいになりませんか。

見田　祭りを共有して（笑）。文化人類学の泉靖一先生があるときポツンと言っていたのは、僕がいちばん本当の自分らしくなっているのは、現地の原住民たちと一緒にドッテコドッテコ踊っている時だよ、と。それを聞いて、この人は本物だと思いました。

Ooka Shohei

大岡昇平

戦後日本を振り返る

1909-88年。小説家・評論家。

1932年、京都帝国大学文学部仏文科卒業。国民新聞社、帝国酸素、川崎重工業で勤務したあと従軍し、1945年には米軍の捕虜となってレイテ島の俘虜病院に収容される。戦後は文壇の指導的存在。

主な作品に、『俘虜記』(創元社、1948-49年。横光利一賞。のち、新潮文庫、2010年)、『野火』(創元社、1952年。読売文学賞。のち、新潮文庫、2014年)、『花影』(中央公論社、1961年。毎日出版文化賞、新潮社文学賞。のち、講談社文芸文庫、2006年)、『レイテ戦記』(中央公論社、1972年。毎日芸術賞。のち、中公文庫、2018年)、『中原中也』(角川書店、1974年。野間文芸賞。のち、講談社文芸文庫、1989年)ほか。

今また危機的

見田　戦後生まれが現在日本の人口の半分以上を占めるようになっていますが、大岡さんは三六歳で敗戦を迎えられ、戦後四〇年を最初から大人の目で見てこられました。また、その前の戦争体験は、大岡さんの場合、文学の原点であり、人間や社会が透明に見えてくるような形での体験であったように思います。そういう大岡さんが戦後四〇年の文化を全体としてどうご覧になっているかから、まずおうかがいしたいと思います。

大岡　文学者というのは永遠の少年でして、よくものが見えないのですよ。それに戦後四〇年を一望のもとに収められるような観点があるかどうか自体を問題にしてもいいくらいでしょう。

私は終戦間際には捕虜として収容所にいて、米国の雑誌などを読んでいましたから、戦後すぐ理想的な改革があるとは思えませんでした。まだサラリーマンでしたから、復員して、財閥が残っているのも見ました。すぐ揺り戻しがあると思っていた。最初から連続している、という認識でした。

それでも戦後は少しよくなるのかと思っていたら、そうらしかった時代も、そうでなかった時代もあって、ぐるぐるまわって結局、元に戻ってしまって、いやな気がしています。軍部の独裁がなくなったと思ったら、形は違っても自民党の一党独裁になって、軍事予算は独立した。今はまた非常に危機的な状況になりつつあるようですね。

七年で折り目

見田　四〇年を振り返って、いつ頃が時代の変わり目だと思われますか。

大岡　七年ごとぐらいに折り目があったような気がしますが、それにしても一九六〇年代の高度成長は意外なことでした。三六歳の人間でも、まったく予想できないことだった。あれで様子が違ってしまいましたね。

見田　「高度成長」の一九六〇年代というのは日本社会が根こそぎ近代化された時ですね。その前とあととでは雰囲気が違う、という感じが僕もします。戦前と戦後がつながっている、という大岡さんの印象と重なりますが、憲法も教育制度も変わったといっても、社会の表面的構造が変わっただけで、基礎的構造、いわば深層が変わったのは六〇年代の高度成長期だと思います。文化の面でも、封建主義から民主主義へ、というようなイデオロギーの変化というのは、大切だけれど、文化の表面だと思う。もっと文化の深層構造、人々のフィーリングというか感覚が変わったのは六〇年代、年表で言えばビートルズやエレキギターやアングラ劇の登場の頃で、あの頃から文化のスタイルの違う世代が出てきたと思います。

時代区分ふうに言えば、この六〇年代半ばを境に、前半二〇年と後半二〇年に分かれるような気がする。しかも、それぞれ最初の七年ぐらいが激動期でした。一九四五年の敗戦から五二年の講和までと、六〇年代後半から七二、三年までですね。そのあとは、いずれもなだらかな時代、よく言えば熟成期、悪く言えば惰性的な時代にはいる。

大岡　おっしゃるように、戦後すぐの七年間、占領時代は、いろいろ緊張の連続だった。エゴイズムが露骨になった面もありました。

見田　僕自身はちょうどもの心がついた頃で、いわゆるヤミ市の時代。人間のエゴイズムが赤裸々に現れた時代でしたが、あからさまに出たという点では、現在より気持ちいい面もあった。何もない焼け跡で生きるか死ぬかでやっていたあの時は社会がいちばん透明に動いていた時代で、その原体験からすると、今の社会の曖昧なものがよく見通せますから。

大岡　〝戦後〟を否定しようという考え方も、この頃いろいろ出てきています。どうも日本が負けたという事実を何とかぼやかして考えようとしているような気がしますね。戦後はもう歴史の中に組み込まれています。だが、僕は「戦後文学」には否定的だった。アメリカが理想的な政治を行えるとは思っていなかった。アメリカ国内で黒人問題、雇用問題などを抱えていて、マッカーサーの占領政策がいくら大きな理想を掲げても、実現可能とは思えなかった。

しかし、それなりの成果は否定できないでしょう。戦後派という一つの新しい流れに、それまで天皇制で抑えられていたものがバァーッと噴き出してきたと言える。それを虚妄だ、そんなものは実際にはなかった、アメリカの工作に乗せられていた、と言ってもしようがないですね。もっと多面的に考えるべきですよ。

第九条を評価

見田　埴谷雄高さんとの対談（大岡昇平・埴谷雄高『二つの同時代史』岩波書店、一九八四年。のち、岩波現代文庫、二〇〇九年）で、憲法第九条は幻想、けれどもそういう幻想をもつのはいいことだ、と言っておられましたね。第九条が幻想であることが分からない人たちと、そういう幻想をもつことのよさを分からない人たちによって論争がなされていますが、僕は「ああいう幻想をもつのはよいことだ」という立場に共感します。

大岡　私は、あれがあるから日本の今日の繁栄があると思っています。

見田　「戦後思想」を肯定するか、否定するかという問題でも、戦後民主主義の浮き上がった図式からでなく、もっと生の戦後体験から出てきたもののほうは本物だと思う。「戦後文学」でも、イデオロギーではなく、戦後の解体から人間が直接生み出してきたものは絶対に残るという気がします。

大岡　そう言っていただくと、うれしいですね。

ところで、占領があって、二・一ストがあって、朝鮮戦争になりました。戦後が終わったのはいつか、という論議があって、よく言われるのは昭和三〇年代になって週刊誌ブームが始まる時期だということですが、実は昭和二四年に戦争は終わったということを雑誌『近代文学』の連中は言っているんですね。朝鮮戦争の前です。単独講和の時に学生の反抗があって、警官に頭を割られた写真を見て、これで戦前へ逆戻りかと思ったのを覚えています。ただ、そのあとの高度成長というものが、私らには全然予想できないことでした。

一九六一、二年頃、松本清張らの活躍に、平野謙や伊藤整が「純文学が脅かされ、変質している」と危機感を述べたことがありましたが、私は、大衆社会が背景にあるのだから文学内部の価値判断ではだめだ、と言ったことがあります。

私はずっと個人主義の立場でやってきました。しかし、大衆社会になって、いわゆる「純文学」が圧迫されてきたりして、高度成長のあとでは、これはやはり私も集団の一人なんだ、と考えるようになった。大衆社会を考えなければいけなくなったことは、戦後の大きな特徴じゃないかな。戦前は集団といえば軍隊だけだったんだから。

オルテガ・イ・ガセットの言う「大衆の反逆」は一九三〇年代に始まったのですが、日本では大衆社会が言われるようになってから注目され始めました。ロジェ・カイヨワの「文学の思い上がり」という言い分は、ポール・ヴァレリーやアンドレ・ジッドを批判したものですが、一九四八年に出ています。邦訳されたのは最近のことです。遡れば、一九世紀半ばにサント＝ブーヴがアレクサンドル・デュマらの新聞小説を「工業文学」と呼んでいまして、カテゴリーとしては早くからあったわけです。

しかし、私自身は横に広がる文学を書くつもりはなく、垂直の軸で書き続けるつもりですから、永遠の少数派にとどまるでしょう。私にとってはそれだけのことですが、しかし現象としてはこれは重大なことだと思います。

戦後四〇年の文化――循環する世代

大岡　ところで、見田さんは戦後四〇年目が折れ目になると思いますか。
見田　折れ目を作った世代というのが面白いですね。先の時代区分で言うと「激動の七年間」を作ったのは、一つめはアプレゲールで、二つめは全共闘世代だった。この全共闘世代は、アプレゲールの子どもたちなんですね。アプレゲールが作った家庭で育った子どもたちが次の反抗の世代になって、大人になったアプレゲールの作ってきた戦後のシステムを批判してきた。世代の因果はめぐるわけです。

それと入れ違いに、前半二〇年の経済成長の到達点のようなものが一九六〇年代前半で、その頃は太平ムード、マイホーム主義がはやっていた。歌で言うと「こんにちは赤ちゃん」の時代です。その時代のマイホームで育った赤ちゃんが今ちょうど二〇歳ぐらい、〝やさしさの世代〟と言われる世代です。世代の循環というのは面白いと思う。

全共闘世代の子どもたちというのが今まだ小学生ぐらいですが、彼らが青年期になったとき、一九九〇年代の半ばに文化現象として何が起きるか。たぶん政治的運動ではなく文化的現象としてだろうと思いますが、何が起きるか、あるいは何も起きないかは楽しみです。

大岡　全共闘というのも、もう一昔前の時代になってしまったんですねえ。

見田　今二〇歳くらいの青年たちから見ると、全共闘時代は夢物語ですね。

大岡　今はもう、ほとんど考えるのもめんどくさいという時代になっている。全部が中流意識をもっている時代で、若い人たちも中流になろうと思っているんだから。

見田　中流意識ということがよく言われますが、本当は今の若い世代は、中流とか上流、下流ということはあまり意識していないという気がします。調査されれば、仕方なく「中流」と答えるだけで。むしろ若い人が気にしているのはナウイか時代遅れであるかで、そうした座標軸のほうが強いような気がします。

大岡　感性を合理化するんです。しかし、将来に不安をもっていますね。将来に明るい希望があるかといえば、そうではない。

見田　そのわりに若い人は表面は明るい顔をしている。希望がほとんどもてないから、もたなくてもいいということに決めてしまったようなところがある。

「病んだ」社会

大岡　精神科医のあいだでも問題になっていますが、最近は少年の自殺が増えていますね。小学生がなぜ自殺するのか、専門家もこれはよく分からない。年寄りの自殺も増えている。今の社会は、やはりどこかが病んでいるという感じがします。

見田　幼稚園の園児など、電線にスズメが並んでいると「あ、スズメが映ってる」と言う子どもがいるそうです。テレビを見るような感じで、はじめから世界を見ている。生きるとか、死ぬとか、殺すとかいうことが、本質的に映像めいたものになっている。「やってられないよ」というような若い人たちの言い方の底にあるのは、会社や家庭や学校での日常生活がはじめから演劇である、という意識、というよりも感覚でしょう。就職用の美容整形とか、存在が根こそぎお芝居だというところがある。

その上、今のきらびやかさは、いろんなものを隠蔽した上で成立しています。自殺、いじめ現象、奇妙な犯罪とかは、中流意識や安定ムードの裏地だと思います。安定ムードが本当は暗いものを隠している。

一つには、大きく言えば、第三世界の貧困やひずみに皺寄せし、見殺しにして日本の国内が繁栄しているわけで、国内的にも弱者を施設などに封じ込めて見えないようにしてきている。個人の内面でも、小さい頃から今のシステムに合わないような感情とか欲望というものは抑えて管理するようになっている。つまり、国外的にも国内的にも、また個々人の内面でも、システムに合わないものを抑えたり、隠蔽したりして今の幸福が成り立っているところがある。戦後、太宰治が短編小説で「家庭の幸福は諸悪の根源」ということを言っていますが、先駆的な作品だったと思います。社会の弱い部分を見殺しにしながら、人々が「中流」ふうの幸福を防衛している。その隠蔽された部分がどこかに噴出するのが、「現代的」な犯罪や「非行」の構図だと思います。

大岡　それにしても、戦後の進歩のスピードはすごかった。戦前文化にも強い個人はいたが、普及度が違いますね。長生きした甲斐がある（笑）。特にこの二〇年間は、コンピューターで計算が速くなり、天文学、数学など進歩がすごい。医療だってコンピューターで進んでいる。

見田　文化の流行思想の面から考えると、マルクス主義から、実存主義、構造主義、ポスト構造主義へと変わった、などと言われる。むろん、これ自体、軽薄な図式ですが。クロード・レヴィ＝ストロースが『野生の思考』でやっているサルトル批判はまったく正しいが、しかし、だから構造主義が実存主義を全体として超えたとかいうことにはならない。実存主義や構造主義のマルクス主義批判も同じで、部分的に正しいポイントがあるから、ただちにマルクス主義が「死んだ」などと言うのは軽薄だと思う。僕の考えでは、四つとも現在有効な思想として生きている。

ただ、その上で、社会心理現象としては、この移行の仕方はそれ自体、興味深いと思う。

かつて実存主義からマルクス主義に疑問が出された頃には、生き方の問題として深刻に考えた人が多かったし、そのために自殺した青年もいたかもしれない。生き方を全面的に変えざるをえなかった人がかなりいた。しかし、今、構造主義がポスト構造主義になったからといって、青年が悩んで自殺をするとか、生き方全体を変えるなどということはほとんど考えられない（笑）。思想の移り方自体が軽くなったと感じます。文化全体が生活のリアリティから離れ、浮遊し出した時代になった。そういう文化が逆に生活のほうを捉えて、生活自体を虚構化している。幾人かの現代作家の作品には、そういう「生活」が文体として表現されているわけですね。

大岡　移り変わりが激しくて、生き方を変えるほどの価値判断ができなくなったとは言えますね。マルクス主義がだめだという理由として、テクノロジー時代を予想できなかったからだ、なんて言われるが、基本的な理論は間違っていないのではないか。感性を全肯定するのは、今日の状況にあっては、危機だと思いますよ。

見田さんには優れた宮沢賢治論があって、われわれはたじたじなんですけれど、賢治の『銀河鉄道の夜』の想像力と、農民のために肥料指導に精出した科学的精神と実行は貴重なのではないでしょうか。これからは私は宮沢賢治のような全方面な人間が出てくるのではないかと希望的な観測をもっています。

見田　宮沢賢治で面白いのは、賢治の作品の宇宙感覚や四次元感覚のようなものは、大人の人に話すと分かりにくいと言うけれど、高校生ぐらいの現代っ子は、かえってすっと分かるんですね。今の子どもたちは小さい頃から宇宙的なものの見方に慣れているでしょう。

大岡　月に行けるなんてことも、われわれは考えていなかった。私たちは軍隊帰りだから、人工衛星も最初から軍事と結びついていることが分かったけれど、今の子どもたちは人工衛星があるのは何の不思議もないと思っている。映画の『２００１年宇宙の旅』は、最初一九六八年に公開された時は全然理解されなかったのが、八〇年代になってブームになっている。現在の状況の認識についても、一般人の対応の仕方は大きく変わっている。変わり方は速い。どんどん速くなっていけば、僕ら知識人は追いつけなくなって困ったことになると思うほどですね。

宇宙的な目で

見田　速いということは、さっき出てきた軽いということと裏表ですね。政治とか社会とか、あるいは人間の「実存」とか「生活」とか、戦後の知識人が重いと思っていたものが何かしら幻影めいたものだという認識を、大衆のほうが先に、感覚として持ち始めている。そして、宇宙の目で見れば、このほうが正しいのですね。人類の歴史の全体も、束の間の夢みたいなものですから。ただ、これは僕自身の欠点なのでよく分かるのですが、あまり子どもの頃から天文学にさらされると、宇宙人みたいな目で人類の歴史を見てしまうので、生活の現実感覚がなくなるのですね。望遠レンズで自分の生活を見ているような。現代っ子にも時々それを感じます。

けれども、それは人間が一度は通過しなければならないニヒリズムだと思うのです。そのことを本当に知った時には、束の間の夢だからこそ大事にしよう、今たまたまここに人間として生きていることはとても不思議なことなのだ、ということが実に鮮明に感覚されるわけですね。そういうふうに人類が生き始める時代が来ると思っています。

Yoshimoto Takaaki

吉本隆明

根柢を問い続ける存在

1924-2012年。詩人・評論家。

1947年、東京工業大学電気化学科卒業。既成左翼の思想を批判し、60年安保闘争では全学連主流派を支持して多大な影響を与える。1961年、谷川雁・村上一郎と同人誌『試行』を創刊。文学から思想に及ぶ多様な領域で独自の理論を構築。

主な著書に、『言語にとって美とはなにか』(勁草書房、1965年。のち、定本、角川ソフィア文庫、2001年)、『共同幻想論』(河出書房新社、1968年。のち、角川ソフィア文庫、1982年)、『心的現象論序説』(北洋社、1971年。のち、角川ソフィア文庫、2013年)、『マス・イメージ論』(福武書店、1984年。のち、講談社文芸文庫、2013年)、『夏目漱石を読む』(筑摩書房、2002年。小林秀雄賞。のち、ちくま文庫、2009年)ほか。

新年は新しい世界の再生

見田　アメリカ・インディアンのいくつかの文化の中では、新年は一度死んでまったく新しく蘇る、という感覚があります。実は日本でも、新年は新しい世界の再生だ、という感覚があります。各大陸の文化に地下水のように共通する感覚があることを考えると、ヨーロッパの生んだ近代的な普遍性を超える普遍性があるように思えます。

世界の再生という内容から言うと、昨年（一九九六年）夏の吉本さんの海の事故のあと、狭い意味での「臨死体験」はなかったが、永続する臨死体験、思想としての臨死みたいなことはあるのかもしれない、と言われたことがあります。「生と死」をめぐって新しく開けてきた地平のようなものがあれば、ぜひ聞かせていただきたいと思います。

吉本　本当言えば、いちばん語りにくいのが、その「生と死」の問題です。事故は偶然の出来事で、自分では死の手ごたえがちっともなくて、思わぬところで眠りこけちゃったな程度のことが実感なんです。ただ、あとで意識がなかったことを聞きました。泳ぎ慣れた海岸で死を迎えたとすれば、これほど平和な死はない、という気もしました。ですから、死に損なったことを重大に考えたほうがいいのか、あっさり考えたほうがいいのか、最も難しい問題かな、と思っています。

今言われたことは、近代と普遍性の問題に関わってきます。アメリカのインディオやアフリカの先住民、また日本ではアイヌ民族や沖縄の人々の中に共通して流れているものがあると思います。それを「段階」という考え方で揃えると、「前アジア的」、つまり「アフリカ的」段階として普遍化できないか、と考えます。

西欧では、一八世紀の後半にヘーゲルやルソーなどが「歴史」について思考を深めていきます。ヘーゲルやマルクスは、原始・野蛮・未開という歴史の進展を無条件に承認するかのようです。でも、それは近代の資本制が降盛の時期に、幸運にも文明史の外在性と精神史の内在性が調和できるところで「歴史」という概念を作った特殊な時代なんじゃないかと考えます。

歴史というのは、西欧近代にのみ向かっていくんじゃなくて、固有の場所から普遍的な未来に向かっている、と考えるべきでは……。歴史の概念が今でも成り立つとすれば、未来の何かに向かっていることへの追求と、「アフリカ的段階」が人類の原型であることを掘り下げることが同じである場所なんですね。

見田さんの『現代社会の理論』（岩波新書、一九九六年。改訂、二〇一八年）の中で「南北問題」という言い方に疑問がある、という指摘はもっともです。西洋近代を経た現代から「南北問題」を提起しても違うんじゃないか。だから、アフリカの貧困の問題を進歩史観から捉えてみてもだめで、人類の原型的な問題がみんなそこにある、と考えたいと思います。

僕も見田さんも宮沢賢治について関心を深くもっています。見田さんは、著書の『宮沢賢治』（岩波書店（20世紀思想家文庫）、一九八四年。のち、岩波現代文庫、二〇〇一年）で、外部の自然と人間の内部は交換可能で、現代社会も情報化と消費化で内部と外部を交換可能であるから、資本主義の欠陥とみなされた経済恐慌がなくなっている、と言われています。

僕も、日本や西欧やアメリカは消費過剰な「消費資本主義」というところに入り込んでいる、と考えます。そこでは、消費的な意味での実権は大衆に移っています。産業経済は最高の段階に達し、経済は企業家や資本家の自由にはならなくなっているのが現状だと思います。

見田さんが消費と情報の高度化を軸に、資本主義の一般的なイメージは変わってきた、と書かれていますが、僕もそう考えています。

自ら作り出す市場システム

見田　例えば、ジョン・メイナード・ケインズは資本主義の古典的矛盾を乗り越えようとして、生産よりも市場、消費の需要が大事だと主張し、その理論を実践してアメリカなどはファシズムに行かず、恐慌を乗り越えた。しかし、ケインズはそれを国家の力でやろうと思ったわけです。だけど、結局、高度な情報・消費社会になると、国家でなくてもマーケットを自分で作り出すわけです。

情報・消費社会は、国家のいらないケインズ革命と言うこともできる。小さな政府でもケインズと同じ効果があげられる、との見方もできます。一九五〇年代のアメリカは高度な消費・情報社会の古典的な成立期ですが、大規模な税金の払い戻しまでして、巨大な消費購買力によって景気が回復した。デザインと広告モード、ファッションという「情報を通しての消費」によって、日本を含めた情報化／消費化社会は、自分で作り出す市場システムとして自己回転を始めて、古典的な資本主義の矛盾をいちおうは解決してしまうわけです。

吉本　消費過剰の社会になってきているわけだし、消費的な第三次産業に比重がかかっているわけですから、例えば不況や資本主義の危機について考えれば、公共事業に投資するというまわりくどいことをしないで、第三次産業に不況対策を行って、特に個人消費を刺激していけば、いっぺんで不況から脱するのではないか、と僕はあっさり考えるんです。ただ、僕のような素人考えと、政権担当者の考えと、見田さんのような専門家の考えのあいだにある溝をどう埋めたらいいのかが、本当は切実な問題だと思います。

もう一つ、オウム真理教の問題に深い関心を寄せてきました。あの宗教団体が起こした問題を人間の精神史の課題と見れば、人間の善とか悪がほとんど意識になくて、動物の生き方に近い、つまり「アフリカ的」な段階の初期の人類の原型的宗教心の問題に似ていますし、自然にふるまった行為も、あとから振り返れば倫理的に悪だったり善だったりしますが、人間の精神の広い可能性の全領域に対して現代社会がどう対応するか、という問題は必ず矛盾が出てくるわけです。その矛盾を埋めないと、今後の超現代的な文明史や社会史を考えることができないと思います。

そこを見田さんは、どう考えられますか。見田さんは、資本主義の悪が経済的に現れる恐慌があり、それが崩れてなくなっていくのは情報化・消費化を軸にするからだ、と言われています。そこで恐慌がなくなるまで資本主義が高度化していくのは肯定していい、必然だ、というのが見田さんの関心の集中するところだという感じがしたんです。

京都・香港・シンガポール

見田　今の話とはじめの話をつなげて考えると、大事なことは三つあると思います。普遍性の観念について考えてみると、今、一般には国連のようなものを連想しますが、国連はヨーロッパ的普遍性のイメージの枠内のもので、小さな普遍性でしかない、と僕も思います。次に「アジア的」とヘーゲルやマルクスが言うけれども、本当はさらに歴史の奥があるんじゃないか、ということで「アフリカ的」とおっしゃる。これはもちろん比喩的な表現で、ポリネシアにも南北アメリカにも、ヨーロッパやアジア自身の原層としても存在しているものですね。

西洋の思想家が「アジア的」と言うのは、西洋以外の「その他大勢」を考えているんじゃないでしょうか。つまり、ヨーロッパ中心主義の裏返しの表現が「アジア的」なるものであって、西洋以外のインドもエジプトも日本も一緒くたにするというのは、ヨーロッパの外から見るとおかしい。「アジア的」とヨーロッパ人が言っているものは決して一つじゃないことが大事だと思います。

最後に、近代の普遍性と言えば、僕らはヨーロッパを連想しますが、それと別に近代の普遍性というものはあるように思います。具体的に言うと、ヨーロッパよりアメリカのほうが純粋な近代を実現した。現代の日本などは、宗教的に無前提だという意味では、近代の論理はいっそう純粋に貫徹しているとも言える。けれども、さらに香港やシンガポールみたいな地域が、もっと純粋な近代として立ち現れてくるかもしれない。

この近代のエッセンスみたいなものは、ほとんど「論理的な」水準のものです。つまり、それぞれの文化や共同体の中で自分が絶対だと思っていたことが、他の共同体のものとぶつかって自分を相対化したり、他者を認め合ったりしなければならないのが近代というものの原理ですから、ヨーロッパよりアメリカ、アメリカより日本というように、どこにでも場所をもつのだと考えます。だから、ギリシャの都市国家には近代の芽があったと思うし、平安朝の京都も近代的な時間の観念や文学の表現をもっていたと思います。

そういう普遍的な近代の論理みたいなものがあって、その純粋近代化の帰結がどこに行くのかを考えれば、普遍的な現代のモデルとして考えられるかもしれませんね。実際にはヨーロッパとアメリカと日本の現代はそれぞれ違いますが、そこに共通するものが高度な情報化・消費化として発現していて、だんだんと純化の過程をたどってきたんじゃないかと思います。

その純粋化の基本のロジックは、ある絶対性と絶対性を互いに打ち消し合うことであるように考えます。そのことが反面として吉本さんがおっしゃる「深さ」へのアレルギーみたいなものをともなっていて、僕らの生きる世界のある影の次元のようなものを失ってゆくんじゃないかと思います。純化された近代・現代の行く末がどうであるかという問題と、もう一つは精神の原的な層というか、基層にあるものが現在でも未来でも存在し続けていて、それが現代の社会の中でどのように噴出してくるのかという問題にあると思います。

吉本　大変興味深い考え方ですね。同じようなことを、いつか京都で講演したことがあります。つまり、「京都は、香港とかシンガポールといちばんよく似ているんですよ」てなことを言ったら、みんなにいやな顔をされたんですが（笑）、本当にそうなんですね。ハイテク産業は盛んだし、ちょっと中心から外れると田畑などの日本の古い原型的な自然の光景もある、不可思議なところなんですね。

原型的ということと近代以降的ということが二重写しになっている地点があり、それがうまく統合していけば、ギャップと思っていることが解けていくような気がします。見田さんの、日本なりの近代というのと、ある普遍的な現代というのと、ある原型的な共通性という問題を、僕が決めつけたり単純化せずに、この二重写しのところをきちっと忍耐強く考えれば、僕らの焦燥感や強迫観念は解けていくと思えますね。

見田　「近代」というコンセプトをヨーロッパという地域性、文化性からいっぺん切断して、理論的に純粋化して捉えてみると、いろんなことがはっきりと見えてくるのですね。

市民に幸福と空虚な感覚

吉本　時事的問題で言えば、昨年の総選挙もそうですね。政府は憲法は「改正」して、第九条はやめにしよう、とあからさまに言って国民の信を問うことをやるべきだったでしょう。でも、行政改革とか消費税がどうこうとか、代わり映えしないことが前面に出てきて、自衛権の問題も有事の問題も、はるかに憲法から逸脱したものをすでにアメリカから言われて承知しちゃっていることを内緒にすることはないでしょう、と僕には思えるんです。

有事とか集団的自衛権とかいうよりも、憲法九条を国際的に知らしめて、核をもってる国はだんだんでいいから廃絶してくれ、というふうにするほうが、有事よりむしろ「無事《むじ》」へ行くことであり、そのほうが早いんじゃないかな、と思えるんです。

見田　昨年の衆院選が気の抜けたものであったのは、現代の日本の社会の本当に切実な対立の軸が政治のシステムには表現されにくい構造になっているからだと思うのです。だけど、もっと根本的には、現代の日本の社会の矛盾とか切実な対立の軸がどこにどういう形であるか、という問題だと思うのです。例えば、階級の対立が基本である社会だったら、階級政党というものがあって、どの階級が勝利するか、ということが全社会の切実なホットな関心となる。地域の対立が基本の社会だったら、各地域が代表を出して国会で争ったり調整するという現在の選挙の制度が合理的でしょう。

　しかし、現在の日本は「中流」意識の市民層が中心で、その中では階級対立もぼけているし、メディアの普及と共同体の解体で地域の対立も薄くなっている。どこに本当の矛盾とか対立の軸とかがあるかというと、90パーセントの市民層自身の内部に、そこそこの幸福を大事にしておこうという意識と、何か根本的に空虚だな、満ち足りていないなという深層の感覚があって、しかしとりあえずは、そこそこの幸福感覚が、はみ出してゆく部分を黙らせて日常をこなしている。投票所に行く時は、すでに一人一人の個人という超小選挙区の中で「そこそこの幸福」派が勝ってから行く。たまたまそうでない人は行かない（笑）。

　こういう垂直の矛盾の軸は、政治という平面には表現されにくい。宗教とか文学とか芸術という仕方でしか、現代の社会のほんとに切実な問題の軸は表現の通路をもつことのできないような構造になっていると思うのです。

世紀の空白から未来を測る

吉本　現在はどこへ向かっているのかと考えると、それぞれ個別的でしょうが、何か渦を巻いて、どっか事件に引っかかりながら世界中が動いている感じです。どこをこれからのモデルにしたらいいのかは、ちょっと分からなくなってるなあ、と思えます。見田さんの今度の本は、アメリカの社会現象を土台に考えておられるわけです。やっぱりアメリカというのは、世界史のこれからの動きにとって、とても大きな意味をもつことになるんでしょうか。

以前、鶴見俊輔にも「おまえは井戸を掘っているようなもんで、外が見えるか見えないかはどうでもいい。でも、掘ってるとだんだん外が見えてくることになるかもしれない、そういうことを頼みにしてやってる方法だ」というようなことを言われて、僕にはあまりうまく見えてこないところがあって困ってしまうんで、うまい考え方が出てくればいいと思うんです。

だけど、現実の世界史ってのは、そう頭の中で考えるようなもんじゃなくて、どこもかしこも泥まみれになったりしながら動いていく。それが本当の現実のあり方だと言われると、発想のギャップは埋めることはできなくなってきます。そうすると、自分の焦燥感を我慢するやり方を会得するしか生きようがない。でも、忍耐にも前提があって、有事と無事とどっちが早いかと言えば、世論のように有事を考えるより、無事を考えたほうが早いんだ、と納得したいわけです。そんなギャップはぜひ埋めたい、と思うと焦燥感に駆られます。

僕がかろうじて自分を正当化する論理は、個人に還元させることです。もし核兵器を一〇〇もっている国より一〇〇もっている国のほうが国際的発言権があるというのならば、背が小さくて腕力がなさそうな人は腕力がある大男の言うとおりにいつでもしなくちゃなんないことになります。でも、それは嘘です。何もモチーフがなきゃ、どんな腕力の強い人だって、やたらに暴力をふるうことはできないからね。個人の論理に還元すれば、「無事」の方法が近道だと、すぐ分かります。

世代的に、本当の市民感覚は僕にはないのかもしれませんね。おまえはまだ戦争中のファシズムや軍国主義や天皇主義を引きずってるぞ、と言われると、ある程度、納得できるところもあるんです。

ですから、本当の意味で現代の社会に適応できていないのかなあ、という気もします。

でも、自分が戦後を生き続けてこられたのはなぜなんだと言えば、それはアメリカの占領軍が僕を納得せしめた。占領ってこういうものなのかと驚いて、自分の考え方が変わっていく糸口をつかんだ気がします。民主主義とはこういうものか、と感じた。戦後の日本人から市民主義感覚をつかんできたというのは僕ら戦中派にはあまりなくって（笑）、僕らのあとの世代はアラアラという具合にいつのまにかできちゃっている（笑）。そこへ行けと言われても、そう簡単には行けないぞ、という気持ちが、どっかに残っていてしょうがないですね。

見田　アメリカというのは、二〇世紀を振り返る時には有効なんです。二〇世紀には、現代社会の構造とかダイナミズムをつかむ上で、ヨーロッパ以上にアメリカで純粋に力強く現れているものがあって、モデルとして有効だったと考えます。しかし、もう二〇世紀は終わったんですね（笑）。

二一世紀はまだ来ないけど、僕らは世紀の空白みたいなところに今いる。アメリカというモデルの普遍性が特権的であった時代も終わったと思います。吉本さんは、日本にずっといたままで、結局、ミシェル・フーコーやジャン・ボードリヤールがヨーロッパで先端的に考えてきたことと出会われたと思う。日本で起きていることも、アメリカやヨーロッパや香港で起きていることも、あまり差異がなくなって、世界がだんだん非場所的になっているし、これからさらにそうなるだろう、と考えます。情報の世界的なネットワークも、そういう差異を次第に消していくだろうとも思います。

日本にいようと、アメリカにいようと、アジアの奥地にいようと、自分の立っている場所を深く掘ることのほうが、そのまま普遍性につながるという、鶴見俊輔さんが言われた、吉本さんの「井戸を掘る」という方法は、その意味からも有効になってくると思います。
けれども、もっと深い意味では、原的な普遍性ということに関わる方法だと思いますが。

超越を超越すること

吉本　宮沢賢治への関心も世代による違いがありそうで、賢治はあまりにセイントで超人的すぎるんで、時々まったく無関心になっちまいます。見田さんは、存在論として、自然と人間を外側と内側から融かして一つにしてしまう賢治をよく追求しておられますが、僕なんかはこの人の悪口を言いたくてしょうがないところがあります。すると、この人は人間の嫉妬感情に大変固執したんじゃないか、というところにぶつかります。この人は心理的にそんなところがあった人だぜ、というのが僕の悪口の一つなんです。

また、賢治は、苦労して泣きながら身につけたものが本当の勉強だ、といったことを詩や童話で強調しますが、この理念は違うと思います。現在性で言えば、教える人が放蕩しようがテニスが好きだろうが、関係ない。また、苦労して涙流して身につけたものがいいんだ、というのも嘘です。鼻歌うたいながら身につけたって、身につくことでは同じです。僕の観点は、そうです。宮沢さんは、苦労の倫理に強調点を打ちます。で、それが賢治の欠陥だと思います。でも、実はそれくらいしか文句のつけようがないわけです。それくらい、この人は超人的で、死を覚悟して、それを実践しているわけです。そういう、ちっぽけな悪口しか言いようがないんです。

賢治の影響を受けて現在運動してる人もいるけど、それは左翼的な宗教性のヒューマニズムに近いやり方でやっています。でも、それも僕らから見れば、二重写しになります。エコロジカルな人間主義的な運動として現在やっている人もいるんでしょうし、その人たちもそれ以外の目的でやってはいないでしょうが、人間の精神の可能性から見れば、この人たちは、もし戦争中だったら、間違いなくファシズムの運動に行くように見えます。そういう二重写しの観点は、僕らからはどうしても拭えずに、すっきりしないんです。

でも、課題としては、戦後も半世紀経ってるんですから、これからどうするんだということで言えば、ぐじゃぐじゃ二重写しになってるところばかりに固執してないで、一つの方法で集約できるんじゃないかと思います。

でも、あえて利点があるとすれば、例えば世論がオウム真理教をどんなに殺人集団だと言っても、僕は「いや、その面だけで言ってはいけない」と思うんです。人間の精神の可能性から言えば、あれは可能性の範囲に入るということを主張したいのは、二重写しの経験からだと思います。そういう部分で、見田さんのようなあとの年代の人から、違う言葉で僕らに橋を架けてもらいたいという気がします。

見田　吉本さんは『宮沢賢治』（筑摩書房〈近代日本詩人選〉、一九八九年。のち、ちくま学芸文庫、一九九六年）のあとがきで、きつい仕事や生活のあいだを縫って宮沢賢治の人や作品について感じ、思いをめぐらす時間は、鬱積した雑事を片づけては心せきながら入り込んでゆく解放感にあふれた時間だった、と書かれているのが実に印象的でした。

「固有時」という僕にとっても大事な言葉を思い出したんです。去年はたまたま生誕一〇〇年目で、社会的にも賑《にぎ》やかだったんでしょうが、それが終わったからもうおしまい、という相手では賢治はないと思います。賢治の妹さんが「兄は旅の人という感じだった。この世の中に旅に来て、また帰っていった人のようだった」と言っていました。賢治には、旅人のような新鮮な驚きをもって自然とか人間の現象を感受しているところがあったと思います。

吉本さんの考えの骨格に「往相と還相」という思想がありますが、賢治には「還ってきた人」という感じがあるんですね。ふつう、宗教的なタイプの人は、超越とか、往くことばかりに熱心なわけです。賢治の場合は、はじめから超越しているみたいな資質があって、むしろどうやって超越を超越するかとか、「超越」の反義語を「内在」とすれば、どうやってもう一度世界に内在するかが、むしろ課題だったような気がします。このことは、賢治は「普遍宗教」を求めていたんじゃないか、と吉本さんは言われています。『銀河鉄道の夜』の「ほんとうの神」をめぐる問答は、人間の絶対感情とどう対するかという問題ともつながっていて、宗教をその核心で突き抜けてゆく「原宗教」のようなものへのモチーフを暗示していると思います。

無意識はどこから来るか

見田　吉本さんは、文芸批評のお仕事で、文学の本質というのは主題を超えたところにある、と主題主義批判を展開されてきました。僕は、賢治の現代性というのは、まさに主題主義を超えたところにあるように思うんです。賢治の文学は、自然への感覚や、その声が聞こえてくるような韻律のようなものが本質なんじゃないでしょうか。

また、『マス・イメージ論』（福武書店、一九八四年。のち、講談社文芸文庫、二〇一三年）で吉本さんは「システムの無意識」ということを言われて、それは個々の作家が自分とは矛盾したものを見出す力であるとされています。そのとき、無意識はフロイトの言う個体の無意識や、ユングの言う集合無意識とも別のものと思います。宮沢賢治の文学の言葉の出所も無意識だと僕は思いますが、その無意識というのはフロイトやユングの「無意識」よりもっと広がりがあって、宇宙的な存在の無意識のような気がします。そういう「無意識」の水平性や垂直性ということをめぐって、吉本さんはどう捉えられていますか。

吉本　賢治の無意識の出所は本当はよく分からないんですが、僕なりにこう整理したんです。例えば『銀河鉄道の夜』のジョバンニの描写などを考えますと、ふつうの作家の描写と違って、賢治の描写は類例のない描写と感じるところがあります。例えば、ジョバンニの行動を描きながら、同時にまったく違う視線がそこに働いている。それは、あたかも作者のものではないような、違う視線なんです。たぶん、宮沢賢治の独特の無意識の出所がそうさせているんじゃないかと考えます。それは、描写している作者じゃない人の目が描写の中に入っている二重のイメージなんですが、僕らがフロイト流に考える無意識とはちょっと違うと感じます。

意味としてあるように見えたり、リズム感としてあるように見えたりして、確かに賢治の独特の無意識なんじゃないかと思います。賢治の仏教的な輪廻観からそれは来るんでしょうけど、本当はこの世とかあの世とかの境界を融通無碍に透過してしまう何かを賢治は身につけている感じです。それは名づけようがない不思議なイメージのあり方で、別に賢治が作為したものでもないのかもしれません。

ですから、おっしゃられたとおりで、賢治の批判をそういう理念の次元だけでやっても意味ないですね。仕方ないから、このイメージのふくらみ方を天才と言うのが無難なんじゃないでしょうか。ふつうの人のイメージよりは次元が一つ多いように思います。

宮沢賢治の宗教性には、詩や童話の中にはとても出てこないような独特のイメージや怖さがありますね。中国の軍人で詩人でもある人が晩年の賢治を訪ねたとき、何かわけの分からない宗教の話を聞かせてくれて、ただ怖いと感じた、という文章があります。そういう怖さが賢治の言葉にはあって、「鋼色の青」みたいな言葉は言いようがなく怖いなと思います。この人は超越的な聖なる感性を積んでいて、東京で国柱会に入っていた若い頃はなかったんでしょうが、次第に法華経と直接交感して、それを獲得していきます。そして、晩年になってくると、怖いなと思わせるような宗教性、それはどういう宗派とも宗教とも言えないようなものを獲得していった気がするんです。

無意識の範囲では、宮沢賢治はそういうものをちゃんともっているわけですが、それを意識的に整えようとすると、科学者ですから、突っかかるものが出てきます。賢治も法華経信者ですから、来世というものを疑ってはいけないわけです。例えば、僕はカトリックの作家の小川国夫に、あんたキリストの再臨を信じてるんですか、と聞いたら、「信じてます」と答えられたことがあります。宗教者としての賢治も、来世は信じていたと思うんです。科学者としての彼、あるいは得体の知れない無意識まで含めた賢治の宗教性を考えると、来世があるということがいちばんネックになっていたのではないでしょうか。

「青森挽歌」という詩には、妹が死んで「けしてひとりを祈ってはいけない」なんて言って、その突っかかりを破りたいと思っているんですね。それは、ジョバンニが言う「ほんとうの神」、「ほんとうの、ほんとうの神」であり、誰もにとって違う宗教ではなくて、それを賢治は「ほんとう」という言葉で言いたかったんじゃないかと考えます。

だけど、どうすればその突っかかりをとることができるか、ということで僕が唯一考えていることがあるんです。

「ほんとうの宗教」という謎

吉本　無意識と言われている領域を、もしも受胎にまで科学的・医学的に遡れるようになったら、たぶん宗教と科学の境界を除くことができるんじゃないかな、という気がします。宗教家が前世とか来世とか言うことは、無意識の領域を受胎し、子宮に着地した瞬間まで遡ることと同じなんじゃないか、と漠然とながら考えます。

超音波なんかの手段で科学的に可能なのは、母親を驚かせると胎児はこう身体を反応させるというように、七、八ヵ月以後の胎児は分かります。それがもっと先まで遡って、受精のところまで行けるならば、来世や前世という輪廻転生の仕組みが解けるんじゃないかと考えます。フロイトは誕生してから一歳までを無意識の母胎と考えているけど、僕はそれを胎児の数ヵ月以降まで延長すべきだと思います。

もっと遡れば、宗教が前世・来世と言っていることは全部、科学的な問題になるだろうな、と思います。そして、たぶん科学や医学はそこまで行くと思っています。そんなことは先天的に無理だとは思わないわけで、今だって、何ヵ月目の胎児は魚から両生類に進化する段階で、陸地に上がる頃だから、そこで母親のつわりが最もひどくなる、というように解剖学者が言っているわけです。ですから、それを内在的に理解できるならば、無意識の領域を拡大したことになりうる、と僕は思っています。

賢治が突っかかっていた科学と宗教の融和への足がかりになると思います。でも、あまりこういうことを大きな声で言うと、あいつ、だんだん神がかってきた、と言われるんです（笑）。でも、宗教というのは、そこが解決点ではないでしょうか。それができるまでは、自然科学的な探究も人文科学的な探究も、どこかでは宗教性を免れないと思います。ですから、それまではイデオロギーからも宗教性をなくすことはまずできないだろうなと思います。

それから、無意識ということも相当前まで遡れる、ということを考えなければだめじゃないか。そうすれば、賢治がいちばん突っかかったところの問題は解決するように思います。『銀河鉄道の夜』の中で、キリスト教を信仰している姉弟から、あなたが信じている宗教は、と聞かれたジョバンニが「ほんとうの宗教です」と答える。尋ねた姉弟が「私だって本当の宗教を求めている」と言うと、ジョバンニが「いや、そうではなくて、ほんとうの、ほんとうの宗教」と言う。そういう言い方しか、賢治はできない。また、同じ話の初期型では、人間というのは一つの現象だし、人間の考えることも現象だと言う。それを基にして、賢治は普遍的な宗教を考えます。

そこに突っ込んでいくのが宗教的な賢治の経路だと思いますが、しかし、見田さんのおっしゃられるように、『銀河鉄道の夜』はそういうことを言うために書かれたんじゃない、作品で本当に言いたかったのは、書き手以外にもう一つの視点が加わっている、何とも言えない豊かなイメージの芸術性で、それを読者に体験させるのが本意なんじゃないか、という見方になります。ですから、理屈で攻めていって主題的に読む読み方は、むしろだめなんじゃないかと思います。

――賢治の抱いた普遍的な宗教観から見れば、現在のオウム真理教の一連の出来事はどう解釈できるのでしょうか。

吉本　僕が麻原彰晃が宗教家として相当な人だという関心をもっているのは、あの人の書いた『生死を超える――絶対幸福の鍵を解く』（オウム、一九八六年）という本なんです。彼は「受胎・受精まで遡れる」ということを言ってるんです。それを読んで、僕は、へえ、大したもんだ、と思った。もちろん、それは過剰評価かもしれませんし、裁判が進んで思わぬ弱点が出てくるかもしれません。ただ、善悪の問題だけで言えば、心証はこうだと何となく分かりますが、もし人間の精神の可能性で言えば、僕だって同じことをやるかもしれないとも考えますし、そこでは僕はあまり否定的ではありません。

ただ、僕がオウム真理教について「絶対悪」と考えている要素があるんですが、それは地下鉄サリン事件なんです。つまり、無関係で何の対立感情ももっていない人を殺すのを前提とした出来事です。そこを見なければ、人間の精神の全域はどこにあるんだ、その原型はどこにあるんだ、ということも考えることができないという思いがあるものですから、僕は固執するんです。

この「絶対悪」を人類が今まで経験しているとすれば、その原型的段階である「アフリカ的段階」

だけだと思います。死んだ人の肉を食ったり、人を奴隷扱いすることは悪ですけど、それは近代以降の考え方であって、原型的な場所では、それは悪ではない宗教性と思われているかもしれません。オウムの連中がやったことの中には、サリンを作ったり、弁護士を殺しちゃったりという近代的な意味での悪もありますが、地下鉄サリン事件だけは、ただ一つ原型的な「絶対悪」なんです。

人間の真ん中にある自然

吉本　僕の賢治論やオウムへの評価の話ばかりしてしまいました。見田さんの『宮沢賢治』のモチーフは、僕たちが近代的人間であるかぎり、自然は外にあるもので、人間の無意識も含めた精神は内部にある、というのがふつうでしょうが、宮沢賢治の場合は、精神を外部にもできるし、自然を内部にも自在にできる、というような一種の存在論だと思います。その存在論の中に、賢治の宗教の問題も、文体と表現の問題も入ってくる、ということが見田さんの賢治論の骨格ですね。

見田　それは、個性をいかに表現するかという、当時の近代文学の価値観とは逆のありようだと思うのです。賢治の場合は、いちばん内側に自然がある、という感じですね。

吉本　賢治には人間も自然の一部だという考えがあって、それはマルクスにも同様の考えがあります。マルクスは外在的なものだけを追求して、外部にある自然を人間が手を加えると自然は価値化していき、それを「生産」だと言います。

マルクスは外へ外へと徹底的に向かうわけですが、賢治はそこを自在に往還できる、というのが見田さんの独特な観点でしょう。そのとき、僕は、国柱会に入会したりとか宗教的関心を考えると、どうして賢治は国粋主義者にならなかったのか、という問題が興味深いんです。

見田　そこは、とても面白いところですね。

吉本　日蓮とも、賢治は違うんですね。『法華経』に「安楽行品《ぎょうほん》」という章があって、その中で法華経信者は文学や芸術なんかやってはいけない、と書かれています。賢治が引っかかったのは、そこなんです。日蓮が引っかかったのは、法華経信者でない人間は刀で切って殺してしまってもいい、という教えにいちばん引っかかったんです。賢治は、その日蓮からもちょっと外れて、法華経との独特の対し方をしました。それが、この人の宗教性の怖いところでもある気がします。それが賢治の語った「普遍宗教」だと思います。

僕は、戦後の政治の党派性にもみくちゃにされたやりきれない体験をもってるから、何とかして党派性を政治から外して、普遍的にしたいんだ、という願望をもちました。それは、元を正せば、宗教の宗派性にあるわけです。それはいくら争っても解決しようがないもので、自分が中身から変わらないかぎり、信仰は変わりませんから。イデオロギーも同じで、信じているかぎりは党派性はなくならない。そういうのがいやだな、というところに僕の関心と宮沢賢治が引っかかってくるんです。

見田　吉本さんが言われるように、自然と人間の反転の問題が僕の中心の課題なんです。賢治は、自分の童話を野原とか月明かりからもらったものなんだ、と書いている。それは賢治の単なる謙遜だと言われるけれども、僕はあれは文字どおり本当だと思う。存在とか宇宙といったものが、彼の真ん中にある本当の自分だと思えるんです。そこから、彼の「原宗教性」が出てくると思います。吉本さんはそれを「特定の宗教は彼に拘束衣のような働きをしていた」と書かれていましたが、本当にそうだと思います。

何が彼を縛っていたのかと考えると、宗教的ドグマとか倫理性とかが彼を縛っている。縛られていたものは何かというと、それも宗教性なのですね。賢治の、ほとんど身体的と言ってさえいいような「原宗教的」なものだと思うんです。よく解釈されるように、性的な欲望を彼が宗教的に縛っていた、という話じゃない。いや、それもあるかもしれませんが、もっと根本に原宗教性があって、それが賢治の中の「野原」につながっていく。その原宗教性を、宗派性としての「宗教」が縛っていたところがある。その構造は、現代の僕らの社会のいちばん難しい問題ともつながってくると思います。

宗教のもつ危うい両義性、一方で僕らを自我の拘束性から解き放ってくれるものでもありながら、同時にもう一度縛ってしまう力でもある。そこで多くの優れた人も党派性に足をすくわれてしまう。「飛んでゆくことができないなら、せめて這ってでも」というドイツの歌の一節をフロイトは愛していたようですが、宗教というのは、人間が自分の抱える問題の大きさにふさわしい能力をもっていない、そのギャップをとりあえず架橋している、危ない吊り橋のようなものかもしれませんね。

絶対感情と他者の関係

見田　吉本さんの状況論的な批評には、若い頃から一貫して、ある精神が流れていると思うんです。

もともとは戦時の軍国少年としての体験があり、その体験からファシズムを批判されるんだけれども、その批判の仕方を戦後民主主義的な仕方ではやられない。戦後民主主義ではないやり方で、ファシズムや軍国主義を本質的に中央突破しなきゃだめなんだ、と。スターリン主義批判でも、ふつうは近代主義的なやり方で批判するわけだけど、そういうやり方ではスターリン主義は解体できないんだと思われて、そうじゃないやり方で批判してこられた。近代主義と共同体主義のようなものに対する二正面闘争とでもいう姿勢はずっと一貫している、と僕は思っています。

オウム真理教に関しても、そういう仕方の批判だと思います。オウムを市民主義的な倫理主義ではないやり方で、本質的に克服しなければだめなんだ、ということですね。麻原彰晃みたいな人がもし仮に権力を握った場合には、自分に対して自立する思想は認めないと僕は思います。そうしたら、最後まで抵抗するのは吉本さんだと思う（笑）。けれども、その批判は市民主義的で倫理主義的なきれいごとでは底まですくえないわけですから、それを中央突破でやらなければだめだと思われたんじゃないでしょうか。

絶対感情という、それだけで中心をもってしまい、他の領域のないようなものが人間を捉えてしまうことがある。それを批判するんだけれども、その絶対感情と対峙しないで、きれいごと言っても的を射抜けない。いいことを言うのは恥ずかしい、と吉本さんは言われましたが（笑）、思想として大事なことは、絶対感情をめぐる困難な二正面闘争だと思うのです。

つまり、絶対感情を他者に強いられる形には、そういう宗派性や党派性には、どうしても抵抗しなければならない。しかし、絶対感情そのものはあるわけで、それを薄められた相対主義みたいなものでだめだと言うのではなくて、絶対感情をもつ他者との相互関係とか、個々の絶対感情の自立性とかをどう擁護するかという、そういう二正面闘争が現代の難しい思想的問題だという感じがしているのです。

最後に、思想や文学や芸術や原宗教性みたいなものの現在的な課題というか、今どういうことがいちばん大事で、ご関心があることなのか、そのあたりの話をできれば、と考えます。それらを垂直的なものとすれば、情報社会とか市民社会という水平的なものに対して、それらがどういう現在性をもっているとお考えですか。

吉本　西欧近代あるいは西欧現代はどこかへ行こうとしているわけですが、そのどこかというのは日本の社会が行こうとしているところと、そんなに違わないところだと考えざるをえません。

また、未開の社会とかをフィールドワークするというのが、社会学や人類学の方法としてあります。デュルケームでも、レヴィ＝ストロースでもいいんですが、彼らは西欧近代や現代のところから、それ以前の社会に、いい角度で入っていって、いい出方で出てくる、というのを常道としていました。レヴィ＝ストロースなんかは、そういう都合のいい出入りの仕方をやめようじゃないかと反省して、今も残っている未開の社会に入っていくのならば、目を同じ高さにして、そこで得られるのがフィールドワークの成果だと考えているんです。

でも、僕はこの数年来の実感としてあるんですが、そういう書物を読んでも、あるところまでは、そうか、分かった、というふうに読めるんですが、それ以上に行くと、ひょっとして俺のほうがフィールドワークされてんじゃないか、ということがひどく気になってきたんです。

存在の思想と未来の地平

吉本　自分がフィールドワークされているんじゃないかという感覚は、西欧近代や西欧現代に普遍性があるという考え方に疑問が生じたということと同じなんですが、そういうふうに思い始めた時から、僕は日本とか日本人というのが分からなくなってきたんですよ。もっと関心の深いことで言えば、日本語というのが分からなくなってきたんです。今までは自明のごとく思っていた日本語が本当は分からないぜ、と感じてきました。

そういう自分を外に置く観点が出てくると、日本人というのもまた分からない種族だと思えてきました。奈良朝以降の日本の言葉を日本語と言ってきたわけですが、それはちょっと考えを改めて、奈良朝以前の日本語を追求しないと日本語とは分からない、という問題意識が出てきましてね。日本人という人種も同様で、中国人もベトナム人も日本人も、アジア人というような理解の仕方が違うと思えてきました。つまり、日本人を初期の神話時代まで遡れば、これはアフリカ的段階であり、言葉もそういうふうに思えます。

日本には琉球・沖縄の人間とアイヌ民族がいるわけですが、彼らは旧日本人というところに位置づけなければだめだよ、というように思考を転換させてきたんですね。そういう日本人の得体の知れなさがあり、そこまで行けば、自分たちは西欧の近・現代からフィールドワークされているほうじゃないか、と感じてきたんです。そのことが、今の僕のいちばんの関心事なんです。

自分の仕事としても、柳田国男のように日本中を歩いて資料を広く集めて、というようには僕にはもうできませんから、「日本人とは何か」ということを自宅の四畳半や六畳でゴロゴロしながら、はっきりさせてみたいと思っています。

ただ、僕は現代社会に対して切実な関心をもっているかのごとくやってきたわけですから、その「日本人とは何か」という問題意識と、「現代社会はどこに行くか」という問題意識を同じ方法でやらなければいけない、とも思っています。さもなければ、進歩と保守とか、歴史学と未来学というような対立になってしまいますから、その二つを同じ土壌でやっていこうと考えているんですよ。

その問題以上のことは手をつけかねるな、と思います。そのとき、見田さんの社会論なんかをとっかかりにできれば、と思っているんです。これは日本の社会学的な追求の中にはあまり類例がないもので、今までの日本の社会学は西欧近・現代の類型があって、その上で考察があったわけですが、見田さんのやり方はちょっと違うぞ、と思いました。僕は、今はフィールドワークされるほうだと思ってますから、その西欧の方法を採用することはあまり意味がないと考えているんです。

見田　フィールドワークをする側とされる側とがあって、調査をする側、見る側、「主体」である側のほうが暗黙に上位にあるものであるかのような幻想が、近代の幻想としてあるわけですね。けれど、本当は、フィールドワークをされる側、それ自体として存在しているものの側にこそ本原性はあるし、自立ということもあると思います。こういう近代の視線によって、フィールドワークをされるものの側の、存在の音階みたいなものとしての思想があるはずだということは、とても大きな、思想の機軸の転回であるように思います。

現代社会論という問題意識と、自分の芯を垂直に下っていくような問題意識が一つのものになるはずだ、というお考えも本当にそのとおりだと思います。僕自身は『自我の起原』（真木悠介名義、岩波書店、一九九三年。のち、岩波現代文庫、二〇〇八年）という本の仕事で、「自分」という不思議な現象の成立の根拠と本体は何かということを生命の歴史の中で確認しておいて、今度は『現代社会の理論』という人間の自我が最終的に展開し尽くしたところで反転して散開する地平を追求してきたのですが、全然別の二人の仕事のように世間では思われているんです（笑）。本当は同じ問題の序と結章なんですが。

吉本さんの問題意識も、今日お話しして、ますます確信を深めたのですが、若い頃の僕の大好きな「エリアンの手記と詩」（一九四七年頃。のち、『マチウ書試論　転向論』講談社文芸文庫、一九九〇年所収）や『固有時との対話』（自家版、一九五二年）、『転位のための十篇』（自家版、一九五三年）という詩集、「マチウ書試論」（『芸術的抵抗と挫折』未來社、一九五九年所収。のち、『マチウ書試論　転向論』講談社文芸文庫、一九九〇年所収）から『言語にとって美とはなにか』（全二冊、勁草書房、一九六五年。のち、定本、角川ソフィア文庫、二〇〇一年）、『共同幻想論』（河出書房新社、一九六八年。のち、改訂新版、角川ソフィア文庫、一九八二年）を経て現在に至るまで、モチーフの軸は実に一貫していると思います。それは「転向」とか「変質」という、してもいいし、しなくてもいい、単なる線の引き方の効果にすぎない次元のものとはまったく別で、問題意識の一貫性のある思想だけが信用のできる思想だと僕は思っているのです。

宮沢賢治もその生涯を賭けて、生きることの根柢を求め続けてきた存在ですね。その途中で、例えば国柱会みたいな間違ったイデオロギーの旗をふろうとした時もあったけれども、それは肝要のことではなくて、本質的なことは、賢治がその生涯を賭けて「本当に大切なこと」を追求してやまなかった存在であったということであると思います。

Ishimure Michiko

石牟礼道子

前の世の眼。この生の海。

1927-2018年。小説家。
水俣実務学校卒業後、1958年に谷川雁の「サークル村」に参加し、詩歌を中心に文学活動を開始。『苦海浄土』で水俣病を鎮魂の文学として描き出し、絶賛される。主な作品に、『苦海浄土』（講談社、1969年。マグサイサイ賞。のち、講談社文庫、2004年）、『天の魚』（筑摩書房、1974年。のち、講談社文庫、1980年）、『十六夜橋』（径書房、1992年。紫式部文学賞。のち、ちくま文庫、1999年）、『はにかみの国』（石風社、2002年。芸術選奨文部科学大臣賞）、『祖さまの草の邑』（思潮社、2014年。後藤新平賞、現代詩花椿賞）ほか。

第一信　石牟礼道子　前の世の眼：一九九〇年七月五日

いかがお過ごしでいらっしゃいますか。八王子界隈の波うつ青葉やいかにと思うにつけ、はるかな歳月となりました。

こちらはもう炎暑でございます。夏になりますと、ご著書の中のしんとした「朱夏」を空の奥にみてすごすようになりました。ただもう、ぼうぼうとしているだけのような、徒《あだ》な月日だったのかもしれません。

考えてみればこの気持ちは、目の見えない祖母の手を引いていたごく幼い頃からのものですけれど、ほんとうにいまようようあの頃の祖母が、来し方のわたしというものを脱皮させ、後ろ影も黍殻めいて、座るところを得たのかもしれません。

今日も竹林の枝がいっせいにふうわりと風に浮くのをみて、心に深く呼ぶものを感じながら立ち止まって仰ぐと、空をおおう大榎がすぐそばにあり、しばらく佇みながら思ったことでございます。

こういう自分のまなこは、前の世から来たまなこではないか。それに前の世の者たちが眺めていた景色がいま、わたしに呼びかけたのではあるまいか。それは深遠な夕ぐれでした。

亡くなったものたちの、何も彼も断念した、思い定めたような面差しと姿が浮かんでまいります。「手形の木」というういい方がわたしの地方にございます。亡くなってゆく人の足跡は残らないけれど、手の形見は残るのだと。

「家が栄えるように、曾祖父さんが植えてくれた樫だそうですが、こんな大木になりました。手形の木ですもんねえ」

と、そんな風に話します。

わたしの後の者たちも何かから呼びかけられるにちがいないのですが、はたしてこの竹林や大榎のたぐいは残るのでしょうか。

後にくる者たちに残すよすがの物を、わたしたちは持たなくなってしまいました。なんという世の中の変わりようでしょう。言葉というものさえ、はたして伝わるものかどうか、おぼつかないかぎりに思えます。

あんな木の葉の一枚のように落ちてゆくのがいいなあと、漂う木の葉に見とれておりました。そしてそのとき、ずっと前、インドのお土産にたまわりましたテープの不可思議な音色が心の耳に蘇りました。いったいあれはなんの音色なのでしょうか。

遠い大地の魂が、名もないどこかの湖に宿って鈴のようなものになり、未明の頃にだけ鳴りはじめる。澄んだあの音色を、わたしはまた竹林の夕ぐれに聴きました。

ああいう音色を聴きますと、白というべきを紅と言ってしまうわたしでも、人間のすることは神や仏に近づくこともあるのだと思ってしまいます。いったいあの音色はどういう時になんという楽器で、奏でられるものなのでしょうか。

ただ今お寺の世話になっているものですから、まわりに若い層がいないではありません。都会から来たのもおりますが、だいたい中卒止まりのぽっと出で、ベルトコンベアになってしまった世の中に出た途端、居すくんでしまい、めくらめっぽうに一歩踏み出してはみたものの、やにわに撥ね飛ばされて、生きていることがうまく自覚できないような少女だったりいたします。

生まれてきて、何の良いこともなかったような事情をもつ少女が、わたしの有様をみて、昨夜などお腹をよじって笑い続けました。思いもうけぬ恵みがやってくるものだと茫然といたしました。彼女の微笑によってわたしは今生きているのだと。この世の苦難を引きうけたものの笑顔とその声のうらかなこと。

反射的に遠い日のことを思い出しました。祖母の手を引いて、人家を離れた草道に、二人ながらかがんでおりました。

捨て猫がついて来たので掌《て》の上に乗せました。毛もまだぽやぽやの小さなのが泣き疲れていたのでしょう、自分の口より大きな、長い長い欠伸をするや、へにゃりと睡りこんでしまいました。何も見えないはずの祖母がそのとき、何かの気配のように笑ったのでございます。あのテープの音色のように。

狂人でして、この世の奥にいるような笑顔を幼いわたしは見上げ、安らいで、掌の上の小さな者を連れて帰りました。猫は代々そばにおりましたが、あの世にもきっとついてくるでしょう。

長い間の感謝をこめてお礼まで申しあげます。

第二信　見田宗介　デカン高原の陽射。不可視のコミューン：七月一二日

ついこの間のことのようですが、二年になります。御母堂の亡くなられた折、どんな言葉も、ほとんどそれが言葉であるということだけで足りないもののように思われて、とうとうどんなおくやみも申し上げられないままにうち過ぎてしまって以来、これでもう石牟礼さんとは、生涯顔向けができないのだぞと、自分に宣告してきましたから、こんどのお手紙、幾重にもうれしく読みました。

この春の幾年ぶりかのインドの旅では、ばかな失敗を二回もしました。

一度目は三月二十八日の朝のガンジス。この河で死ぬことがインドの人たちの願いですから、昨夜もたくさんの生のなごりをのみこんで浄化しながら、動かないような速さで流れつづけるこの河の、日の出る前の闇《やみ》がそのまま対岸の地平を消すような雲の層まで切れ目なくつながっていて、この日の太陽はその重黒の雲の層から突然躍り出て、空全体の雲という雲を幾筋もの色に染め分けながらどんどん昇るから、もう危ないぞ危ないぞと幾度も思っても目が離せない。やっと目をつぶってからもういっぺん目を開いてみると、視界のまんなかに傷痕のように黒く輝く闇の円形が居座ってしまっていました。三月三十一日。デカン高原のエローラという聖所の陽が沈む時刻に、もういちど同じ過ちをくり返しました。金色に躍る炎をしたたらせながら乾いた地平に落ちてゆく陽の最後の光の一筋がみえなくなるまで、いけないいけないと思っても目が離せない。終わった時、あたりの丘は残光でまだ明るいはずなのに、ぼくには何も見えなくなっていた。何かの禁断の罪の報いであるようでした。

ずっと以前の何かの折にお電話をいただいた時、石牟礼さんの目の具合をご心配申し上げました

ら、「目がみえない方がいいですよ」と、明るい声でおっしゃっておられたことを、その時思い起こしていました。

お書きになられるご本の中には、『苦海浄土』の仙助老人のロマネスク、『天の魚』の江郷下の母女の線路行など、一度読んだら忘れられない凄惨《せいさん》な生の輝きのリアリティがひしめいています。

おかしかったのは、ご本をよんで、水俣には神さまみたいな人ばかりがいるように思って「支援」に行った人たちのうちで、水俣にもけっこう計算高いおばさんとか、へんくつな老人などもいて、ふつうの地域と同じだったよと、わけ知り顔に報告をする向きのあったりしたことでした。

リアリズムの目は、リアリティの何も見ていないのですね。

人が正面から見ることのできないものが二つある。太陽と、死だ。という言葉があるけれど、人が正面から見ることのできないものは、死ではなく、生であるように、ぼくには思えます。

生のリアリティの核のところを人が正面から見ることを禁じられているのは、それが残酷だからではなく、醜いからでなく、深淵のように暗いからでなく、輝かしすぎるからだと思います。

今度のインドではばかな行為で目を焼いてしまっただけですが、石牟礼さんのように、人間の生や、虫たちや樹たちの生の輝きの核の部分を明視しつくすことをとおして、いつか、ぼくも目がみえなくなっていくことができたら、どんなにいいか、と思います。

以前の旅の時のインドの音を、あんなに正確に聴いていただいて、これほどうれしいことはありません。ニルヴァーナ・コミューンというふしぎな場所があって、コミューンといっても門だけがあって、そこをぬけるとまたふつうの樹や虫や人間までいる荒野なのです。その門の詞に、こんな言葉が書かれていました。

わたしはあなた
あなたは彼
彼はかのじょ
かのじょは水や鳥
水や鳥は　空や谷
ここすぎて
目をつむり
泣け

その門をぬけて、またふつうの世界なのです。

第三信　石牟礼道子　門の向こう側。ゆっくりと日傘が過ぎる‥七月一九日

思いもかけませず、亡母のこと気にかけていただき、すっかり恐縮いたしました。生きているお返しがなんにもできない自分を眺め、ただただ有り難く存じます。

その後もインドにゆかれたとのこと、たまわった鈴の、幽《かす》かな音色を通じ、お便りを通して、思いめぐらすばかりでございます。

それにしても彼の地は、お釈迦さまの生誕地だけあって、始源の天空のダイナミズムが、いまも渦巻いている途方もないところだなという印象を受けます。そういうご来迎で、お目を灼《や》いてしまわれたとのこと、神話のように思い浮かべました。なにとぞ予後をお大切にと念じております。

いつぞや「見えない方がいいですよ」などと、気楽そうに申しあげたとのこと、恥じられてなりません。現実にはやっぱり見えた方がよろしゅうございます。なにしろ昼日中、電信柱にぶつかったり、友人の家だと思いこんで、よそさまの玄関から上がりこみ、

「ただいまぁ、今日はもう大へんでしたのよ」

などと言ったりするのでございます。

これは目だけの問題でなく、アパートの造りの画一性や電柱の位置の問題、なにより本人のアタマのぐあいが考えられます。つい最近も白い雨靴を右の方だけ二つ買ってまいり、すっかり考えこんでしまいました。若い女の店員さんでした。

おりしも阿蘇方面が豪雨で、ただならぬ気配。見にでもゆくつもりだったのか、靴屋の前にいました。とはいえ左目は見えず、右は少し視力があるとはいえ、豪雨の中でおぼつかない。目では歩かないのだ、足でゆくのだと思ったのでしょうか。左目がいけないから右の足を補強せねばと、雨靴をなぜか右だけ二つ買う。白いゴム長に、ながいあいだ憧れてもいたのです。

たぶんわたしはここ二十幾年、右の目で世の中を少しばかり眺め、左の方で、消えゆくその影を感

じていただけだと思います。

「人が正面から見ることのできないものは死ではなく、生であるように思える」とおっしゃいます。人の生身にむきあえばおろおろして、何か必ず言いそこなうのは、そのせいかとわたしも思います。

　聖なるガンジスへゆけないわたしなど、もしコンクリートドブの川っぷちでふらふら落っこちたら、トンマなわたしのゴム長は、どこかの海のゴミ溜《だ》まりの中にしばらく漂い、あのインカ伝説のチチカカ湖の、奥行きふかい葦《あし》むらへ、流れてゆきたいと願うでしょう。

豊葦原の国からまいりましたの、と挨拶《あいさつ》することでしょう。

　ぶつかった電柱とよく逢《あ》います。電線をクモの巣さながら空にはりめぐらし、もがきようもない姿に同情せずにはおれません。わたしの目から火花が出たとき、彼はひょいと、もとの木に戻ったのではないでしょうか。

　おじさん、とわたしは挨拶いたします。

「山で逢ったかもしれないですねえ、もうずうっと、むかしですけど」

掌《て》を当ててみると懐かしい暖かさです。電線のかなたをみていて御著『気流の鳴る音』のヤキ・インディアンの世界を思いました。

　わたしのゴム長がもし、古代インカの葦の洲にたどりつくことが出来れば、かの時代の人たちはひょっとして、鳥の霊が宿っている不思議なものだ、と思ってくれないかななどと、このおじさんに願います。地面や海がちゃんと息をしていた頃、もと、この木のかげに、お婆さんたちやお爺さんが、雲のゆき来を眺めたりして、一日じゅうほおっとしていた景色をみたことがある気がいたします。

お手紙にあったインドのニルヴァーナ・コミューン、「荒野の門」に似たのがここらにもあるのではないかしら。もしかしたらこの電柱は、その片っぽになるはずのものではなかったかとわたしは思いました。それに書いてあったという、

「そこをぬけて、またふつうの世界」

は目の前にありました。

車たちがひしめき、取り囲み、音のるつぼになっている中を、紫陽花《あじさい》色の傘をかしげて、腰をまげたお婆さんが、横切っているところでした。

車からいっせいに首が出て、怒気の弾丸がまず飛びました。しかし、「ばあちゃーん！　つっ転《こ》んなよ！」という声があたりを支配しました。傘の下から日にやけた素足のぺちゃんこ草履と、杖がみえ、ゆっくりゆっくり、通ってゆきました。

第四信　見田宗介　この生の海：七月二六日

死んでゆくものたちの目が最後に見ている景色というようなことを考えています。

『花をたてまつる』という御本の「いまわの花」という御文章では、あの現代の非業の病に八つばかりでみまかってしまった少女が、たぶん最後に見ることのできた花の色のことを記しておられます。

工場の排水の毒で目のみえなくなった少女が、その春の日に縁側にまでいざりでて、首をもたげて母親にいう。

なあ　かかしゃん
しゃくらのはなの
咲いとるよう
いつくしさよ　なあ
なあ　しゃくらのはなの　いつくしさよう
なあ　かかしゃん　しゃくらの　はなの

母親は娘のひとみに見入って、「あれまだ……、この世が見えとったばいなぁ」と。桜の時期になると、いつもこのことを語らずにはいなかった母親は、ただ、この娘がこの生のうちにこの花の色を見てから死んだことだけを、「よっぽどよかった」と思いなぐさめておられるのでした。

人にとって〈しゃくらのはな〉とは、何なのだろう。この少女と母親の無念は、何によってもつぐなわれることのないものだけれど、たとえばもう少しは長い年月を、ふつうに近く生きられた人間なら、その景色を見た、ということだけで、自分の死と生を納得して受け入れることのできるような、そういう景色というものがあるのだろうかと。

自分のことでいうと、子供の頃は、何億年後でも死ぬのはいやでした。天文学の本などで、三億年後には地球も消滅するのだという話など読むとこわくて、もうぶるぶるふるえながら、「地球がなくなっても生きられますように。太陽系がなくなっても生きられますように」と、必死で念じつづけていました。そういう業と執着のかたまりみたいなぼくが、やっと自分が死ぬということを納得して受け入れることができたのは、三十代になってからでした。そのきっかけも、この文脈の言葉でいうなら、やはり、ある、景色を感じることができた時でした。

人が自分の死というものを本当に納得して受け入れることができるのは、決して、生の苦しさからではなく、生の祝福のようなものの経験からだと、ぼくは思っているのです。

水俣をはじめてお訪ねした時、月浦から出月、坂口、湯堂、茂道と御案内していただいて、水俣病のことについては御本でも読み、犠牲の方々ともお会いしていたのに、その一方でどうしても感じていたのは、不知火の海の美しさ、息をのむような天地のたたずまいでした。申し訳ないことだと思いながらそのことを申し上げると、「東京からおみえになると、そうかもしれませんね」とおっしゃって下さいました。

インドの人たちがガンジスで死ぬことを願うのも、宗教的な観念より前に、あの乾いた大陸の中で、いまわの目に映る景色を、身体が選んでいるのだと思います。不知火の海のほとりに住む人たちには不知火の海が、その聖な水であったと思います。

けれど今、この海に流しこまれた時代の毒と傷痕を知ってしまったぼくたちは、もうあの単純なよろこびをもって、この風景の中にならいつでも帰ってゆくことができると感じることはできません。

アメリカの原住民のある部族の長老は、白人の征服者について、自分は彼らが、部族の食物も財産も奪っていったことも許そう。妻や子や友人たちを殺したことさえも許そう。しかし彼らが、桃の木の林を切り倒してしまったことだけはどうしても許せないと言ったことがあります。近代人の目には、事の大小をさかだちした価値観のようにみえるかもしれないけれども、この長老が言っているのは、自分たちが、いつかはそこに帰ってゆくことのできる世界のたたずまい＝風景を解体することで、白人は原住民の生を奪っただけでなく死をも奪ったのだということ、このことでまたその生を、根本から虚《むな》しいものに変えてしまったということであると思います。

祈るべき天とおもえど天の病む

という御句があります。天の病み、地の病み、海の病む時代を生きるぼくたちは、どういう世界のたたずまいの中に、自分の死と生を、深々と納得して受け入れることができるのでしょうか。

Hiromatsu Wataru

廣松 渉

現代社会の存立構造

1933-94年。哲学者。

終戦直後、中学1年生で左翼運動に参加し、反米活動を理由に高校を退学処分される。大学入学資格検定を経て、東京大学に進学。1965年、東京大学大学院人文科学研究科博士課程修了。名古屋大学助教授、東京大学教養学部教授などを歴任。東京大学名誉教授。

主な著書に、『マルクス主義の地平』(勁草書房、1969年。のち、講談社学術文庫、1991年)、『世界の共同主観的存在構造』(勁草書房、1972年。のち、岩波文庫、2017年)、『〈近代の超克〉論』(朝日出版社(エピステーメー叢書)、1980年。のち、講談社学術文庫、1989年)、『存在と意味』第1巻(岩波書店、1982年)、第2巻(岩波書店、1993年)、『新哲学入門』(岩波新書、1988年)ほか。

――『思想』一九七三年五月号に真木悠介さんが発表された「現代社会の存立構造――物象化・物神化・自己疎外」（その後、『現代社会の存立構造』筑摩書房、一九七七年（のち、真木悠介・大澤真幸『現代社会の存立構造『現代社会の存立構造』を読む』朝日出版社、二〇一四年所収）に第一部として収録）が評判になっております。私どもは時流を追うようなことはしない主義ですけれども、この真木論文がエポック・メーキングなものであることは分かりますし、予告されている続稿（表Ⅱ参照）に対する期待も大きいと思います。しかし、これだけ大がかりな構想ですから、そうすぐには完結しないだろうと予想するわけですが、大筋だけでも早く知りたいということもあり、また、論文で書かれている範囲でも、もう少し突っ込んで理解しておきたい点もある。ということで、今回の対談を企画したわけです。

対談のお相手としては、問題意識の重なり具合ということから、廣松さんを引っ張り出すことにしました。まず最初に廣松さんのほうから、この論文をお読みになった感想などを……。

主客図式の呪縛と近代社会学

廣松　感想と言われても、なにぶんにもショッキングな論文ですから、感想というように対象化して申し上げられるような状態ではないので、むしろ質問の形で始めさせていただきます。真木さんは、マルクスを援用する形をとりつつ、社会の存立構造論を鮮やかに展開していらっしゃるわけですが、まったく素人的な質問をお許しいただくことにして、今までの社会学での社会の捉え方に対して、マルクスの社会の把握仕方のもっている特質、ということはつまり、真木さんが立脚される視座というようなところからお話しいただけませんか……。

真木　これまでの「近代的」な社会像の中で、社会というものが根本的にどう捉えられてきたかを見ると、まず根底に「社会と個人」というような図式があるわけですね。つまり、一方に、対象の側に「社会」というものの客観的な、事物《ザッヘ》としての存在の自明性のようなものがあり、他方では主体の側に「個人」というものの「主体的」な、〈実存〉の透明性のようなものが前提されている。つまり、現実の人間たちの関係性の総体というものが、一方では物象化された「社会」諸形象として、他方では孤立化された「人間」的実存として、ア・プリオリに切断されて把握されている。これは近代的な世界像一般の根底にある図式として、廣松さんが以前から指摘しておられる〈主体－客体〉図式というものの、論理的には系《コロラリー》としてあるだろうし、発生的には、むしろこのような世界了解そのものが、生活過程から上昇する要のところにあるように思えるのですが。つまり、歴史内在的に生成された世界了解の基本的な基盤そのものを、論理的にはその系《コロラリー》として、逆包摂する転回のメカニズムがあって。

　こういう近代の基本的な世界了解、ここではさしあたり社会了解の図式というもの、繰り返し言えば〈(主体) 個人⇄(客体) 社会〉という切断された発想の図式というものが、自然発生的な「市民」の日常意識から、これを整序し、体系化した観念諸形態としての近代社会諸科学に至るまで貫通しているわけですね。経済学等々の個別社会諸科学の場合は、このように物象化されて分断された社会的対象の一領域をそれとして研究していれば、連関の総体性を一定のところで「方法的」に捨象することに居直りながら、現実的に一定の妥当性のある成果をあげていくことができるわけですね。もちろん、それは近代市民社会の構造そのものの根底的な止揚を問わないかぎりでですが（市民社会的社会主義の諸変種が、この射程の内にあることは言うまでもなく。したがって、例えば近代経済学は、「計画経済」等々における有能な政策科学として、そこではその力を発揮することができるわけです）。ところが、社会の総体を把握するという、近代科学らしからぬ問題意識によってはじめから呪われている社会学の場合は、スマートにいかないわけです。総体を捉えようとする問題意識と、近代諸科学の中で一個の「市民権」を獲得するための分析理性的な方法意識とが、いつでも緊張関係にある。近代理性の地平の内部で、つまり〈主体－客体〉図式の内部で社会を把握しようとするかぎり、これは社会学のみならず、近代の社会諸科学や社会思想一般が規定されている、周知の二律背反に陥らざるをえない。つまり、社会名目論《ノミナリズム》と社会実在論《レアリズム》、原子論と有機体論、心理学主義と社会学主義、「ウェーバーとデュルケーム」、〈実存〉主義と〈構造〉主義、主体性主義と客観性主義、等々。「マルクス主義」自体の内部も大勢としてはこの近代主義的な世界了解＝社会了解に足元をからめとられてきたわけで、そこから「史的唯物論」理解をめぐる、廣松さんも指摘しておられるような、科学主義と人間主義、客観性主義と主体性主義、等々の同位対立と交互定立が生まれてきたと思うわけです。このことの実践的な帰結は、古典的には「経済主義」等々と「一揆主義」等々、現代的にはシニシズムやテクノロジスムと〈実存的〉ラディカリズム等々の交互定立に見られるように、一方では物象化された「社会的」客観性への拝跪やその部分的「操作」、他方ではこの物象化の単に主観的な「否認」による〈実存の自慰〉のようなものに、主体が分解していくわけですね。いずれにせよ、この近代的な社会了解の呪縛のうちにあるかぎり、歴史的な社会に内在しつつ、そこから時代の総体に立ち向かう主体的な実践の弁証法は獲得することができない。

ところで、この近代的な社会了解の呪縛そのものは、別に天から降ってきて諸個人の頭脳の中に注入された呪縛ではなくて、市民社会の現実的な構造それ自体の中に、社会的「法則性」が諸個人の意志から独立した客観性として貫徹するメカニズムのうちに、存立の根拠をもっている。とすれば、このような社会了解の生成する根拠そのもの、言い換えれば諸個人の現実的な関係性の総体というものが、一方では物象化された「社会」諸形象の事物性として、他方では疎外された「人間」的主体の「実存性」として、双対的に存立する機制そのものをまず対自化するということ、このことが理論的には、いっさいの社会理論へのプロレゴーメナとして、同時にまた実践的には、歴史に内在しつつ超越する主体の自己形成として、要請されると思うわけです。社会の法則構造等々の認識に先立つ問いとしての、「社会」そのものの存立構造論ですね。それは、①即自的な共同態《ゲマインシャフト》（「共同体」）、②集合態《ゲゼルシャフト》（「市民社会」）、③対自的な共同態《ゲマインシャフト》（「コミュニスム」）でそれぞれ内実を異にするわけですが、近代市民社会をその歴史的な完成態とする集合態《ゲゼルシャフト》一般において存立構造の骨格をなしているものを、物象化の機制として捉えるわけです。

『資本論』の場合、近代市民社会の経済的な存立の機制というものを重層的に具体化しつつ解明してゆくプロセスとして読み直してみると、全体の論理構成や篇別の進行の必然性などが初めてくっきりと透視されてくるわけですね。事物《ザッヘ》から出発して「事物《ザッヘ》に仕える」近代諸科学の地平に対して、「事物・のように・なること」（Versach-lich-ung＝物象化）の機制をまず対自化するマルクスの方法論を、論理的に整序しながら甦らせるということを媒介とすることなしには、総体を把握しようとする社会学の問題意識にふさわしい方法論は獲得できない、と思うわけです。

廣松　近代思想のホリゾントでは、社会思想史や社会学史を貫通する同位対立、社会ノミナリズムと社会レアリズム、原子論と有機体論、心理学主義と社会学主義というような交互定立が生ずる。そういうホリゾントをマルクスの場合や真木さんの論理機制はトータルに超える所以のものになっている。この点が何は措いても銘記さるべきだと思いますが、真木さんの立論の位相を確認する手立ての意味で、野暮な質問をもう一つ、お許し願います。

この交互定立は考えようによっては近代のはじめからだと言ってもいいとは思いますけれど、表面的に見ますと、ノミナリズムや原子論というのは、だいたい一七、八世紀であり、一九世紀になってくるとレアリズム、有機体論というもののほうが主流になってくるかのように見えますね。オーギュスト・コントしかり、ハーバート・スペンサーしかり、ドイツではローレンツ・フォン・シュタインがしかり、という具合に。それに対して、一九世紀の末から二〇世紀のはじめにかけて、例えば形式社会学というのが出てくる。これは、ノミナリズムとレアリズム、原子論と有機体論という対立を超えようという問題意識があったかどうかは分かりませんけれど、図式的に言えば、関係性というようなことに立脚するかのような姿勢をいちおうもちますね。そういう、いわゆる形式社会学なんかの理論と対比的に考えた場合、真木さんが解釈されるマルクスの社会理論の構え方はどう違うのか、この点についてはどうでしょうか。

真木　ノミナリズムとレアリズムというか、あるいは方法的「個人」主義と方法的「社会」主義みたいなものの図式というのは、根本的なトーンとしては、ずうっと近代思想を貫いていると思うんですが、もう少し細かく言いますと、ご指摘のように、どちらかが表面に出てくる時期というのがあるわけです。一七、一八世紀の、例えば社会契約説なんかに典型を見るわけですが、封建的な共同性みたいなものに対してブルジョア思想が個人の旗印を高く掲げて出てくるその過程では、ノミナリズム的な社会把握というものが強く出たと思うし、一九世紀以後の社会有機体説からデュルケミスムに至るような流れというのは、それに対して逆の方向が強調されたわけですけれども、それは問題意識そのものにズレが出てきたと思うんです。つまり、一七、一八世紀の頃のノミナリズム的な社会理論というのは、どちらかと言えば理念的な社会像の提示であったと思うんです。ところが、一九世紀以後の有機体論的な把握の場合、特にデュルケミスムなどの場合には、現実の社会構造の把握ということ、つまり、一七、一八世紀にはいまだ一つの理念としてあった近代社会というものが実際に展開して、一つの事実として現れてきますと、まさに物象化された社会法則が貫通する世界であるわけで、そうすると、その分析にはノミナリズムでは通らないということが出てくるわけですね。近代市民社会自体が理念から現実に移ってきたということがあって、それにともなって、それを対象化する社会学というものがノミナリズムから有機体論に移ってきたということ自体が、原理としては個人主義というものに立脚しながら、まさにそれゆえに諸個人の意識を越えた、物象化された「構造」なり「法則」なりというものを対象的に生み出さざるをえない近代市民社会の逆説のようなものが、そういう社会学なり社会思想なりの歴史自体の中に現れてきていると思うんです。その中で、やっぱり両面性みたいなものがあって、それを何とか両方を捉えたい、という要求は当然起こってくるだろう。例えば、形式社会学について言えば、形式社会学の歴史の中で、実際にその問題と自分が格闘したのは、やっぱりゲオルク・ジンメルだと思う。それ以後の形式社会学というのはちょっと別だと思うんですが、ジンメルの生《レーベン》と形式《フォルム》という図式の中には、物象化の問題がかなり的確に直観されているように思えるのです。

しかし、形式社会学の展開の中で、この問題がどのように解決されていったかを見ると、結局、社会関係の実質的な内容を捨象しながら、その関係の形式《フォルム》のみを抽象してきて、この「形式」の研究に社会学の課題を限定してしまうということを代償に、「科学的」に精密化する、という方向をとるわけですね。それは、確かにパチンコの玉だかガラス玉だかがボックスの中でブラウン運動をやっているような、最も素朴な近代的社会観から見ると、関係性そのもののうちに個人と社会の実体化を溶解しようとする志向が見られる点で一歩前進かもしれないけれども、関係性の実質的な内容との相即を分断することの当然の帰結として、この内容を規定している現実の協働連関や欲求形態のうちに刻み込まれた歴史性がア・プリオリに捨象されてしまい、いっさいが抽象的に共時化されてしまう。その結果、物象化の現象そのものについての的確な感受はあっても、この物象化の現実的な機制というものを具体的に把握できない構造になっている。——形式社会学の歴史というものを僕はまだキチンと調べていないので、哲学者のほうからそういう突っ込んだ質問をされると恥ずかしいのですが、現在の粗雑な予想としては、形式社会学の歴史そのものが、近代の「知」の磁場の中で、みずみずしい優れた直観というものが、どのように痛ましくもグロテスクに凝固し、形骸化してしまうか、という一つの活例ではあるまいかと思うわけです。

廣松　同じ関係ということを言っても、ジンメルの場合は本当は難しいし、彼の場合も初期と後期は違うでしょうし、いろいろ問題がありますけれども、社会学の対象領域として考える時には、社会関係ということを軸に置くにしても、社会とは何ぞやと問い直すと、個人がはたして単位であるかというような議論が彼にはいちおうありますけれども、何といっても、やはり個人というものを単位に考えている。これは、一九世紀の有機体説の場合も根底的にはそうですよね。

真木　そうですね。

マルクス社会理論の特質と「生産」論

廣松　だから、トータルに社会ということを問題にする時には、マルクスとははっきりと違うと思うんです。世間には、マルクスの場合も、ヘーゲルを踏んだ一九世紀半ばの社会理論だから、一種の社会有機体説だ、ホーリズムだ、という見方がありますね。アトミズム的なものの見方からすれば、あれはホーリズムだ、という議論が出てくるのは分かりますが、これははっきり違う。どう違うのかということは今度の真木さんの論文で明晰に説かれているわけですが、もう一つ、イデオロギー的に言って、どうでしょうか。先ほどのお話で、一七、八世紀には一つのイデーみたいなものを押し出していった。それに対して、一九世紀になって、ある意味では現実に密着してきたに違いないんですが――こういうイデオロギー的な切り方はよくないかもしれませんけれど――フランス革命あたりで、いわゆるブルジョアジーのイデーが、ある意味から言うと、いちおう実現した。その途端に、これは生粋の反動思想ですけれども、ソシオクラシーみたいなものが出てくる。それからまた、これは単なる反動思想じゃないんだけれども、コントの社会有機体説みたいなものが出てきて、諸個人という次元で自由・平等云々ということ言っても世の中はもちませんよということで、諸個人を有機的全体の一分肢として位置づけようとする。ここには、支配階級に成り上がったブルジョアジーの現状肯定主義とでもいったイデオロギー的な性格があるように思うんです。

そういうこととの関連で言いますと、真木さんのこの論文で、第一の社会形態、つまり即自的なゲマインシャフトから第二形態であるところのゲゼルシャフトの原理が出てくる場面で——真木さんの分類はタイプ分類ですから、歴史的な分類と直接の関係はないんですが——歴史的な文脈を考えてみますと、近代のはじめに自立的な諸個人のゲゼルシャフトという表象が確立した際、そこでは社会関係というものを、一口で言えば商品取引の関係という場面で考えてしまった、という言い方ができると思うんです。ということは、別の言い方をすると、そこでは、さしあたり家庭というか家族というものが社会理論の基本的な枠組みの中からドロップする。それから、そこでの当初のイメージは生産活動は独立商品生産者として家庭的に営まれるものと了解されていたはずなんで、家庭という場のドロップ・アウトにともなって、生産の場での編制やプロセスというのはいわば私事である、とされる。生産された商品を携えて商品市場に現れてくる場面から一種の契約関係その他ということが問題になるわけですが、そういう場面で初めて社会ということが問題になるんで、したがって生産というプロセスは私事の領域に追いやられることになり、生産の場は社会理論の基礎ではないことになる。それから、第三に、これは思想の自由と言っても、信仰の自由と言ってもいいんですけれども、そういうイデオロギー上の営みというか、思想・信仰というようなことも私事であるということになって、これまた社会理論の基礎的な枠組みから外れてしまう。

この点、第一形態のゲマインシャフトということで考えた場合には、家族、生産のプロセス、思想・信仰ということは、個人に任せられるのではなく、それ自身まさにゲマインシャフトの営みなんであって、こういうことを抜きにして社会理論ということはありえない。もっとも、社会理論そのものがなかったわけですから、学説史的にそういうことは言えませんけれども……。ともあれ、近代はじめのゲゼルシャフトの理論では、生産の場面というものが社会理論を構築していく上で、いわばドロップしている、ということがあったと思う。

それに対して、マルクスの場合は、家族の問題ということについては、晩年のモルガン・ノートその他、もう一度考え直すということはありましたけれども、残念ながら、あまり詳しい理論は展開されていない。しかし、生産の場面に立脚して、またそれとのコンテクストでイデオロギー形態の問題も考えていく配備になっている。今さら言い立てるまでもなく、この生産の場面での編制に定位するということが、マルクスの場合、一つのポイントになっているはずですが、その点、真木さんの構成では生産の場ということはどういう位置づけになるのでしょうか、目次を拝見しただけでは分かりにくかったので、うかがうわけですが。

真木　大変難しい問題ですね。

廣松　これは、マルクス自身、『経済学批判要綱』の時点で生産過程一般という場面から経済学の体系を始めるか、商品から始めるか、構想のブレがあった問題ですし、非常に難しい質問をしていることは重々承知しているつもりです。『資本論』の場合には、第三篇第五章の労働過程論のところで、やや不協和な感じを与える形であるにもかかわらず、ともかく労働一般みたいなことをマルクスはいちおう議論していますでしょう。

真木　そうですね。あそこはやっぱり相当苦心をして。

廣松　真木さんの場合、目次立てを拝見するかぎり、生産過程の社会的編制構造という問題は随所で展開できる構案になっていると思います。しかし、もしも――一時期のマルクスみたいに生産一般というところから始めるというような構想からすると、これよりさらに前、つまり真木さんの体系的論述の一が始まる前にそういう議論があってもいい、ということになりましょう。いろんな可能性がありうると思うんですけど。

真木　『資本論』全体の構成ということを見ますと、例えばヘーゲルの著書の場合は、目次を見ただけで、いかにも各章・節・項に至るまでの論理的な必然性というものが剝き出しに出てきて分かりやすいのですが、『資本論』の場合、うっかり読むと、一見雑然とした印象さえも与える。しかし、よく読んでみると、ものすごく必然的な構成があるのですね。そういった内的に必然的な進行の中で、章の移りにちょっと違和感があるのが今廣松さんが指摘された第五章で、労働の一般理論が改めて出てくるところですね。「クモと建築師」の話のような「冒頭風」とも言うべきスタイルが再度出てくる。そして、その前に第四章の終わりのところで、これからわれわれは「無用の者立入を禁ず」と書いてある禁域に立入るのだ、というふうに書いていますね。このことは、ご質問への一つの重要なカギだと思います。さっき廣松さんが言われた「内的」な思想・信仰問題や、同じく「内的《アンテリユール》」な家庭内の問題と並んで、近代市民社会の表相から捨象され、それゆえにまた近代主義的な社会諸科学から疎外された領域としての、直接的生産過程の領域、「企業秘密」の支配する聖域に立ち入っていくわけですね。

近代市民社会というのは個人を単位としたアトミスティックな構成である、というのは近代市民社会自体の生み出した自己幻想であって、近代市民社会のイデー、あるいはイデオロギーにすぎないと思うんです。実はそうじゃなくて、ユニットというのは個人じゃなくて、細分化され、変質したゲマインシャフトというか、そういうものが現実のユニットになるわけですね。狭い意味での社会学の領域から言えば、純粋近代社会においては核家族であるとか、そういうものがユニットであって、そのゲマインシャフト間のゲゼルシャフト関係として現実の近代市民社会はあると思うのです。すると、ユニットとしての細分化されたゲマインシャフトというものと、それからそういう単位ゲマインシャフト関係がゲゼルシャフト的に結ばれているシステムとしての総体的な近代市民社会の構造という二重構造がある。このことを社会的生産の位相で言えば、ユニットとしての直接的生産過程（および直接的消費過程）、それら相互のゲゼルシャフト的関係としての流通過程、この両者の統合としての社会的・総体的な生産過程というものがあるわけですね。そのそれぞれが『資本論』の第一巻、第二巻、第三巻の主題をなすわけで、これは廣松さんを前に置いて釈迦に説法みたいな話ですけれど。だから、『資本論』第一巻の固有の主題というのは、かの第五章、つまり第三篇から始まると思うわけです。「資本の生産過程」と表題づけられた第一巻の主題の骨子は、剰余価値生産の秘密を暴いた第三篇～第六篇と、この剰余価値の資本への転化を主題化した第七篇でしょう。マルクス自身、近代市民社会の表相としての流通の部面から「隠れた生産の場所」に足を踏み入れるに先立って、ここで初めて「どのようにして資本が生産するか」とともに、「どのようにして資本そのものが生産されるか」が明らかになる、と言っていますね。つまり、「資本の生産過程」は、ここから直接に主題化される。だから、やや大胆に言えば、この第四章の終わりまで、少なくとも第三章まで（商品論・貨幣論）は、論理的には第一巻の一部ではなく、いわば序巻とも言うべきものに属すると思うわけです。それは、この部分が重要でないということではなく、全体の礎石をなすという意味で、ですね。

それで、資本制社会における直接的生産過程というものを、仮に比喩的に垂直構造と言い、流通過程というものを水平構造というふうに言えば、総体的な生産過程というのは、垂直構造であるところの直接的生産過程と、水平構造である流通過程とをトータルに捉えた、いわば立体構造が総体的な生産過程だと思うんです。「生産」ということを考えた場合に、そういう二段構えの捉え方が必要となると思うのですが、今このうちの直接的生産過程の問題、『資本論』で言えば第一巻の第五章以後の問題を私の構想の中で位置づけるとすれば、そのことが固有に追求される領域というのは「経済形態の存立構造」の二と三の部分だと思う（表Ⅱ参照）。

つまり、一の〈媒介された共同性〉としての「商品－貨幣関係」のところでは、原基的なゲゼルシャフト関係における経済構造がまず問われるわけですが、これは本来的に流通関係の問題ですね。その次に、この流通の平面における原基的なゲゼルシャフト関係が、労働力そのものの商品化をテコとして、直接的な生産過程そのものを掌握し、縦深的に貫通する位相というのが、二の〈媒介の階級的な収奪〉としての「資本－賃労働関係」で主題化されるわけですね。ここで初めて、直接的生産過程の「内部の」問題が正面から主題化される。次に、このゲゼルシャフト関係に固有の機械化《メカニジールング》――ジエルジ・ルカーチの言う広い意味での――が、この資本の支配する直接的生産過程の中で、労働の有機性そのものを解体しながら、具象的にも貫徹する位相というのが、三の〈媒介の技術合理化〉としての「機械と合理化」のところで主題化されるわけです。それから、最後に四の〈物象化の重層構造〉としての「資本制世界の形態完成」のところで、先ほどの水平的かつ垂直的構造としての社会的・総体的な生産過程が主題化される、という構成になると思います。

廣松さんの提起されている、いわば〈もう一つの端初論〉に関して言えば（「資本論の哲学」連載第一回。新訂増補版『資本論の哲学』勁草書房、一九八七年（のち、平凡社ライブラリー、二〇一〇年）では、五頁あたりを参照）、マルクスが結局、最後に商品論、貨幣論のほうを先にもってきたというのは、やっぱり根拠があるんじゃないか、という気がするのです。それによって初めて、『資本論』で言えば第五章以下の、資本制社会における直接的な生産過程そのものの特質を把握する――論理的に言っても把握する前提のようなものがそこで初めて確保されると思うし、それから歴史的に言っても、そういった商品関係というものが直接的生産過程自体の中に原理的に貫徹していった結果として、まさに資本制的な生産の過程があるわけですから、ゲゼルシャフト関係一般の、したがって物象化現象一般のふるさととしての「流通」の地平というものがまず論じられるということには根拠があると思うのです。

廣松　当然、それは近代的にモデル化された個人と個人とのあいだの流通じゃなくて、ゲマインシャフト同士の……。

真木　そうです。正確に言えば、ユニット内部の問題は、ここではまだ論理的にブラックボックスで捨象されていると思うのです。

廣松　そのことは真木さんもはっきりおっしゃっているし、マルクスの場合もそこから始まるということですから――視角はちょっと別ですけれど、最近、関西の甲南大学の紀要に吉沢英成という若手の経済学者が「歴史把握に関する一考察――『資本論』の歴史把握の意味するもの」(『甲南経済学論集』第一三巻第三号、一九七二年一一月)という論文を発表しておられて、私はこの論文からも大いに示唆を受けたのですが――その点を入れれば、先に来るのは当然になってくる。しかるに、いわゆる近代的な考え方からすると、順序がおかしいということになる。

ところで、マルクス解釈の問題としてどうかということになると、さっき真木さんもおっしゃったように、マルクスもはじめからすっきりといったわけではない。真木さんは、現行版の構成ではほじめの四章までは序論とも言うべきもので、そのあと生産過程論が始まると言われましたが、これは確かに傾聴に値する解釈だと思います。マルクス解釈としてはそれで済むというか、卓見だと思いますが、僕らがもう一回問題にしていく時に、真木さんの体系の場合、それでは「労働力の商品化」あたりから本論が始まるとおっしゃるかというと、そう割り切っておっしゃるには、やはり内的な抵抗があるのではないかと忖度するんです。いずれにせよ、こんなきれいな体系(表Ⅰ参照)ができるとは……。真木さんは何といっても、やっぱり優等生なんだなあ(笑)。

僕は、生産過程について、はじめに何か言わないと居心地が悪いという気がするもので、まずはそこを何とかしたいということで、もたもたしてきたわけですが、真木さんのきれいな体系構成に触発されて、やはりこの線でいくのが本当かなあ、という感じをもつに至ったのが今日の心境です。

真木 四章までが序論というのは、重要性が少ないという意味でなくて……。四章までというのは、『資本論』全体の序説みたいなところであって、そういう意味で非常に重要である。それで、第

表Ⅰ　物象化の理論としての『資本論』の論理構成

第Ⅰ部	
直接的生産過程としての、個別資本それ自体における社会的諸関係の本源的な物象化	第Ⅰ巻
一　〔前提としての流通論〕個別的な商品生産相互の集列的関係における、協働連関の基礎的な物象化＝商品・貨幣論	第一篇
二　資本概念の原型的な把握：剰余価値	
（流通過程→）形態規定〔G–W–G'〕＝「自己増殖する価値」	第二篇
（生産過程→）実体規定〔c, v, m〕＝搾取・階級関係としての実質	第三篇
三　資本における搾取・階級関係の物象化の進展	
相対的剰余価値：合理化・機械化の進展：[c]の物象化	第四篇
→絶対的および相対的剰余価値の生産	第五篇
労働力の価値の、労働の価値への転形（労賃）：[v]の物象化	第六篇
▶〔通時的考察Ⅰ〕資本の蓄積過程	第七篇
第Ⅱ部	
総体的生産過程としての、諸資本の社会的連関における物象化の累乗化的な完成	第Ⅱ、Ⅲ巻
一　〔前提としての流通論〕個別的な資本家的生産相互の集列的関係	
A　通時的連鎖関係　……資本の循環と回転	Ⅱ、第一、二篇、第三篇
B　共時的（通時的）連鎖関係……社会的総資本の再生産表式	
二　〔流通過程の帰結〕価値の生産価格への「転形」＝物象化の本源的な過程そのものの物象化	
A　（通時的連鎖→）剰余価値の利潤への転形	Ⅲ、第一篇
B　（共時的連鎖→）利潤の平均利潤への転形	第二篇
｝[m]の物象化Ⅰ	
▶〔通時的考察Ⅱ〕利潤率低下の法則	第三篇
三　[m]の諸部分の分配諸範疇への自立化、「骨化」	
a　利潤の一部の商業利潤への転形	第四篇
b　利潤の利子と企業者利得への分裂	第五篇
c　利潤の一部の地代への転形	第六篇
｝[m]の物象化Ⅱ	
総括　累乗的に完成された物象化の姿態	第七篇

五章からが個別第一巻的な問題が始まる。

廣松 ただね、それに関連して、マルクスに対する悪たれ口であり、また真木さんに対する悪たれ口であるわけだけど、マルクスは真木さんが整理されたような、こんなきれいな形にはたして体系を作っていたのだろうか、という気がするんですね。これがマルクスに対する悪口。それから真木さんに対する悪口を言うと、マルクスという人は、こんなきれいな体系には整理できないで、そこからどうしてもはみ出るモメンテをあ’あでもないこうでもないと考えていたのじゃないか。そこをこうきれいに体系化してしまうのは、マルクスがせっかく苦労してふくらみをもたせているところを真木さんのでは切り捨てることになるのではないか……ということ。

真木 それはね、何て言うかな、僕もそういう感じがあるわけですよ。序論、これは全体の序論になるわけで、序論において、とにかく骨格のようなものをまず太い線で構築しておくということで、本論に入ってくると、もっとごちゃごちゃした問題でかなり苦労することになるだろう、というイメージを抱いているわけですよ（笑）。

その場所に先にかなり強引に背骨のようなものを出しておいたほうが、ごたごたした問題の位置づけもはっきりしてくるのではないか、というところもあって、かなり乱暴に……（笑）。

〈存立構造〉の論理と〈法則構造〉の論理

廣松 さっき悪口を言いましたけど、これをマルクスに見せたら、どうでしょうね。きれいに整理するための配慮かと思うのですが、表Ⅰのほうでは蓄積論は歴史的な過程ということで入れてあるけれども、地の文では入っていない。悪口的に言うと、これは入れっこない。しかし、感心したのは〔通時的考察Ⅰ〕の次に〔通時的考察Ⅱ〕とあること……。この利潤率の法則のところは、どうひいき目に見ても例の問題があるところだし、見るやつが見ると「やんぬるかな！」と言ってニヤッとすると思うんだけど、これはうまい処理だなあ。これ、悪口の意味と賞賛の意味と両方あるんだけど。

真木　例えば、経済学の専門家が見たら、このまとめ方には少なくともかなり違和感をもたれるだろうと思うのです。それは、もちろん非常にナンセンスな流派の争いみたいなもの、○○派と××派とか、○経と×経とか、そういう次元の低い問題は論外としても、例えば第三巻第三篇の今言われた利潤率低下の法則を述べた章が形式的にしか位置づけられていないという点などは、経済学の専門家としては、流派を通じてまったく不満足な点だと思うし、それは正当な根拠のあることだと思うわけです。この点についての僕の考えを述べておきます。

『資本論』の問題意識は二重性をもっていて、二重の読み方ができると思うのです。それは、僕の社会理論の五部構想で言えば、第一部の〈現代社会の存立構造〉としての論理と第二部の〈現代社会の法則構造〉としての問題意識とを二重に行ったり来たりして展開していると思うのです。その場合に、二重の読み方ができる。今、当面のこの論文は存立構造が主題だから、存立構造論の問題意識で資本論を読めば、資本論の論理構成はこうなる。その場合に、主題はもちろん物象化の理論――次第に累乗する物象化の論理の上向的な展開過程です。しかし、法則構造論として『資本論』を読むと、また浮かび上がってくるものが違ってくる。ここで「物象化の理論としての『資本論』の論理構成」と言っているのは、『資本論』を物象化の理論として読むのが唯一の正しい読み方である、などと言

表II

現代社会の存立構造

序　存立構造論の課題と方法
——物象化・物神化および自己疎外

I　経済形態の存立構造
——モノを媒介とする連関とその物象化

一　商品－貨幣関係
——媒介された共同性
R　即自的・媒介的協働連関
O　「法則」の客観的な存立
S　絶望としての私的所有

二　資本－賃労働関係
——媒介の階級的な収奪
R　労働力の商品化
O　貨幣の資本への転化
S　賃労働・疎外された労働

三　機械と合理化——媒介の技術合理化
R　機械による労働編成
O　生産手段の物神化
S　労働の有機性の解体

四　資本制世界の形態完成
——物象化の重層構造
R　資本の流通過程
O　分配諸範疇の転形と骨化
S　収入とその源泉——諸階級

結　「法則性」体系の内的・外的な炸裂
——価値への疎外と価値からの疎外

II　組織形態の存立構造
——ヒトを媒介とする連関とその物象化

一　市民社会の構成原理
——媒介された共同性
R　モノとしての他者（集列性）
O　「公」の対象的な存立
S　疎外としての「私」（私生活）

二　権力的秩序の自存化
——媒介の階級的な収奪
R　共同性の凌辱
O　「秩序」の物神化（国家と法体系）
S　自己抑圧と無償の悪意

三　官僚制から「管理社会」へ
——媒介の技術合理化
R　合理性の貫徹としての官僚制
O　「機構」の物神化
S　規格品としての人格（組織人と大衆）

四　帝国主義「世界」の完成
——物象化の重層構造
R　対他存在としての国家（国際関係）
O　「時代」の物神化
S　〈内なるファシズム〉（抑圧の縦深構造）

結　「合法性」体系の内的・外的な炸裂
——役割への疎外と役割からの疎外

III　意識形態の存立構造
——コトバを媒介とする連関とその物象化

一　近代理性の存在構造
——媒介された共同性
R　主体－客体関係の構図
O　「普遍」の対象的な存立
S　疎外としてのエゴイズム（近代的自我）

二　イデオロギーとしての文化
——媒介の階級的な収奪
R　「教育」の疎外
O　「文化」の物神化
S　自己成形としての「教養」

三　マスメディアと意識産業
——媒介の技術合理化
R　マス・コミュニケーション
O　メディアの物神化
S　感覚と思考の規格化（世論）

四　物象化された物象化
——物象化の重層構造
R　「神々の永遠の戦い」
O　システムと〈構造〉物神
S　〈実存〉の虚無（物のニヒリズム）

結　「合理性」体系の内的・外的な炸裂
——意味への疎外と意味からの疎外

結　共同性と個体性の弁証法
——現代社会の歴史的存立構造

うつもりは毛頭ないわけです。そうじゃなくて、大きく見ると二つあって、そのうちの一つから読めばこうなる、ということであって、それに対して法則構造論としての『資本論』の別な読み方がまたある。これは透視光線の種類によって内部構造の映し出され方が違ってくるようなものです。例えば、資本制社会というものの法則構造を社会科学的に捉えようとする専門家にとって、資本制社会の通時的法則を主題化している第一巻第七篇（蓄積法則）と第三巻第三篇（利潤率低下の法則）を重視するのは、まったく正当な根拠のあることだと思う。ただ、マルクス自身がそれに対して『資本論』の最後のところで、第三巻第七篇のあるところで、今までの全三巻の行論を振り返って総括しているところがありますね。これは平田清明氏なども指摘していたと思うのですが、そこでは今言った二つの篇というのはまったくネグレクトしているわけです（ディーツ版、八三五—八三八頁）。第一篇とか第二篇とかは書いていませんが、ずらずらっと書いているところを各篇にあてはめていくと、だいたい順番にあてはまるのだけれども、この二つの篇というのは、ここでは抜け落ちている。

このことは、つまり、あの場所ではマルクスは物象化の論理としての『資本論』を総括し直していると思う。ですから、この二つがネグレクトされている。だからといって、マルクスのその箇所を根拠にして、第一巻第七篇、第三巻第三篇があまり重要でない、ということを言うつもりは僕にはないのです。存立構造の理論としては、マルクスがあの箇所で総括しているような論理でいいわけで、その場合はこういうふうになる。

それに対して、僕の第二部——法則構造論においては、また別の浮かび上がり方がある。そこでは、当然、蓄積の一般的法則とか利潤率低下の法則というのは中心的な『資本論』の主題となってくるだろう。ですから、〈情況の理論〉の中で『資本論』は二回読まなくてはならないだろうと思うわけです。

廣松　法則論から見ると別な見方ができる、ということは記録にとっておくべきですね。そうじゃないと、僕がさっき言ったような「ちょっときれいに整理されすぎている」という悪口が出てくるわけです。こうなると、この次にはプラン問題、世界市場まで行くマルクスのあの構想を真木さんはどう把握されるか、という質問がきっと出てくると思いますよ。真木さんの方法論と構案の線で行けば、世界市場までずっと行けそうですよね。世界市場に行くまでは国家論が出てくるわけですし、途中の細かいロジックは僕ら第三者には分からないところがありますけど、とにかく真木さんとしては、この構案の線ですんなり行けるだろう、という予想はつくわけです。

ちょっと話題が変わりますが、ROSのシェーマ、これはおそらくマルクス解釈の上でも、初期マルクスと後期マルクスとの連続的不連続性というか、不連続的連続性というか、それをどういう具合に捉えるかということで、斬新なシェーマを提起されたことになると思います。マルクスの『経済学批判要綱』では、人格の物象化と物象の人格化というような形で相補的に出てくる議論、それがいったいどういう構造になっており、そこに初期の疎外論がどういう形でアウフベヴァーレンされているのか、今まで真木さんのような構造的把握はなかったのではないでしょうか。日本の論文としては、清水正徳さん（「『資本論』における物化の問題」、『思想』一九六七年五月号）や塚本健さん（「物化と自己疎外――労働疎外論の意義と限界」、『思想』一九六八年五月号）あたりの問題提起などありましたけど、うまく構造化して捉えきれないでいたように見受けます。真木さんの論文は、この問題をマルクス解釈としてすっきりさせたというだけじゃなくて、ご自身でもすでにお使いになっているわけで、方法論的な一つの構造として取り出された。ROSのシェーマを単にシェーマの字面だけで見るかぎり、クレームのつく余地もありましょうけれど、今回の論文で真木さんが展開された趣意に即するかぎり、おそらくこれを評価するにやぶさかな人は少ないと思います。私自身、大いに勉強させていただいた次第であり、構想についても期待する所以なんですが、これで分かったという点と、かえって分からなくなった点と、両方あるんです。分かったという点は、筑摩書房からお出しになった『人間解放の理論のために』（一九七一年）というご本の巻末近いところに書いていらっしゃる構想をこういう形で肉づけしていくんだということ、そこのつながりがひととおり分かってきたということです。

もう一つは、『思想』に見田宗介というお名前で書いていらっしゃる、一九七二年の八月号の「価値空間と行動決定」（その後、『現代社会の社会意識』弘文堂、一九七九年に収録）、この論文もそれ自身としては非常に面白く読ませていただいたのですが、この論文での姿勢は、各個人の行動が各個人にとっては透明である、という当該意識の見地に即するものになっていたと思うんです。諸個人は確かに自分で意識して、そこで行動を行う、そこで初めて価値行動というのが成立するわけですが、本人がそう思って行動するということと、われわれ第三者から見た場合の展相とは必ずしも一致しない。シンボリックな言い方をすると、社会的な意味での存在が、意識を決定するどころか、無意識をも決定するという、そういう構造、つまりフュア・ウンスに見た立場と行為の主体のフュア・ジッヒな立場とのつながりがいったいどうなっているのか。外在的な印象から言いますと、去年の論文のロジックでは当該の価値行動の主体の立場ということで押さえられていて、そこからご指摘になっているアポリアも出てくるのだと思います。その点、今度の論文では、言うなればフュア・ウンスの議論になっていると考えられますので、真木さんが以前から追求していらっしゃる価値行動の理論とのロジカルなつながり具合が分からなくなってきた、という次第なんです。両者のつながりの具合を少しお話しいただければありがたいのですが……。

真木　前半で言われたマルクスの初期と後期との「連続的不連続」に関しては、『マルクス主義の地平』(勁草書房、一九六九年。のち、講談社学術文庫、一九九一年)をはじめとする廣松さんのお仕事から受けた教示が非常に貴重であったというか、それなしには考えられなかったと思います。それから、ご質問の点ですが、「価値空間と行動決定」の基本的なモチーフは、近代的な社会科学、あるいは近代的な方法論によって、実践的な選択の問題をどこまで解くことができるか、ということを内在的に見極めてみようということがあったわけです。したがって、位置づけとしては、真木の名前で出している基幹的な仕事の進行に対して、側面にバリケードを築いておく、ということなのです。ですから、今のご質問で廣松さんに見抜かれてしまったように、『人間解放の理論のために』－『現代社会の存立構造』の系列とは方法論的に不整合があるわけです。廣松さんふうに言えば、本地と垂迹ということになるのでしょうが、一方では、端的に近代理性の地平を超えた本来の理論構築を推し進めていく。他方では、いったんは近代世界の内部に実存して、その矛盾を生きる主体として書いているわけです。正規軍とゲリラ、というイメージなのですが。だから、「価値空間と行動決定」の構想で言えば、まさに今おっしゃったように、個々人が価値の主体として透明であるという前提に立ってみて、どこまで自分の行動の根拠づけというものを主体的にすることができるか、そこに現れる二律背反や矛盾というものがどこまで解決しうるのか、しえないのかということを見極めてみよう、ということだった。ところが、それをやっていってみて、結局、第二部としての「現実的な存立構造」、つまり内容的な問題に入ってくると、どうしてもそのアプローチではだめになってくるわけです。実際にどういうふうに社会の中で個人なり集団なりが行動を選ぶかという問題にしても、現実的な問題に入ってくると、物象化論的なメカニズムというものを前提にしないでは、これ以上話が進まない。そこまで見極めておいたところで、それ以上ゴリ押しする前に本来の仕事に戻ったというか、関係について言えば、そういうことだと思うのです。

廣松　私は『情況』に国家論の問題について連載をやっていて（「マルクスにおける人間・社会・国家」、のち『唯物史観と国家論』講談社学術文庫、一九八九年に収録）、学説史的なところで、それも途中で低迷していて、なかなか先に行けないでいるのですが、私にとって本当のネックになっているのは、実は生産活動の場での編制におけるエコノーミッシェ・マハト――これは流通の場面にも関係してきますが――とポリティッシェ・マハトとの関連ということをどう処理するか、という問題なんです。私としては、生産活動は少なくともアン・ジッヒにはツーザンメンヴィルケンであるような対象的活動、それは役柄的に編制されているということを一つの論点にしているのですが……。その点、真木さんの構案では、生産的協働や交通の次元と国家権力が問題になる次元とがうまく包括的・統一的に説ける配備になっているように拝見しますので、途中のロジックといいますか、媒介構造をうかがいたくて先ほどの質問をしたわけです。

真木　それは展開力のある問題ですね。社会的分業論から、廣松さんの言われる歴史的主体の二肢性の問題、対他存在の問題、フェノメノンの主体的二重性の問題にまで呼応する問題だと思う。とても今即座には考えをまとめられないし、今言える程度のことはすでにとっくにお考えになっていることと思うのですが。「役割的構造」として把握する場合の一つのポイントは、今廣松さんが「少なくともアン・ジッヒには」協働であると言われたのですが、その即自的《アン・ジッヒ》な協働と対自的《フュア・ジッヒ》な協働との存立の構造の差異をどのように押さえておくか、ということでしょうね。社会有機体説からラルフ・リントン、タルコット・パーソンズらに至るまでの諸社会学説においては、この点がぼかされていて、共同態《ゲマインシャフト》関係における役割構造と集合態《ゲゼルシャフト》関係における「役割」構造との存立機制の差異が明確に把握されていないから、幻想的な社会把握になるわけですね。『資本論』で言えば、（第一巻）第一二章四節で触れている工場内分業と社会的分業の連関の問題、あるいはさらに、第一巻の主題と第三巻の主題との立体的な二重性の問題にまで関わると思うのですが。

廣松　「価値空間と行動決定」の次のご予定のところで、「レシプロカルな価値の問題、我と汝」ということがテーマで展開される予告になっておりますでしょう。これは哲学屋の宿命で、我と汝ということが出てきますと、私は役割理論を連想するわけです。社会学者のほうは「我と汝」という問題と役割論というのとは必ずしも結びつけてお考えにはならないのかもしれませんけれども……。それに、真木さんの場合は、役割理論というのが、パーソンズとか何とか、社会学のほうではいろいろとはやって手垢がついているので、できることならあまり触れずにやっていこうという姿勢、へたにそういうタームを使うと既成観念に引きつけて理解されてしまうということへの警戒があるんだと思います。その点、私なんかは社会学の方面のそういういきさつに疎《うと》いこともあって、ウブなんですね（笑）。

我と汝ということでどうして役割理論を連想するかといいますと、日本にも住んでいたカール・レーヴィットという哲学者、彼はハイデガーの弟子なんですが、彼がハイデガーの『存在と時間』が出た明くる年に、ハイデガーに斬りつけた論文を書いて、その中で役割理論を展開している（Karl Löwith, *Das Individuum in der Rolle des Mitmenschen*, München: Drei Masken Verlag, 1928）。役割理論を展開する時に、彼が何を踏んでいるかというと、フォイエルバッハの「我と汝」の議論を踏んでいるわけです。そういういきさつもあって、我と汝という問題と役割理論とを連想する、というコンテクストになります。

我と汝という場面で役割という問題を入れていくと、本人がどういうつもりでいるかということと、それが対他的にもつ意味みたいなことがからまってくる。そして、この対自‐対他という存在の仕方が、生産のプロセスにおける役割的行動ということともつながってくるわけで、そういうこともあって私としては役割理論が一つのキー・コンセプトになると考えているわけです。これは素人の悲しさと言うべきか、素人の特権と言うべきか、どっちになるか知りませんが、既成の役割理論、ステイタス・アンド・ロールという形でのあの斬り方に対しては素人なりにいろいろ疑問はもつんですけれども、役割行動という行動の押さえ方そのものは一つの有効な着眼ではないかと思いますので、真木さんの体系の中では役割理論がどういうふうに批判的に活かされるのだろうか、ということに興味がありまして、先ほどのような質問にもなったわけなんです。

真木　役割行動の問題を、いわゆるふつうの社会学的なロール＝ステイタス云々というようなことからいっぺん溶解して、つかみ直してくる可能性はあると思いますね。G・H・ミードなんか、かなり原理的な問題点でやっていると思うんですね。

廣松　そうですね。例の大文字のMeとIとの原基的な関係とか。

真木　ミード、それからチャールズ・クーリーあたりの〈鏡に写った自己《ルッキング・グラス・セルフ》〉、あのへんの問題というのは、サルトルの〈対他存在〉の問題、あるいは廣松さんの言われる共同主観性の問題にもつながっていくような、つまり今、矮小化されて議論されているものに足をすくわれないで、元の発想に立ち戻ってみれば、かなり根底的な問題だと思いますね。

廣松　しかも、その場合、こういうことは言えないでしょうか。ミード以来、すでにロール・エクスペクテーション（役割期待）ということが入っているでしょう。ところが、サルトルの場合の対他存在は、どう見てもそういうロール的なものはありませんよね。「客体われわれ」というようなことを言っている場面で、そういう契機が問題になっている、と言われるかもしれないけれども、どうもそうではなくて、彼の場合、即自－対自という図式に引きずられて、そういうモメントはうまく出ていないような気がするんです。

真木　そうですね。

廣松　対他存在の問題を改めて出してきたのはサルトルなんだけれども、人間存在の共同存在性とか、社会的実践とかいう観点から、もう一回対他性の問題を考える時に、ミードあたりの、ああいう問題提起に立ち返って考えてみるのが一策でしょうね。私としては、フォイエルバッハ、それからヘーゲルやフィヒテにまで遡ってみたいとも思っているのです。

真木　サルトルの場合、おっしゃったように、即自と対自云々という問題があくまでもベースにある感じで、対他の問題というのは、『存在と無』での格闘にも見られるように、あくまでもそのあとになって、現実にはその問題というのは非常に強くあって、サルトルというのは感受性の鋭い人だと思うのですが、ですから、自分のほとんど生得的な論理装置に対して現実が絶えず突きつけてくるスキャンダルみたいなものとして非常に生々しく意識されていて、それだけに主題としては多く扱っているし、感じていると思うんですね。だけど、捉え方の根元性《ラディカリティ》から言えば、この点では、かえってミードやクーリーあたりのほうにあるかもしれませんね。サルトルの場合、絶対的に即自・対自というものがまずあって、それから対他という感じですけれども、対自そのものの存立を規定している対他というか、そういったところを具体的な社会関係の中で根本から捉え直す上では、もう一度、役割理論を批判的に継承する必要があるでしょうね。

廣松　私の場合は、素人の気安さでアメリカ社会学の役割理論にも学ぶべきものがある、などということを比較的簡単に言ってしまいますけれども、既成の理論ということで見た場合には、それこそしかるべき対質を要するような問題もあるでしょうし、私の発言は軽率だったかもしれませんが……。

真木　従来の社会学説の中では、役割理論というものが共同態《ゲマインシャフト》的な関係の中でまずモデルを作って、集合態《ゲゼルシャフト》的な関係の中にまでそれを抽象的に一般化して「適用」するという通弊があって、幻想的な社会把握を基礎づけていたと思うのですが、これは必ずしも役割理論の論理的な宿命ではないでしょうね。価値形態論——相対的価値形態と等価形態の問題など、集合態《ゲゼルシャフト》的な「役割」関係の原型として把握しながら、共同態《ゲマインシャフト》的な（つまり通常の）「役割」関係との存立の機制の対質を明確にしつつ包摂することができれば――。役割関係それ自体の中に浸透してくる歴史性の問題、これは役割の実質的な内容については当たり前のことだけれども、さらに役割関係の形式的な存立の構造そのものを規定している歴史性の問題――それはまさしく物象化の問題とつながってくるわけですが――その点を明晰に論理化して押さえておけば、この問題のもっているラディカリティが活かされてくるだろうと思うのです。

廣松　これまた素人的な質問になりますけれども、アメリカ社会学における役割理論の展開に際して、フロイト主義とのつながりといいますか、そういうことがあって、社会的連関の押さえ方でも、また人格パーソナリティーの押さえ方でも、バイアスを生じた、というような事情はないんでしょうか。

真木　そういうこともあるかもしれませんね。もちろん、根本的には、もっとメタ・学説史的な発想基盤の問題があると思うのですが。――しかし、フロイトの影響《インパクト》は、媒介としては、むしろ一定の有益《フルートフル》な結果をもたらしてきたと思うのです。フロイトの精神構造論の中では、イドと超自我《スーパーエゴ》とがむしろ基礎的な起動力をもっていて、自我《エゴ》は両者を（それから外界とを）調整する機能のようなものですね。例えば、サルトルの把握と比較してみると、サルトルの場合、基本的にはデカルト的な世界了解の地平に立っていますから、あくまでもコギトの自己透過性というか、対自というものが存在論的に先在していて、身体性や対他性の問題は「問題」としてあとから出てくるところがありますね。これに対して、フロイトのイドと超自我《スーパーエゴ》との上に浮上する自我《エゴ》というような考え方は、いわば対自というものを身体性と対他性の次元によって根底的に規定されたものとして把握する図式であって、主体の構造論としては、デカルト的な主体了解を転倒する潜勢力を秘めていますね。

廣松　近代ヨーロッパの世界では、無意識の意識といいますか、これを導入したというのは大きいんでしょうね。東洋人には、そんなことはいわば当たり前のことなんで、何とも思わないわけだけれども、ヨーロッパで無意識の意識というのが出てきたというのは、ライプニッツの微小表象――これは微小表象なんだから、本当の無意識じゃないとも言えますけど――、あとはマルクスが唯物史観で言ったものと、フロイトの流れしかないわけで……（この言い方は不正確のようである。フロイトに先立って、一九世紀の七〇年代以降、無意識的意識を想定する議論が相当出現するようになっていた（廣松））。少なくとも近代ヨーロッパのデカルト的な意識というのは、意識しているということについての意識なんであって、勝義には対象についての意識ではない。そして、まさに意識とはセルフレファレントな意識であるから透明だということ、つまりコギトの自明性ということになる。しかし、ともあれ、こういう意識概念から脱却しないことには、対象的存在はまったく外在化されてしまい、認識論的な場面でアポリアに突きあたることになるし、とりわけ実践というか、人間の行動の場面については、単に意識の志向性ということを言っただけでは済まないんで、インテンションだけでなく、エクスペクテーションの対自的‐対他的意識ということを構造化して問題にしていく必要があると思うんです。

ところで、役割理論でロール・エクスペクテーションが立論される場合、アメリカあたりの社会学者たちが出してくる例が象徴するように、野球のピッチャー、キャッチャーというような、ああいうポジション、つまりステイタスのほうが先にあって、そこで初めてロールが出てくるんですね。僕ら日本人だったら、ロールのほうが先にあって、それが固定化されてステイタスが形成されるんじゃないか、という具合にわりと簡単に考えますけれども、ヨーロッパ人にはそういう具合には考えにくいものらしいですね。しかし、物象化ということで考えていく時には、フュア・ウンスにはステイタスのほうがプライオリティーをもつわけではないんで……。

真木　近代社会学の図式の場合は、そういうことが入ってくる時でも、「内在化《インターナライゼーション》」というような図式になるわけですね。内在化というのは、すでに外にある規範とか価値というものが個人の中に内在化する。その媒介として「条件づけ」とか「学習」とか「制裁《サンクション》」とか、そういったものが入ってくる、という図式ですね。その場合に、今おっしゃったステイタスのシステムとしての社会というものがすでに対象的《オブジェクティヴ》＝客観的に存立しているということが前提になっていて、それと孤立無縁な個人みたいなものが対応する、という関係の中で見ていくわけですね。しかし、内在化の問題というのは、その内在化されるべき「価値」なり「規範」なりは、いったいどのようにして生成されたのか、という問題にぶつかるわけです。ところが、「価値」の問題について、社会学、文化人類学の分野での権威とされているクライド・クラックホーンなどでも、この価値の起源という問題について、はっきりと「神秘《ミステリー》である」と言明して、追求を放棄しているわけです。つまり、そこでは、既成体《ポジティヴィテート》、「事物《ザッヘ》」として現象する社会体系なり文化体系というものが、ア・プリオリな出発点として設定される。したがって、逆に、この「事実」そのものは、実は少しも解明《エアクレーレン》されないし、概念的に把握《ベグライフエン》されない。既成体《ポジティヴィテート》としての「社会」のもっている現象的な「自明性」の呪縛から解放されるためには、論理的には「内在化《インターナライゼーション》」の問題の前に、「外在化《エクスターナライゼーション》」の問題、つまり「社会的」な事象そのものの物象化的な存立の機制そのものが、まず対自化されなければならないわけですね。

廣松　まったく同感です。そういう意味でも、社会の存立構造、社会形象プロパーの存立構造の基礎的な機制を究明していく方法論的枠組と事象的内容の骨格を提示された真木論文はエポック・メーキングだと思うわけです。この論文で予告しておられる系統的な論述が実現されることによって、とりあえずは真木さんご自身の体系が築かれていくことになると思いますが、真木さんの提示された方法論――それも抽象的な処方箋ではなく、言うなれば例解的見本つきの指南――これは私どもも踏襲させていただけるはずで、驥尾に付す心算です。

最初に編集部のほうから感想を言えと求められた時には、対象化して申せませんでしたが、真木論文にとってはむしろ第二義的な『資本論』の構造的把握の部分、つまり第二節だけをとっても、これは非常にインストラクティヴだと思います。真木さんご本人がおっしゃったように、経済学の専門のかたがたからは、あるいはクレームがつくかもしれませんが、しかしともあれ『資本論』の体系的構造をこのようにトータルに開示したものは、これまでなかったのではないでしょうか。もちろん、ヘーゲル弁証法との対応づけといった作業はありましたし、『資本論』の成立史的な文脈や所有論視点での体系的な把握の試みにも、かなりまとまったものがあることは確かです。あるいはまた、『資本論』のカテゴリー体系ないしその編制とのアナロジーで政治学その他の体系構築をやってみよう、という企図があったことも事実です。しかし、『資本論』の論理構制をベグライフェンし、それをエアアイグネンして、方法論的なトゥールとして有効に使える形をエゾテーリッシュに開示されたものとしては、これが初めてだと言っても、まず間違いないはずです。

――廣松さんからは真木さんと意見が違う方面が出されて、もう少し論争になるのではないかと期待していたのですが……批判点のほうを少し出していただけませんか。

廣松　いや、細かい点について、それも局所的に、ないしは字面にこだわるのであれば、もちろん異見がないわけではありませんし、何となく引っかかるような点もありますけれど（真木氏のこの論文については、「資本論の哲学」連載の最終回（この対談から約一年後）において、改めて卑見を述べておいた。新訂増補版『資本論の哲学』では、二六八頁以下を参看されたい）、そういう点については、あとで個人的にうかがいたいと思います。

大筋というか、近代的社会理論、近代的社会観の地平をどういう視座、どういうグルントフェアファッスングで超克していくか、という基本的な構え、それからまたアプローチの基本的なトゥール、こういう大枠では全面的に服膺するわけで、したがって編集部のご注文には応じかねる、ということです（笑）。そもそも、今日は聞き役ということで出てきたのですから。

――それでは、論争的な方面は今後に期待するということにしまして、本日のところは、いちおうここまでにいたします。長時間にわたって、どうもありがとうございました。

Kuroi Senji

黒井千次

日常の中の熱狂とニヒル

1932年生まれ。小説家。

1955年、東京大学経済学部卒業。サラリーマン生活の傍ら創作を行い、1970年から作家活動に専念。日本芸術院院長。文化功労者。

主な作品に、『時間』(河出書房新社、1969年。芸術選奨新人賞。のち、講談社文芸文庫、1990年)、『群棲』(講談社、1984年。谷崎潤一郎賞。のち、講談社文芸文庫、1988年)、『カーテンコール』(講談社、1994年。読売文学賞。のち、講談社文庫、2007年)、『羽根と翼』(講談社、2000年。毎日芸術賞)、『一日夢の柵』(講談社、2006年。野間文芸賞。のち、講談社文芸文庫、2010年)ほか。

最初から降りる

黒井　大学を出て会社に入り、何年かしてだんだん仕事にも慣れ、いろんなことが分かってくると、最初の緊張が解けたみたいになってつまらなくなり、張り合いがなくなってしまう。誰でも経験する当然のことだろうと思うんですけど、最近の人たちを見ていると、そうした経験なしに、最初から、今流に言えば、ずっこけちゃってる、降りちゃってる、という感じがする。降りてしまう時期が早くなってきてるというか、サイクルが短くなってきて、極端な場合は最初から降りて入ってくる人が多いように思うんですがね。

先日『週刊朝日』でね、サラリーマン悪徳講座というのがありまして、その中で「同僚を優雅に消し去る10か条」というのを書いたのです。そこでね、相手を消すためには、こうする、ああする、いろいろやって最後にどうしてもうまくひっかかってこないやつがいる（笑）。どういうやつかというと、降りちゃってるやつだ（笑）。そこで、降りちゃってるやつには、降り続けるということは、偉くなるのを夢見る以上に幻想なんだから、と悟らせて、そいつをまず囲いの中に追い込め（笑）、ということを書いたわけですよ。

見田　かなり意地が悪いですね（笑）。

黒井　そうしたら、それを読んだ友人から手紙が来ましてね、「おまえの趣旨に反するではないか、そういうことを書くということは。降りているやつのことを考えるのが今いちばん大事なことなんだぞ」というお叱りを受けたわけです。僕にそういうことを言った人間というのは大学の時の同期のやつですが、これは僕の推測ですけれども、おそらく降りているんだろうと思うんです。降りている降り方が特殊な降り方をしていて、休暇をとっては図書館に行って勉強したりしているんですよ。学生時代に読んだマルクス主義関係の本を読み返してる。そういう降り方なんですよ、大企業ですけど。そういう降り方というのはふつうの降り方とはちょっと違うから、彼が頭にくるのは当然だと思うんです。ただ、降りているという現象を考えてみると、確かにいろんな問題が出てきそうには思いますね。状況によって降ろされちゃってるということは、もちろん一つあると思うんですけど、それだけじゃなくて、主体的に降りてる部分もどこかあるわけですね。

見田　それは企業に入った時から降りてるわけですか。

黒井　ええ、つまり何をしに会社に入ってきたかという明確な意識がなくて、友だちが受けに行くのでくっついていったら、そいつのほうが採用されてしまった、という話などがよくありますからね（笑）。

僕らの時期っていうのは大変な不況の時期でしたから、採らない会社が多かった。どこでもいいから落っこって止まったところが就職先、みたいな感じがありましたけど、最近は全然逆ですから、なんで入ったか分からないで入っちゃう人もいますでしょう。

見田　そうですね。ちょっとアルバイトをやっていたから、ついでに入っちゃった、とか。

黒井　はじめから降りちゃって入ってくるとすれば、学生の時はどうなんですか。学生として降りてるんですか。

見田　昔は、どっちかといえば就職段階で降りるというのが多かったと思うんですよ。というのは、大学に対するイリュージョンが残っていたから、大学ではひたすら真理を探究するが、それは現世では通用しないと考えて会社に入っちゃう。ところが、最近はそうじゃなくて、大学に入ってる時代から、あるいは大学に入るとき、すでに降りてるとかね。だんだん、ある意味で早熟になってきているんじゃないかと思うんです。はじめから冷めちゃってるようなところがありますね。

黒井　学生運動への参加の仕方は昔と比べてどうなんですか、冷めてるんですか、ホットなんですか。

見田　そこは大変難しいんですよね。まず量的に言えば、冷めていることは明らかです。ただ、冷めていると言っただけでは、ちょっと片づかない問題があるんです。学生運動が昔みたいに一元的じゃないですからね。つまり、百家争鳴ですから、お互いに絶えず相手がいかにくだらないセクトであるかという情報をふんだんに流し合うから、昔のように一途にホットになれない、ということは当然あるわけでしょうね。

はじめから冷めちゃった人が就職なんかする場合どうするかということは、必ずしも一様じゃないと思うんですよ。つまり、数として多いのは、もちろん純粋に食うための手段として割り切ってくる。それがいちばんふつうの形ですね。しかし、反対に、冷めてるがゆえにシニカルな猛烈社員になる、ということがありうるわけですね。それは、特に黒井さんなんかの扱っておられるコピーライターの世界にね。僕が何人か会ったコピーライターでも、そういったタイプが感じられたですね。

例えば、商品を扱うのに……まだ養成所なんですよ、その人たちは。だから、どこへ行くか分からないわけです。どんな商品をやってみたいか、という話から言ってね、ほんとに商品として価値があるものを知らせるという仕事と、ほんとは価値がないんだけども、うまく大衆心理を操って価値あるように見せかけるのと、どっちがやり甲斐があるか、と聞いたら、異口同音にあとのほうだと言うんですよね。そういうシニシズムがあるでしょう。その考え方っていうのは、基本的にはやっぱり冷めているんじゃないですか。

黒井　だけど、シニシズムであると同時に、一方では今度、技術へのロマンティシズムみたいなのもあるわけでしょう。

見田　それはありますね。

黒井　それだけのことができるはずのものだという。それもできないようじゃ宣伝というのは成り立つもんじゃない、と。最初から、いい商品についての正しい情報を消費者に知らしめるということを社会的に意義あることとしてナイーヴに考えちゃう人、例えば広告宣伝の世界でも、広告代理店の営業関係の人たちというのは、わりあいそういうものを自分の仕事の支えとしている。ところが、制作関係、デザイナーとか、コピーライターとかそういう人たちは、それにはシニックで、むしろ自分たちの技術の部分で、一種の自己表現みたいなものを支えにしている。そうした違いはあるんじゃないですかね。だから、あとのタイプの、シニシズムがある人は、まだいいと思うんですよ。いわば自分の腕で自分が支えられるような部分があるわけだから。

見田　週刊誌のライターのようなタイプの仕事にもかなり学生運動をやった人がいて、てんから今の体制なんて信用していない。それで冷めちゃってるがゆえに、逆に徹底して売ることに専念しちゃって、何でもいいからスキャンダルでもえげつないことでも書きまくる。そういうタイプは、わりあいいるでしょう。

だから、入った時から冷めてる人について言うと、日本では、ある意味でカッコ付きの「マルクス主義」というものが奇妙なファンクション（機能）を果たしてる感じなんですよ。つまり、どうせ資本主義社会ではこうなんだということがはじめから公式的に分かっちゃって、それであるがゆえに浅いところでニヒっちゃっていて、そのまま入ってくるビジネスマンが多いわけでしょう。

それがかなり犯罪的な役割を果たしてるようなところがありますね。逆に、非常に仕事に熱心な連中が、その立場から、例えば公害問題なり、どうしても許せないといって告発すると、それは資本主義社会なんだからこうなんだよ、と。まあ、水をかけてしまう。

黒井　マルクス主義ということで言えば確かにそうなんで、答えが出たとこから始めちゃうような感じでしょう。自分で確かめないで。

見田　はじめっから本で読んで分かっちゃうんですね。

黒井　それはそうですね。それと他にもう一つ何かあるんだな。マルクスっていうのは体系的な完成品イメージとして厳《おごそ》かにあるようなところがあって、案外、運動するイメージがないんですよね。これは受けとめ方の問題もあるのは、もちろんですが。とにかく分かったとこから出発するような格好になっちゃってるのは事実だから……。

見田　出発しない、と……（笑）。

黒井　少し前テンニースの著作を読んでいたら、「最近、マルクスという若い経済学者がいる。こいつはわりにましなやつだ」と二、三行書いてあって、それを読んだときびっくりした記憶がありま す。こういうマルクスはいいじゃねえか、と思ったんですよ。ある一つの体系の創始者であり、完成者であり、動かしがたいものであるというような、テキストは『資本論』であったり、『剰余価値学説史』であったり、そういう形で与えられていたところが、最近マルクスという若造が出てきた、あいつはわりにましなやつだ、というつかまえられ方は新鮮な感じで、こういう感覚のほうがはるかに健康じゃないか、と思った記憶があるんですが、マルクス主義の問題はちょっと別に措くとして、もう少し日常的、感覚的なことで言えば、僕が最後にいた職場でいちばん感じたのは、なんでみんなもっと怒らないのだろう、ということが終始、僕の頭の中に憤懣としてありましたね。具体的に言えば、上にいる人間に対して自分の意見が通らない。当然のことが理解されない。やろうと思うことがケチをつけられるとか、反対されるとか。それが自分で納得できる場合はいいんですけど、明らかに納得できない、誰が見てもおかしい、そんなことは俺としてもやりたくないし、やったところで会社の役にも立たないだろう、そういうものがあって、職業意識からしても当然むくれる状態だし、従業員としてもむくれるのが自然だし、ということがあるのに、むくれないんですよね。そして、何となく日が経っていっちゃう。むくれるやつは人間ができてないとか、まだ子どもだ、という感じで見られてしまう。あるいは、もうちょっと狡猾な見方になってくると、小さなことにいちいちむくれないでドデンとひっくり返すのが本当の大物だと（笑）。ところが、決してひっくり返さないんですよ（笑）。全然思ってるだけです。だから、片方でむくれてると、またヒステリーが始まった、というような感じになる。一人一人の情況を見てみれば当然むくれなきゃいけないのに、どうしてこうもむくれないのか、ということが不思議でしょうがなかった。辞める前はむくれっ放しでいたから、よけいそうなるんですけど。

見田　大学時代に、いかに今の資本主義社会が悪いかということを本で読んだりしたことが一種の免疫ワクチンになって、怒らなくなってくるわけですね。

黒井　そういうことは、かなり大きいですよ。

見田　それが大学出のホワイトカラーの一つのタイプですよね。

黒井　いわばカッコ付きのマルクス主義の役割として、それが斜めの姿勢をとらせたり、冷めた視線を準備してしまうところはある。マルクス主義には縁もゆかりもなくて、非常にナイーヴに冷めて、怒らなくなってしまっている人だっているわけでしょう。

見田　そうそう。それと、最近の現象としては全共闘運動後遺症みたいなものがあって、最初からやっぱり今の体制なり大学なりはしょせんインチキだと冷めて入ってきて、怒らない、というシニシズムがありますね。

黒井　その冷めてる部分というのには、外側から冷まされている部分と、自分で冷ましちゃってるところがある。両方ひっくるめてあるんじゃないかと思うんですがね。

ですから、冷めさせられちゃう環境というのはいちおう分かるけど、その速度の上に乗っかって、もう一つ自分で冷ましちゃう、ますます急激に冷めてくる、というところがあるでしょう。自分で冷ましちゃうものというのはいったい何だろう、という問題が一つあると思うんですよ。つまり、冷めてないことが苦痛の部分というのはありますよね。

見田　そうですよ。

黒井　職場というのは一つの日常ですから。そうすると、そこにトラブルがある。道で出会ったやつなら喧嘩して別れちゃってもいいけど、また明日も明後日も会わなければいけない、そういう連続みたいなものが頭の中にあると、やっぱり自分にとっていやな環境は作りたくない、という一つのコントロールみたいなものが出てきちゃう。

見田　自己抑制ですね。

つい仕事にのめり込む

黒井　ええ。ただ、それと、それに対立するものとして出てくる、ほっといても仕事にのめり込んじゃう、という部分がやっぱりあるんだな。一つの仕事が始まってしまうと、つい純粋に面白くなってしまうというのが一つと、もう一つは、やる以上は（笑）、みっともないことをやりたくないというところがありますよね。

見田　それはありますね。

黒井　自然にのめり込んでしまう部分というのは非常に重要な部分だろうと思うんです。冷めていたはずなのに、ある時に気がついたら、のめり込んでいた。それは瞬間でしかないのかもしれないけれども、のめり込んでいた時に自分の中にあったものは何なのだろう。

自分でも我を忘れているある瞬間みたいな、一種の熱中現象というか充血状態というか、そういうものが一人の労働する人間にとって主体の側からもっている意味と、今度はある社会的な仕組みというか体制の中でそういう現象そのものがもっている客観的な意味と、二つ出てきますでしょう。何しろ、今日の労働というのは強制されている労働であることに間違いはないのだから、つまり熱中の結果は自分のものにはならないわけだから。その二つが絡んでつかまえられないと、本当の主体の問題っていうのが出てこないんですね。

見田　黒井さんとしては、どうですか。その熱中する部分の評価ですね。そういう部分は切り捨てなきゃだめだという考え方と、むしろそっちに原点があるという考え方とあると思うんですけど、単純化すれば。

黒井　世の中には、仕事に熱中などできるはずはない、という認識が多いですよね。僕はその認識をいっぺん崩してみなければだめだと思っているんです。本当に熱中できないのかどうか。

例えば、一つの企業の中にいれば、労働組合がありますね。それから企業の従業員としての自分の仕事がありますでしょう。極端な例を挙げれば、ストの指令が来る。こっちのほうは自分の仕事として非常に重要な段階を迎えている。その時は、企業の従業員としての自分と労働組合員としての自分がぶつかる。ところが、もう一つ、自分の仕事と自分との一対一の関係の部分があるんですね。その関係から見ると、日常の企業の業務命令とかチェックとかいうものと、労働組合からのスト指令とが同じように自分の仕事の外側の問題でしかなくなるような時がある。それで、しようがないから、社外の仕事の場合など、休暇を取って「おれは遊びにきたんだよ」と言って仕事をしてしまうというようなことが現実にはありました。客観的に見れば、これはスト破りですけどね。ただ、そのとき自分として信じられるものは何なんだということになると、それは労働組合員としての義務感だとか何のためのストライキなのかという意識でもないし、企業に命ぜられている仕事だという使命感でもない。もちろん、自分の成績のためなどでもない。自分の仕事が展開し始めて、あるところから先は自らその中に入ってまわり始めてしまって、労働組合であれ、企業であれ、あるいは交通巡査であれ、おかみさんであれ、全部外側になってしまうようなことがある。もちろん、そんなことは年中起こるわけではないし、そういう熱中の時間が長く維持できるわけでもない。しかし、そういうことが間違いのようにして起こったとき、瞬間的にではあっても、ある手ごたえのようなものが残るのは確かだ。その手ごたえの中にあるものを光源にして、むしろ現代の日常的な労働を照り返してみることが必要なんではないか。それは、最初から降りてしまっているのではできない。

ストライキとの関係で言えば、熱中の中に転がり込みたいと思う自分、こいつが完全に自分で満足いくような形で実現し続ける保証はまったくないわけですね。ないからこそ、それを少しでも実現しうる方向に動いていくものが労働者の運動のいちばん根元に含み込まれていなければならないのに、それがまったく表面だけの、つまり金で払われればいいではないか、という賃金主体の経済闘争になってしまう。また、労働条件の闘争の場合でも、労働条件が悪化するということは、労働者にとってはきわめて重要な問題ではあるけれども、労働そのものにとっては二次的な問題、労働そのものと人間との関係の中で、いわば環境的な問題のほうに上っ面のほうではすり替えられていくから、スト破りとしても自分の熱中の中に飛び込もうとする自分をもう一つ引き止める力がない。むしろ、熱中の中に飛び込むことが一つの労働者の主体的な運動のバネになるような形で事が進んでいかない、という状況になってしまっているのではないでしょうか。そのエネルギーが日常的な労働の虚偽を根底から暴き出していくはずなのに。

見田　熱中する部分が一つの光源になる、ということはまったく賛成です。今の話で言えば、ストの中身が問題なわけですよね。それが、その労働者が人間的な核心にもっている一種の炎、火種みたいなものと抜き差しならない形でつながっていかないというか……。

黒井 そうですね。

見田 そういうところで形だけ勇ましくやられているから、自分の内部で分裂しちゃうわけですね。

ひたすらニヒる前に

黒井 そこで、労働についてのマルクスの見解というものが一つ問題となる。それは商品の分析から始まって、資本主義社会での労働のところから入っていくわけで、まさに湧き出る疎外の泉みたいなものとしてあるわけでしょう。労働のイメージが常にそうした否定的なものとして出てきて、肯定的な労働イメージが大変少ないですよね。

見田 マルクスの初期の経済学ノートの中には、そういう本来的な人間の労働のイメージみたいなものがありますね。このあいだの「コミューンと最適社会」(『展望』一九七一年二月号)という論文にも引用してありますけれども、あれはやっぱりマルクスの疎外論の書かれざる裏の面というのかな、暗黙の前提みたいなものとして非常に重要なものと思いますね。

黒井 あそこのところは、いわゆる疎外された労働ではなくて、「われわれが人間として生産したと仮定しよう」ということで、めずらしく肯定的な労働像が描かれていますね。もしも人間として生産的に労働をしたならばこうなるという、例えばそういうものを自分の日常の労働の中にボカンともってくると、今のそうでない部分が非常に強烈に見えてくるわけですけれども、それが強烈に見えてくるところで終わっちゃったらだめなんで、それが強烈に見えてくるところで出てくる否定的な感じと、それから、にもかかわらずその中でわが労働はやっぱり若干人間的なのかもしれないという部分が尻尾みたいに残っちゃってるだろうと思うんですよ。

例えば、マルクスが言う「私は、私の生産活動において私の個性とその独自性とを対象化し、したがって活動のあいだに個人的な生命発現を楽しむとともに、対象物を観照することによって個人的な喜びを味わう、すなわち対象的な力、感覚的に観ることができる力、あらゆる疑惑を超えでた力として自分の人格を知るという個人的な喜びを味わうであろう」というような部分ですね。もちろん、これはマルクスが挙げている四項目のうちの一つでしかないし、人間的な労働の一部分でしかないのですね。しかし、その尻尾みたいにして残ってるところがほの見える瞬間が愚かな熱中の時間の中にあるんじゃないか。

見田　そうですね。尻尾どころか、そういう一種の仕事なり、労働のもっている肯定的な原点みたいなものがはじめっから見失われてしまった場合には、逆に今度は疎外とか言っても言葉だけのものになっちゃうわけですね。ほんとに耐えがたい疎外としては実感されない、はじめっから労働をシニカルに捉えていた場合には。ところが、今度、労働を肯定的な人間的な核心みたいなところでつかまえる場合に、そのあとどうなるかということが、現在のシステムにそれなりに安住してしまう論理になるか、それとも、だからこそ現在のシステムの否定性みたいなものを照らし出す炎になるか、という分かれ目ですね、問題は。

黒井　とにかく現在のシステムが暴かれないのはだめだと、そういう暴き方が少なくとも主体的な暴き方になるのではないか。労働に従事する主体的な暴き方というのは、俺の労働に対して給料が安すぎる、という言い方よりも、熱中を軸にして言い出したほうが迫力がある。

見田　特にホワイトカラーはそうですね。

黒井　暴かれたものが目の前に出てくる。それをまざまざと見た。見たから、それじゃどうなんだという、その先が問題ですね。

見田　そうですね。ただ、非常に若い世代の中では、その熱中を軸にして暴いていく過程が必ず〝取り込まれていく〟過程につながる、だから熱中を経験することを自己抑圧しようとする、そのためにむしろモラリッシュに、乗ること、熱中することを拒否する、ひたむきにニヒるというか、そうした考え方がかなりありますね。

それと同時に、また一方では、そうしてまったく冷めていると思っている人が冷めているまんまで気がついてみたら、やっぱりちゃんとメカニズムの中に組み込まれていた、ということがありますね。

黒井　そうです、そうです。

見田　つまり、加担していた、ということがね。

黒井　そうなんだな、そこらへんはいろんなことが起こっちゃうわけだ。一般的に言えば、ホットなやつが非常にホットだったら丸抱えになるけれど、逆にホットでありすぎるために使うほうで困っちゃうっていうこともあるわけですよ（笑）。

見田　裏返せばまた、非常に冷めてニヒってる人は使うほうで全然困らない、ということがあるわけですね。

黒井　ええ、道具として正確に機能する、という感じでね。だから、ホットであれ、クールであれ、ある一つの条件が決まったら、そこから先、自動的に一つの結論が出てしまう、というようなものではない。システムと主体とのぶつかり合いの中で、がぜん問題が立体化して複雑になってきちゃうという、そういう性質の問題ではありますよね。

見田　ちょうど数値がそのままで、全体を括る符号がマイナスがついちゃったりプラスがついちゃったりするということですね。

黒井　現象そのものは、短いホットも長いクールも、その意味ではどちらも大した意味はないかもしれない。だからどうする、というそこのところが問題なわけですよ。

ただ、降り続けるということは大変に難しいことですよね。むしろ、どっちかって言えば、明治以降の日本では降り続ける伝統というか、歴史はわりにないんじゃないですかね。降りないところでやった成果っていうのはあるけどども。会社の仕事とか労働とかいうことに限定してしまわないで、文化全般としましてね、降りてる文化と乗ってる文化……乗ってるっていうとおかしいけど、乗ってる文化っていう感じのものと二つあると、近代日本の成立過程では、乗ってるほうはわりと目に見える格好であるけれども、終始、徹底的に降り続けたことによって出てくるものは、わりあいと難しいし、少ないんじゃないか、という感じがするんですがね。だから、ただ一つ言えそうなのは、ひたすらにニヒる直前でいいから、ニヒる直前のひたすらの熱中みたいなものはやっぱりないとだめだ。熱が出

そうだから早く寝ちゃう、というのは困るんじゃないか（笑）。やっぱり、ちゃんと病気には罹《かか》って

みるということは必要なんじゃないでしょうかね。罹ると、それは当然命とりにもなるわけではある

けれど。簡単に言うと、起こることを予知して降りちゃう降り方っていうのは非常にクレバーなんだ

けれども、大変重要なところを一つ抜かしちゃってるんではないか、という感じがしてしょうがない

ですね。

見田　自分の中で予防検束するわけでしょう。予防検束っていうのは二種あって、いちばん多いの

は体制に適応するための予防検束ですね。危険思想が自分の中に芽生えてくると予防検束してしま

う。そういう予防検束と、もう一つは逆の予防検束ですね。その場合でも、やっぱりベクトルは逆な

んですけども、ある意味では絶対にいい、怪我をしないいものの危うさみたいなものがちょっとあるというこ

とでしょうね。

黒井　そうなんです。だから、そこが僕は非常に面白いっていうか、経験的に言っちゃいますと

ね、まわりのやつが怒らないで自分が怒ってるでしょう、憤《いきどお》ろしいと思って。自分が夢中になって

怒ってる時は、まわりの者に対してどうしようもないやつらだと思うんですよ。ところが、たまたま

別のやつが怒ってるのを見てると、実に滑稽なんですよ（笑）。あの野郎、あんなことをやって、な

んて嘴《くちばし》が黄色いんだろう、と思って見てる。自分が怒ってる時は、怒らないやつのクールさがまこ

とに薄情に見えて。

見田　向こうが自分を滑稽だと思ってることが分かるだけにね、いっそう。

黒井　そのホットさも、それほど純粋なホットさとしてあるんじゃなくて、自分の中のクールなも

のにさらされつつあるホットさみたいなものでもあって。そこで他人の冷たい目とつながってくる自分の冷たい目で見た、みっともなくホットな自分でもあるし……。そこらへんが混沌としてあるわけで、だから、そこでどこにウエートをかけて、どの部分を主体的につかまえていくか、という格好におそらく現実的にはなるんだろうと思うんですがね。少なくとも言えるのは、あらかじめホットになりそうだというところで自分を意識的に冷却しちゃうということが一般的には多すぎるんじゃないか。それは過熱しすぎると、あるいは材質が変化してしまうというような危険もあるけれども、変質しそうなところの限界ギリギリでつかまえたものでなきゃだめじゃないか、という感じがするんですけどね。

見田　こういうことは、どうなんでしょうか。熱が上がりそうになった時に熱を冷ますのでなく、熱をどんどん上げていく。そうすると、たいていの場合はシステムと矛盾してくるんじゃないでしょうか。

黒井　当然、そうでしょうね。

見田　その時のほうが、ホンモノの原点というか、熱を冷ましちゃったことによって禁欲することよりも、どんどん、どんどん上げていくと、これは黒井さんが書かれているテーマの一つだろうと思うんですが、例えば会社の利潤なり、官庁の方針なり、大学のアカデミズム体制なり、そういったものと矛盾してくるんですね。どんどん上げても矛盾してこなければ、そのかぎりでは結構なことで、それは無理に反抗しなくてもいいと思うんですよ。無限に仕事として上げていくと矛盾していく面が、たいていの場合は出てくるんだな。そこで出てくる矛盾が原点になるほうがいいんじゃないかと思いますね。

黒井　ただ、それを包んでどうにかしていく、もう一つのシステムというか、それがないですよ。非常に現実的に言ってしまってね、クールに引いたところでは、そいつをつないでいく保障みたいなものは日常性そのものとして、例えば自嘲的な愚痴話の連帯だとか、上役の悪口を言い合うというふうな形でいろいろあるけれど、ホットで行ったやつは究極に行った時はほとんどクレージーなわけですよ、はたから見たら（笑）。そういうふうにクレージーになっている人間を包んでいく場所というものがない、という感じがするなあ。だから、余計にすぐ熱は冷まされてしまう……。

見田　運動の場所？

黒井　運動の場所でもいいし、そういう姿勢を保障する支え、つまりクレージーの外側にある保障みたいなやつ。クレージーなご本人は、そのときもう裸で無防備なわけですよ。だけど、そのあいだにこそ日常の本当の自分の姿を見ることができるエネルギーを蓄積中なわけだし、それに最小限必要な時間をぜひ保障しなければならない。というより、クレージーの保障がないから、無意識に無理しなくなってしまうところもあるんじゃないか。今ある保障というのは、極限まで行けば精神病院に入る、というような格好でしかないでしょう（笑）。ほんとに仕事のことを一生懸命考えて、おかしくなって。そういう人、実際にいたんですけどね。病院に入るのは極端だとしても、それに近いものになってしまうのは事実だ。そうすると、それは病気の分類に入れられてしまうでしょう。ノイローゼみたいな格好で、ちょっとおかしいぞ、ということになっていくでしょう。まわりは病名をつければ安心してしまう。だけど、ほんとは今流行《はやり》の言葉で言えば、一種の狂気みたいなものとして内側にある危険なものを支えていくものがあってほしい。うまく言えないけど、危険であればあるほど、それを支えるものがほしいんですよ。

見田　そういう場っていうのは、実際的な意味で今ものすごく必要ですね、いろんなところで。今、黒井さんが言われたような医学的な意味で精神病になるというのは極端な例だろうけど、社会的に気違い扱いになっちゃうね。これは日常的にも大学なんかにもありますよね。例えば、非常に純粋に自分のテーマなり学問性なりを追求していくと、アカデミズムの中での分類とか、あるいは大学の機構そのものからはみ出しちゃう場合があるわけですね。そうすると、そういう人に対して「あいつ、この頃おかしくなった」とか、「あいつは気違いだよ」とかいう言い方っていうのはされることがあるわけですよ。それは、おそらく官庁とか会社でもそうだろうと思うんですよ。必ずしも大学だけではないわけで、例えば本当に国民の厚生ということを考えつめていくと厚生省におれなくなったり、そういうことがあるわけでしょう。本当に報道ということに生命を賭けると報道機関におれなくなったりね。それは仕事への熱の上がりそうな手前でやめるのでなく、熱をどんどん上げていくと必然的にぶつかることですね。そうすると、今黒井さんのおっしゃるカッコ付きの気違いになることね、それを支える場っていうのが必要ですよ。

熱狂の頸飾り

黒井　狂気の連帯というのか、熱狂のための組織というのか、そういうものが現実にありうるのかどうか。

見田　例えば、一九世紀の前半の頃にパリとかロンドンとかジュネーヴに亡命者の吹きだまるところがあったわけですね。そして、そういうところでは亡命者の一種の相互組織があった。亡命の立場はそれぞれ違うわけですよ。アナーキストあり、宗教的な変わり者あり、ずいぶん違うけれども、個人的な問題で争いがあった場合は、彼らは警察に訴えられないので、それを決裁するための規約とか機関とか、あるいは警察の情報みたいなものを自分とは思想的に反対なセクトに対して与える場合の取り決めがあったという。それに似たものが現在必要なんじゃないか、という気がしますね。

黒井　そういうものが必要なんじゃないか、今あるものでは何によっても支えられないということが一つと、それから、そういう形の熱狂というものが逆にむしろ何ものによっても支えられない時だけしか出現しないんじゃないかという感じが、また一方にはあるんです。

ある意味では、熱狂というのはアナーキーに噴出するものでもあって、熱狂を支える組織ができたから、さあ熱狂しろ、と言ったって熱狂できないだろう。逆に、そんな形で自分の熱狂の形を自分に見せつけられたら、とても恥ずかしくて熱が一度に冷めてしまうかもしれない。熱狂者パーティの招待状を潜在的熱狂者たちに発送しても、おそらく当日は誰も出席しないだろう、という感じ……。

見田　支え方がだめにしちゃう支え方と、だめにしない支え方とがあるんじゃないかと思うんです。とかくだめにしちゃう支え方が多いのでね、黒井さんがそう言われることはよく分かるんですけど、だめにしない支え方というものがありうるような気がするんですけどね。

黒井　だめにしちゃう支え方っていうほうが多いですよね、実際には。だめにしちゃう支え方っていうのは、例えばそういう熱狂というのを最大限に組織して企業の目的のために利用するという……。

見田　そういうこともあるでしょうし、逆に善意でもってね、非常に善意で良心的な、しかし自分では「気違い」ではないという人が、非常に善意の援助を行っていって、その結果、例えば「気違い」のほうが自分の狂気を押し通すことが、あの親切な人を傷つける結果になってしまう、立場をまずくする結果になってしまうということで矛先を鈍《にぶ》らせざるをえないような、そういう支え方っていうのはとかくあるという意味でも、ですがね……。しかし、そうでない支え方も可能だろうという気がするんですね。

黒井　まず人間的な熱狂を保障する組織を作り出すための運動みたいなものにプログラムとしては出てくるわけでしょう。

見田　いちばん悲劇的なのは、熱狂した人たちが孤立しているがゆえに、逆に今度は思想内容そのものがますます悪い意味でクレージーになっていっちゃって、憎悪の塊みたいになっちゃって、思想内容そのものがだめになっちゃうことですね。そういうことを最小限防ぐ方向での支えは、やっぱり必要なんじゃないか。

黒井　そうですね。その時につなげるものっていうのはね、ちょうど頸飾りを作る時に、ビーズの玉に糸をつけていくようにしてつないでいく。つなげられるものは熱狂の赤いビーズですよ。そうすると、できあがる熱狂の頸飾りみたいなものがありますよね。それは、しかし現実的な形ではおそらくないんじゃないかと思うんですよ。

見田　……そうかもしれませんね。

黒井　なぜかと言うと、ふつうはビーズのつなげ方は人間と人間をつなげていくというふうに考える。労働組合は労働者の権利を擁護するために労働者という人間をつなげていく、というイメージがあるでしょう。だけど、熱狂の場合は、必ずしもそうじゃないのではないか。労働者である場合もあるし、時には管理職のかなり偉い者である場合もあるわけでしょう。労働ということだけで言えば、主婦かもしれないし、お手伝いさんかもしれない、という格好になるでしょう。それをつなげていく時につなげられるものは、常に一人の人間の中の熱狂をたたえている部分という格好でつながってい く形しかなくて、そのつながりっていうのは大変に抽象的な一つのつながりというものしか考えられないんじゃないか。そういう抽象的なつながりそのものが現実的に社会の中で、ある具体的な力をもっていくということは、おそらくないんじゃないかという気もするし……。

見田　熱狂者は、個が絶対的な個であり、質的な存在ですから、頸飾りにはならないですよね。

黒井　熱狂者はね。

見田　ええ。

黒井　そういうつながりっていうのはね、それ自身では現実的に組織することができないもので、逆に現実的な別のどの組織がその抽象的な熱い環のようなものを獲得するかという抽象的なつながりを自分の内に含み込めるか、という方向で考えなければならないのかもしれない。しかし、そんな既存の組織があるかな？

見田　逆に組織というと、そういうのを獲得した組織はお腹が割れるかもしれない（笑）。

黒井　そうなんだ。そこから先に少し飛躍してしまいますけど、例えば降りちゃってるとか、クールになっちゃってるというふうなことは何で起こるかというと、結局、現在のシステムにおけるさまざまな矛盾が人間の中にあるいろんなものをはじき飛ばす格好でそういうふうになっている。社会の構造が悪い。いちばん元を言えば、生産手段が私有化されてるところに問題がある。それじゃ生産手段を社会化すればいいじゃないか、基本的な問題をまず取り除く必要があるだろう。そういう意味での基本的な矛盾を取り除くという方法は、ある程度は目に見える。それだけを取り除けばいいなら、今あるわけですよ。政治活動だってそういうことになるんだろうし、それから労働組合がある時期生産管理をしたという格好で、一時的にはそういうことが実現するかもしれない。しかし、それだけでは常に残ってしまうものがある。もっと簡単に言ってしまえば、理想的な社会主義社会、共産主義社会ができた時に、まったく単調な労働に従事するライン労働者を内側から支えるものは人民の利益のための使命感であるとか、労働の中の連帯感であるとかいうのは、ちょっと問題が単純すぎるのではないか、という感じが僕の中に常にあるんですよ。

確かに、今の労働というのは人間をバラバラにしてしまうし、人間から労働の真の目的を奪っている。それに対して、いちばん自然な、いちばん平均的な対処の仕方が、降りているという対処の仕方であって、見方によっては、そういうクールさは良心的でもある。しかし、今度、基本的な矛盾が取り除かれて、前に引用したマルクスの述べるような「人間として生産」する状態が、そこに実現したとする。しかし、マルクスがそれを考えていた時には、現代のような形での、労働過程が非常に細分化された、大変に単純な、経済的にはある程度恵まれている労働というふうなものはないわけでしょう。すると、そういう体制の中で繰り返しの単調労働を支えるものは、いったい何なのだろう。労働における使命感だとか義務感だとか、そういうものだけで本当に物理的な単調さから人間が救われるのかどうか、労働の中のある種の虚しさというのは問題として残り続けるのではないでしょうか。

逆に言えば、われわれの労働の中にある、ある種の虚しさにおいて、われわれは未来に非常に近く結ばれてしまっているのではないか、という気もするんですよ。基本的な矛盾が解決されたところでは、逆に労働の中にある別の側面が非常に露骨に出るのではないか。われわれは、あまりに文句を言うことがありすぎるから、その中でかえってさまざまな種類の問題を一緒にして論じすぎていはしないかとも思いますね。だから、クールとかホットとかいうことについても、本当は未来の労働まで視野に収めていなければならない。

例えば、労働英雄っていうのがあるでしょう。僕は英雄になってる人の気分をぜひ一度聞いてみたい、という思いを前からもってるんですよ。英雄になってしまった人は自分をどういうふうに見ているか、嘘が全然なくてうれしいのか、多少は迷惑に思うようなところもあるのか、恥ずかしい部分というのはありえないのか、われわれのホットとどう違うのか、そういうところが気になってしようがないんですよ。

中年のニヒリズム

見田　話を大きく変えると、ある意味では社会主義での問題とつながってくるんですけど、モーレツ社員のシニシズムみたいなものがあるでしょう。例えば、鶴見俊輔氏がマイホーム主義について昔言ってたんだけど、赤ん坊をお風呂に入れるのが最大の生き甲斐だという男の人が、かなり多いんですね。それは絶望の表現なんじゃないかと。これはかなりいいところを言ってると思うんですよ。同じようなことが、ある意味ではモーレツ社員にも言える面があると思うんですよ。

話を戻してニヒリズムの側から言えば、降りている人のニヒリズムはすぐ分かるわけですね。いかにもニヒルニヒルしてる（笑）。そうじゃなくて、子どもをお風呂に入れることを最大の生き甲斐に思ってる人のニヒリズムは、本人はニヒリズムと思ってないんですよ。一方、モーレツ社員のニヒリズムね、そういう連中の一種のニヒリズムっていう問題は、かなり大きいわけですよね。

黒井　そうですね。モーレツな人たちが内側にもってる、自分でも気づかない空洞の大きさはおそらく深いものがあって、降りてるっていうか、どうせ俺は働かないよ、仕事は馬鹿らしいからと、この馬鹿らしいところから出発している人がもってる自分の中の満たされないものとは比較にならないものが内側に口を開けているんじゃないか、という感じが常にするんですけどね。

見田　そうですね。いつかホワイトカラーのグループとインタビューをしてた時に、モーレツ社員が片方にいて、もう片方に降りている、ニヒってるのがいたんですよ。ニヒってる部分の発言に対して、モーレツ社員が急に「そんなこと言っても、おまえのニヒリズムは子どものニヒリズムだ。おまえみたいなやつは、ほんとにニヒってないんだ」という言い方をしたわけですね。それまでは模範的なことばかり言っててね。そういうのがわりあいいるわけですね。それがまた、その先で二つに分かれるんですよね。つまり、いかにもニヒルニヒルしてた人たちよりも、非常に圧縮された怒りみたいなものを、ある日突然示すということもありうるし、逆に最もたちの悪い抑圧者になる場合もありうるわけですね。あとの場合が多いと思いますが。

黒井　そういうニヒってる部分の、例えば、ま、世代論ということじゃないですけども、中年以上のニヒリズムみたいなやつと、若きニヒリズムみたいなやつと、ちょっと違うと思うんですよ。中年以上のニヒリズムは、今言われたように、エリート社員が内側にたたえている空洞みたいなものであるとか、あるいは子どもを風呂に入れる時の生き甲斐みたいな格好でありますよね。もっと若い連中は、それとは違う。

例えば、今の会社の辞め方に二種類あるような感じがするんですがね。一つは働き盛りで辞めていく人たちがいる。これは一〇年とか一五年とか経験を積んで辞めちゃうんですよ。それは結局、どこかに満たされない部分があって、自分で何かやってみたいとか、別のことをやればもう少し何とかなるかもしれないとかいう格好で辞めていくわけですね。もう一つは、ひどいやつは一、二年で辞めちゃう。

見田　もっと早いのもある（笑）。

黒井　ぼくの知ってるかぎりでは、一、二年で辞めていくのはコンピューター関係に多いんですよ。これはある程度の技術を習得すると、わりあい格好ついちゃうんで、なにもそこにいなくてもいいやということになって、もっと自分の行きたい会社に行っちゃうとか、ある程度実務をやったから、もういっぺん大学に帰ってみようかという、まことに自由な考え方でボンスカ辞めちゃうということがあるんですよね。

中年以上で辞めるのは、ニヒってることで言えば、自分の中でどうしようもない部分があって、自分でもいやになって、いわば現代の労働に対処した時に自分の中に出てくる、労働だけでなく生活全般でしょうが、ニヒリズムというものがあって、そういうふうになっていってしまう。例えば、子どもを風呂に入れて洗うことがいちばん生き甲斐である人にとっては、子どもを風呂に入れて洗ってる時はいいけれど、その子どもが大きくなっていく先はいったいどうなっていくのだろう、と考えたら、どうしようもなくなるでしょう。

見田　お父さんとはいるの、もういやだと（笑）。

揮発性ニヒリズムの時代

黒井　中年のほうは、だから相当根が深いと思うんですよ。若いほうは、そういう形で出てくるんじゃなくて、最初から降りた格好で入ってきて、おそらく熱狂することへの恐怖とかいうものすらなくて、まったくクールに入ってきて、まったくクールに辞めていく、という部分がありますでしょう。例えば、企業を愛する精神であるとか、作った物に対する愛着であるとか、やってることに対する誇りであるとか、そういう観点から見ていけば、まことに不可解でどうしようもないということになっちゃうけれども、辞めていっちゃう人間にとっては、もともとそういうことはどうってこともない問題でね。そういうニヒリズムというのを二つ比べてみますと、例えば心情的に言えば、僕などは中年ですから、中年のニヒリズムのもっている暗澹たる部分が黒々とした親密なイメージとして浮かんでくるわけですけれども、本当はもう一つのほうのやつがもっと問題としてはでかいんじゃないか。片方は、ある既存のものとの関係の中で生まれてきた一つのニヒリズムみたいなもので、いわば絶望というようなものがある。そこに到達するプロセスが論理的に追いかけられる。けれども、若いほうは、それをニヒリズムと呼べるかどうかも分からないような、もっと質的に違うものとして、別な言葉で言えば、ある目的があって、そこに向かって動いていく、ということが最初から外されたところにある自由みたいな……。

黒井 先天性ニヒリズム（笑）。

見田 そうそう、先天性ニヒリズムと後天性ニヒリズムとすれば、先天性のほうですね。遺伝性ニヒリズムかな（笑）。

見田 それもあるかもしれない、真面目な話。若い世代には、そういうグループがあるでしょう。最初からあるものに賭けたことがない、というね。すでにおやじのニヒリズムを見てるから。

黒井 だいたい子どもっていうのは、おやじの労働というものを見てないですね。結果だけを見ている。僕なんか会社に行ってた時は、会社というのは幼稚園に行ってたうちの子どもにとっては実にいいイメージなんですよ（笑）。たまたま自動車を作る会社だったから余計いいイメージなんで、会社を辞めていちばん残念がっているのは子どもですがね。全般的に、おやじが青くなったり赤くなってカアカアやってるところは見てないわけでしょう。

見田 それは五つ、六つまでで、もう少し子どもがひねてくるとね、遺伝性ニヒリズムじゃないけども、親が説教して、「おまえ、そんなに髪の毛を長くして遊びまわってると、まともな会社にはいれないぞ」なんて言っても、「それじゃ、お父さん、会社に行って何やってるんだい」と言われると二の句がつげない。昔の親だったら、そこで何とか開き直ったんですよ、内心は忸怩《じくじ》たるものがあってもね。今は子どもが高校に入る前からニヒっちゃうということがありますね。

黒井　それはありますね。そうすると、先天性ニヒリズムというのは後天性ニヒリズムの遺伝ですか。

見方が変わりますけどね、例えば自己表現というふうなことを考えたときにね、ある一つの、若い人たちがもっている自由さみたいなものがあるでしょう。それは会社を辞めていくという自由さみたいなものともつながってる自由さで、やりたいことをフワッとやってみる。そんなことをやって、それじゃおまえ、どういうプログラムが将来あるんだと言ったって、そんなものはほとんどない。

時々思うんですけどね、それがないということのほうが案外本当なんでね、非常に本当なところに本能的に対処している、あるニヒリズムみたいなものがあるのではないか。それがもってる一種の破壊力を、一個の主体がもってる連続した破壊力というふうに考えると、それは力弱いけれど、一つ一つの現象に対して点的にもってる破壊力は、古いほうのニヒリズムがもってる内にこもった、どんどん中に入っていってしまうものよりもフワッと外側に出ていくニヒリズムみたいなもののほうが強いのではないか。求心的ニヒリズムと遠心的ニヒリズムという感じで、新旧二つあるんじゃないか、という気がしますがね。

見田　ええ、今は重油のニヒリズムから揮発性のニヒリズムに変わってるでしょう。昔は重油のニヒリズムだったけど、最近は揮発性のニヒリズムで。

黒井　パッと燃えて、パッと消えちゃうようなね。

見田　しかし、一つ問題は、先天性ニヒリズムの場合、破壊力があるかもしれないけれども、その破壊したあとに気がついてみると、また同じものが出てきた、という一種の抑圧の超柔構造がありうると思うんですね。いちばん疑問に思ってることは、何でもやりたいことをやるわけですね。やりたいことをやって壁に当たらなければ、結構な世の中ですね、ある意味では。その場合に、今ハイティーンの若い人が本当にやりたいことをスイスイやってるのか、それとも抵抗の少ないところにスイスイ行ってるのか、という際どい問題だと思うんですね。どっちであるかによって、根本的に意味が違ってくると思うんですよ。まったく骨がらみ抑圧が進行しているのか、まったく自由な社会になったのか、それは隠微にして千里の差異があると思うんですね。

黒井　それはどっちだと決めにくい感じがしますね。おそらく、可能性ということから客観的に見れば、限界線上を痙攣しながら峰を歩くように渡っている、という感じがするんですね。

見田　難しい。

黒井　例えば、自分の高校時代を考えてみて、自己表現にどういうものがあったかということを考えると、自主的な活動ということで言えば、文化的な欲求を自分がもったら、例えば文学サークルとか美術サークルとか何とか班という格好に截然とジャンルが分かれていたと思う。この頃、高校に行きますと、そうじゃないんですね。そういうアカデミズムは崩壊してしまっている。文学サークルなんかないところが多いでしょう。僕は愕然として、こういう若い人には俺の小説は読まれないぞ、と思った。

見田　昔は、文学サークルが潰れるということは一篇の小説のテーマになったけれども。

黒井　その代わり、フォークソングとか風俗的なものまで含めて、実質的には表現の手段は実に多様化している。ただ、そういうものが驚くほど急速にパターン化するんですよね。自己表現が自由であればあるほど、まったくパターン化しちゃって、あるところまで出していくと、そっから先出していく行き方というのが、みんな似てしまう。これは情報の量の多さとか、いろんなこともあるでしょうが、クリエイティヴなものが自分の表現として出ていかない。一人の絵を見ると面白いが、次のを見ると同じで、みんなこいつら同じかい、という感じなんだ。そのくせ衝動としては既成のものに飽き足らない感じがあって、いろいろ工夫してみる。工夫する内容は、自分の内側から込み上げてきたものじゃない。それで満足しているかというと、必ずしもそうではない。そういうことからいくと、自己表現の可能性と現実性のあいだにかなりギャップが大きくて、現実性のところで見るかぎりは、若者のもってるエネルギーがうまい具合に出ていっていない傾向が強いですよね。

見田　そのフラストレーションは、自分でガーンとやって、壁にぶつかってフラストレーションが起こるのじゃなくて、何でも言えるけども、自分が言葉にしたり、絵にしたりした途端に、それがたちまち自分のものではない、みたいな苛立ちというのはかなりもっていますね。

Yamada Taichi

山田太一

母子関係と日本社会

1934 年生まれ。脚本家・小説家。

1958 年、早稲田大学教育学部国文学科卒業。松竹に入社し、木下惠介監督に師事。1965 年、退社してフリーの脚本家。

主なテレビ作品に、『男たちの旅路』(NHK、1976-82 年。芸術選奨文部大臣賞)、『岸辺のアルバム』(TBS、1977 年)、『日本の面影』(NHK、1984 年。向田邦子賞)ほか。

主な映画作品に、『少年時代』(篠田正浩監督、1990 年。毎日映画コンクール脚本賞、日本アカデミー賞最優秀脚本賞)ほか。

主な小説作品に、『異人たちとの夏』(新潮社、1987 年。山本周五郎賞、日本文芸大賞。のち、新潮文庫、1991 年)ほか。

父親アレルギーの戦後史

山田　見田さんは、お母さんはご健在ですか。

見田　母は、僕が七歳のとき、死んだんですよ。

山田　私も一〇歳の時に母を癌で亡くしました。やはり戦争末期です。だから、母というもののしんどさ、そういうものはなかったといえばなかったんです。よさというか、甘美さもなかった。ですから、ちょっとそこらへんが分からないところもあるんです。自分の女房と息子との関係を見ていると、それは甘美でもあるかもしれないけれど、けっこう息子もしんどいだろうな、という気もしています。

見田　なるほど。山田さんの作品の、適度の乾燥度というか、家族をちょっと外から見ている感じが分かるような気がします。僕も、例えば「おふくろ」なんていう言葉は嫌いなんです。「おふくろ」と日本人が言う時の生あたたかい湿った感じが、どうも受けつけないんです。それは七歳で母がいなくなったからかもしれない。

山田　いきなり突飛な例ですけれども、泉鏡花もわれわれと同じくらいの時に母親を亡くしているんですね。鏡花はもうずっと母恋しという感じで生涯を終えましたね。逆に言うと、非常にイリュージョンを作りやすい年齢だった。ただ、僕はそういうイリュージョンを作り損なってしまったというか、母子関係についてあまり自分の経験から出発することがちょっと難しいところがあって、今日の対談はどうなるか（笑）。

見田　二人とも不適格者（笑）。山田さんのドラマはよく見ていて、特に『岸辺のアルバム』は非常に感服して見ていました。あれは最初、小説という形で発表されたんですね。

山田　ええ、一九七四、五年頃の『東京新聞』の連載です（のち、光文社文庫、二〇〇六年）。

見田　今回その小説のほうを読ませていただきましたが、母子関係について、山田さんはいち早く鋭く取り上げていらっしゃっていたことにびっくりしました。全然古くなっていない。まったくアクチュアルだと思いました。

山田　いやあ、もうはるか昔のことでねえ。

見田　いや、現在の家族、母子関係のことを含めて、『岸辺のアルバム』の構図から基本的に変わっていないのではないでしょうか。あのあと、一九八〇年代、九〇年代を通して『岸辺のアルバム』に似た現象が起きるし、言葉としても「家庭内離婚」とか、社会的にいろいろ、あのあとで出てくる。そういったものを先取りしている。けれども、仮にもし一九六四、五年頃だったら、あの状況は書けなかったのではないかと思います。六四、五年から七四、五年までの一〇年は非常に大きな変化があったけど、それ以降は大きく言えば変化はなだらかだったと思います。二〇年は経っているんですけど。そのことと関わってくると思いますが、現在の家族、母子関係については、どのようにお考えですか。

山田　大ざっぱなことを申しますと、父母という関係で言えば、父親的なるもの、超越的なるものに対して、日本は戦争直後から非常にアレルギーを起こした社会だったと思うんですね。母親を中心に生活もできてきたし、文化も母親にスイッチした。言い方を変えれば、見田さんの『自我の起原——愛とエゴイズムの動物社会学』（真木悠介名義、岩波書店、一九九三年。のち、岩波現代文庫、二〇〇八年）のネーミングに従えば、「生成子」、つまり遺伝子的な母の愛というような形で、六〇年代くらいまでは来ることができた。ところが、それ以後、個の確立という思いが育ってきて、母親のエゴというものが出てきた。その母親のエゴと遺伝子的な愛と、両方が支配するようになって、より母性的な社会になってしまった。見田さんの本に示唆されてのことですが、そういうふうに感じるんですよね。

経済的には父親がばりばり働いていたのですが、経済というのは結局「生成子」の生存に関わることで、超越的なことではないんですね。ですから、経済の範囲では父親もがんばれるんだけれど、そこから飛び立つような超越性は、父親もついにもつことができなかったと思うんです。母性を否定して、いわば「生成子」の生存を大前提にさせない超越性をもてなかった。そのことが、さまざまな問題を生んできたのではないでしょうか。

「お母さんだけはいやだ」のリアリティ

見田　一つには、動物的な母子関係の核みたいなものが、どうしようもなくあるわけです。もう一つは、社会構造とか文化としての面があって、今おっしゃった母親のエゴとかもある。一方では、女性も近代人として、個の確立、自我の確立を目指すようになる。しかし、この文化としての面の内部で、これとは反対に、母親の「自我の確立」を抑圧するような、例えば「日本文化論」的な規範も同時に強くある。この三つの、自然としての力と、社会構造的な必然と、文化の慣性や再生産みたいなものとが、お互いに対立しながら、その対立が結果としては補強し合って、現在の日本の非常に強力で伸縮自在の母性権力のようなものが合成されていると思います。

けれども、その内部に本当は矛盾があって、そこから出てくる複雑な問題が山田さんの作品にもいろんな形で出てきていると思うんです。『岸辺のアルバム』を一つの元型として見ると、母親が父親以外の男性を愛するということについて、息子の繁《しげる》が、一般論としては一夫一婦制にこだわるつもりはない、「だけど、お母さんだけはどうしてもいやなんだ」という場面がありますね。そこは非常にリアリティがある。そのリアリティはどこから来るんだろうか。

つまり、家族というものが今後どうなるか、解体するのか、永久に残っていくのか、その中間なのか、それは誰にも分からない。ただ、壊れていくという論理的可能性はあると思います。

でも、実際壊れかける場合には、そう簡単には壊れないところがあって、その核には動物的な母子関係みたいなものがあるのではないだろうか。繁の母親への感情、思想としては一夫一婦制がなくてもいいが、自分の母親はどうしてもいやだ、という感情の根っこには、動物的なものがあると思う。そこが面白い。つまり、人間は基本的には、社会の形でも人間関係でも、どんどん変わって適応するけど、それでも何か変わらないものがあるのか、ないのか。つまり、文化の「常数C」というか、「自然的」なものがあるのか、それともないのか、ということを考える場合、母子関係のあのエピソードは一つのポイントだと思うんです。

山田　確かに、ある年齢までは生成子的な関係を受け入れないと、生存を脅かされてしまう。それに逆らってまで、母子関係を若い時から壊そうとするのは、どうでしょうか。見田さんもお書きになっていますが、そこまで組み入れた上で人類を滅ぼしてしまうと思っている、DNAの手の込んだ計画なら別だけれども（笑）。

ふつうに言えば、母子関係は年齢によって変わってくると思うんですね。幼児の場合と一〇代後半ぐらいからでは、当然変わってくる。その時に母親が、ここでもう子どもは離れていくんだ、というリアリズムを受け入れられるかどうか。しかし、母親としては、一歩も二歩も後退して「さあ、あなたは私の手から離れなさい」と言うことがなかなかできない。なぜかと言えば、一つは母親がやはり個の確立をしてしまい、そしてその個の拡張が広く社会の中で羽ばたけないために、不自然に強く子どもに及んでいるからでしょう。子どもが生成子的な母性を必要としなくなったあと、母の個の行き場所が狭い。その皺寄せが子どものほうにいっているのでしょうね。

見田　過剰な皺寄せが。

山田　母性を脱して、女としての個の確立欲はあるんだけれど、それを社会が満たしてくれない。まだ男性社会ですから。

見田　男性は社会的なアイデンティティを求めやすい。今の日本社会では。けれども、女性の場合、それができなかった時に、子どもにアイデンティティを向ける。

山田　母親が子どもに痕跡をいつまでも残しておこうとする。今、母性と「女性」性というような力が非常に強くなってきているから、男の子が飛び出せない。飛び跳ねられない。母性から抜けるための一つの契機としての性欲が衰えてきている、という話がありますね。それは、そういうお母さんたちの強い力が影響を与えているのではないでしょうか。

「喧嘩をしてはいけません」という抑圧

見田　アメリカなどでは、どうなんでしょうね。例えば、さっきの繋がお母さんが不倫するのだけはいやだという話は、アメリカだとどうなるんでしょう。何回も結婚して連れ子がいる。例えば、四人子どもがいるけれど全部お父さんが違って、父親のほうにもまた連れ子がいて家族を作る。そういうのが、だんだん多くなっている。すると、物心ついた頃から、母親が別の男性といることに慣らされる。それが幸福なことか不幸なことかは別にして、それが現実になってきているアメリカでは、母親というものはどういうふうに見えてくるだろう。

山田　それは慣れの問題もかなりあるので、平気になってしまっても不思議ではないと思いますけれど。ただし、うんと幼児の場合は平気かどうかは分かりませんが。

見田　人間というのは、すべてに完全に慣れてしまうのかどうか。それは問題としてありますね。

山田　意識の上でも、どうしても慣れない部分というのは確かにありますね。

見田　直感的に感情的におかしいと思ったとしても、結局は何も言わないほうが大人の知恵だという感じで、日本の家族や社会が表面上スムーズに成り立っている。そういう点を、山田さんは鋭くお書きになっています。その場合に、だけど最終的には抑えきれないものがあるんだ、というのが『岸辺のアルバム』などのテーマの一つになっていると思います。

そういうようなことが、例えば純粋アメリカ化したような社会になったら、どういう形で表れるのか。アメリカの場合は、日本人よりももっと意識的に家族というものを考えますね。

山田　かなり意識的ですね。家族を維持しようとして、かなり無理をしている、という印象もありますね。そこにアイデンティティというか根拠地を求める思いは、日本人より強いのではないでしょうか。

見田　例えば中産階級の知識層なんかだと、そうでしょうね。けれども、例えばハーレムの黒人とかスペイン系とかのストレートな人たちは、離婚結婚を繰り返すことで、積み重なる経験の地層の活断層みたいなものも素直に爆発させる。そういうところで、すさまじいドラマが出てきている。

山田　「虫が好かない」というような、どうにもならないものをコントロールしたくない人たちですね。

見田　ついこのあいだ、母親の愛人が一〇歳の女の子を陸橋から高速道路に突き落として殺した事件が日本でもありましたね。ああいうものはアメリカではよく起きているのではないかと思います。家族のそういう感情はどういう形で出るのだろうか。

山田　生成的な母性は、多くの場合、家族は維持していたほうがいいわけですね。ところが、離婚したりして家族が壊れた場合、それでもやはり維持するんだ、という意識を強くもつためには、超越的なものをもつ訓練をしていないと維持できないでしょうね。そういう意識が非常に母性社会ではもちにくいと思うんですね。非常に生成的に家族を作っていって、それが壊れたとき、それでもなおかつ自分を抑制して秩序を維持するためには、ただ生成的では難しい。何か超越的なものが欲しいという欲求、それを父親的と言っていいかどうか分かりませんが、そういうものをもちたいんだけど、今の父親はそれを提供できないでいるのではないでしょうか。

いわば母性の範囲で「そんなに揉めることはないでしょう」とか「温和でいましょうね」と言って

いるうち、どんどん平穏の価値ばかりが高くなってしまってきて、平穏であること自体が価値の高い社会になってしまった。ちょうど長生きの価値が高いと言っているのと同じでね。どういう長生きか、という質の問いかけがない。「おまえの長生きの仕方じゃだめだよ」という言い方が少ないのと同じで、平穏な家族ならとりあえずいい、ということになる。その抑圧は、すごく強くなっている。

平穏な家族を維持する、父親を含めた母性の世界から飛び出そうとするのが、やっぱり宗教、オウム真理教みたいなものとか、超越的なもの、家族から飛躍できるものとしての宗教という形になっている。もちろん、それは社会運動や政治運動みたいなものでもいいんだけど、そのへんは今まったく相対的になって熱度を失ってしまっているから、信仰とか、そのくらいの強いバネがないと飛び出せなくなっていると思いますね。

父親の前に立ちはだかる母親と商業文化

山田　母親がもっている生活実感というのがあると思うんです。でも、生活実感が万能であるはずはない。世界的に見れば、生活実感を根拠にするのは唾棄すべきものだ、という考えは、いっぱいあるわけです。でも、そういうものは、ほとんど影を潜めてしまって、テレビは商業主義で生活実感派を否定しない。僕は以前、小市民生活をうんと批評するドラマを書こうと思って、けっこう意気込んで書いたことがあるのですが(『早春スケッチブック』大和書房、一九八三年。のち、新風舎文庫、二〇〇三年)、視聴率が低くて、息も絶え絶えで終わりました。生活実感派、小市民派に対して超越的世界を差し出す父性というのは、ほとんどリアリティを失っているんですね。仮にあっても、商業文化の中では抑えられてしまう。せいぜい趣味的な部分ですね、幻想文学で逃れるとか。

見田　なるほど。

山田　そういうところで、小市民万歳を切り崩すところを探さないとね。あからさまにニーチェみたいなふうな形で出ていくとコテンコテンに叩かれてしまう（笑）。でも、実は超越的なるものを必要としている社会だと思うんですよ。だから、いったん火がつくと、ドドッと小市民否定にも行きやすい。ガラッと変わる怖さがあると思いますね。

見田　しかも、生活実感の中身自体は空洞化している。

山田　そうなんです。ですから、生活実感を根拠にするといったって、そんなに生き生きした生活実感じゃないわけです。

見田　今の話とつながると思うんですけど、アメリカ人の場合は、どんどん家族を作り直しているわけですね。日本の場合は、そういうふうにはならなくて、山田さんがおっしゃるように母親を中心にした平穏というか、形だけ保つようになっている。アメリカ人の場合は、第二次の家族というか、一回幻滅したあとに来る家族をシニカルに作り直して、何回も作っているように日本人の目には見えるけど、実際のアメリカ人というのは、そのつどロマンチックな感じがしているように見える。例えば、何回も結婚しているアメリカ人から手紙が来るとすると、そのたびに「今度は本当に素晴らしい人と出会った！」とか書いてある（笑）。こっちは、あ、また、と思うけど（笑）。アメリカ人は、第二次家族をそのたびに第一次の家族のように大事にして、でも、なかなかそうはうまくはいかないので、また壊れてしまったりする。日本人は、第一次家族に幻滅しても、表面上は保つ。

言ってみれば、第一次家族をそのまま第二次家族にするでしょう。いったん諦めたところで、でもここまで来たら、もうこのメンバーでいこう（笑）。メンバーは同じで、規約だけを変える。いわば第二次の家族として、平穏でいこう、という感じでね。先ほどおっしゃられた表面だけ平穏を保つというのかな。

山田　その抑圧はきついですよね。ただ、これから長生きするようになって、子どもが結婚して出ていって、もう一度、二人きりになるとか、そういうことで家族が持続しているうち、内面的にも家族が回復したりする。必ずしも壊れたまま偽善的に生きているわけではない関係も出てきている気もします。

見田　そこが面白いところですね。

山田　日本的なあり方は、運命を信じるというか、御縁を信じるというか。どんどん生活条件を改良していけば幸福に至る、というアメリカの考えがあるけど、男女の出会いというのはそんなにたくさん試みることができないわけで、ある程度、運命的なものとして受けとめていることのリアリティはあると思うんですよ。

見田　そうですね。

山田　もちろん、アメリカ的か日本的かと二元的に分けることはできませんけど。日本的な関係は愛が冷めたら別れる、というようにはすっきりとしないけど、かなり人間の実際に即しているというか、アメリカに比べて嘘が多いといったものではないと思うんですけどね。

この頃、休日なんか、ハイキング・コースふうのところを歩いていると、本当に老夫婦がたくさん歩いていますね。それも形だけ整えているのかもしれないけど、少し定年後の生活を何とかしようという意識的な努力みたいなものは始まっているような気がしますね。

見田　少し前ですけど、家族とか夫婦の満足度についての調査がありました。結婚して二〇年とか三〇年経っている夫婦の場合、アメリカの場合はほとんど横這いなんですが、日本の場合、満足度がはっきり低くなるんですね。低くなるというのは、アメリカの場合、低い場合、離婚してしまうからなんです。だから、幸福な人たちだけが残っている。日本の場合、不幸な人でも離婚しないから統計をとると、そういう結果が出る。ただ、おっしゃるように、そこで変わるという人もいる。

例えば『岸辺のアルバム』の最後で、やっと建てた家が川の氾濫で流されてしまったようなことです。第一次家族の夢を懸命に保とうとする繋のけなげを無残に押し流していく関係の力学があって、この関係の力学の背後には、構造の力学というか、企業の至上命令とか、国際競争とか、いろんなことがあるんですね。ところが、夫が定年になってリタイアすると、その圧力がなくなってくる。押し流した力自体が押し流されてしまう。あるいは、押し流してきた力自体から、自分が押し流されてしまう。そこで、もういっぺん憑きものが落ちたみたいに余裕が出てくる人たちがいるでしょう。

オウムは第ゼロ次家族

見田　社会的な区切りとして考えると、今のオウムの事件は一九七一、二年の連合赤軍事件と似た面があると思うんです。連合赤軍と考え方がまったく違うものを含めて、ラディカルな社会運動に対して市民社会のガードが堅くなり、若い人も熱が冷めていく、ということがありましたね。あれで一つの時代が終わった。芸術的な形態、非暴力的なものを含めた、真面目にラディカルなものを追求していた人たちを巻き込んで、社会全体がクールダウンした、というところがありました。そして、現実に今、政治や社会運動はほとんど魅力をもっていない。今度のオウムには、そういう状況の中で生まれるべくして生まれたところがあると思うんです。

友人で真面目にヨガとかメディテーションをやっている人がたくさんいますが、彼らにとっては非常に迷惑な話なんですね。市民社会のガードが、そういうものに対して堅くなっている。国家権力が何をやっても、いちおう了解される、という雰囲気になってきている。まったく関係ないものまで巻き込んで、社会全体がもう一度クールダウンしている。山田さんが今オウムという現象についてどうお考えになっているか、聞きたかったんです。家族の問題とか、いろんなことをお考えになっていると思うんですけど。

山田　結局、家族的なるものを否定しているわけですよね。日本に限らず共同体が壊れてくると、ああいった、もう一回共同体を作りたい、再編したい、という気持ちは、いろんな形で出てくるのでしょうね。その一つの表れだと思うんです。そして、その共同体がカルト的に内部だけで自己完結していればいいんだけれど、それだけでは認知された気分がしないというのか、広く社会に認められたい、と思ったんじゃないですかね。人工的に共同体を作ろうとした。一種のファシズムだと言っていいのでしょうか。

見田　『岸辺のアルバム』でいうと、例えば繋が家族の共同体というものを、最初は本物を維持し、再生しようと思ってやるわけですが、それがさまざまな関係の力学でだめになる。その時に「哀

1967年　わが子四人に万引きさせた母二人の姉妹逮捕▶リカちゃん人形発売
1970年　初のウーマン・リブ大会東京で開催
1971年　第二次ベビーブーム（〜1974年）
1972年　アジトを追われた新左翼セクト連合赤軍のメンバーが、軽井沢のあさま山荘で籠城、10日後の警察部隊突入・人質救出の日には、NHKが約11時間生中継▶赤ん坊を殺しコインロッカーに遺棄する事件続発
1973年　希望する夫婦に新生児を斡旋の医師、告発へ
1975年　小学生の6割が塾通い、「乱塾時代」
1976年　家庭用VTR発売開始▶排卵誘発剤で五つ子誕生▶戦後生まれが人口の過半数に
1977年　『岸辺のアルバム』（TV）▶暴力をふるう進学校高校生の一人息子を絞殺した父が自首▶翌年母親が「責任は自分にある」という遺書残し自殺
1978年　イギリスで世界初の体外受精児誕生▶ファミリーレストランが盛況、外食一般化
1980年　二浪の受験生が金属バットで両親を撲殺▶校内・家庭内暴力が急増
1982年　内縁の夫に金を要求された母親が、小1の息子を保険金殺人▶紙おむつ「ムーニー」大ヒット
1983年　『早春スケッチブック』（TV）▶日本初の体外受精児誕生
1984年　働く主婦過半数に
1985年　交通事故の児童が輸血を信仰上の理由から両親に拒否され、死亡する▶全国でいじめ横行▶育児雑誌ブーム▶林郁『家庭内離婚』刊行
1986年　慶大、人工受精で女児産み分け成功
1987年　逃亡中の母、未就学の8歳の息子を交際相手との同居に邪魔と殺す
1988年　タレントのアグネス・チャンが子連れ出勤、「アグネス論争」▶子どもの人口が全体の2割切る
1989年　東京歯大病院で、凍結受精卵を解凍して体内に戻した女性が出産
1990年　初婚年齢世界最高水準に、男28.5歳、女25.8歳
1991年　子どものいる家庭4割切る
1992年　『丘の上の向日葵』（TV）▶育児休業法施行
1993年　不妊を苦にした夫婦が、生後3日の赤ん坊誘拐、のち無事保護▶出生率過去最低の1.46に
1994年　『家なき子』（TV）▶「ヤンママ」社会現象として話題に
1995年　オウム真理教信徒の子ども、児童相談所などへ保護

戦後50年・家族の事件史

1945年　敗戦▶孤児激増で「浮浪児狩り込み」
1946年　男女平等を規定した日本国憲法公布▶第一次ベビーブーム（～1949年）
1947年　男女共学を定めた教育基本法、姦通罪を廃止した改正刑法、家制度を廃止した改正民法公布
1948年　母子手帳配布開始
1949年　この年、専業主婦の平均家事時間は10時間16分（1973年には7時間48分。家事時間の短縮）
1952年　優生保護法の中絶条件緩和
1953年　テレビ本放送開始
1955年　主婦の社会進出めぐる「主婦論争」▶第1回母親大会開催▶電気釜発売、家庭電化時代到来
1956年　婚約者に大家族を嫌われた長女が、ひと間に暮らす母と弟三人を心中に偽装して青酸ジュースで殺害
1957年　島倉千代子「東京だよおっ母さん」▶初の「ニュータウン」完成
1958年　インスタントラーメン発売▶大学教授の妻と東大生の次男が暴れる長男を絞殺、のち不起訴
1959年　皇太子明仁、正田美智子と結婚、パレード中継視聴のためテレビの売れ行き倍増
1960年　ダッコちゃん人形ブーム▶浅沼稲次郎委員長刺殺事件契機に「子どもに刃物を持たせない運動」始まる
1961年　深沢七郎の『風流夢譚』を問題にした右翼による「嶋中事件」起きる▶浅沼事件を題材にした大江健三郎の小説「セヴンティーン」、「政治少年死す」、右翼団体の攻撃を受ける（「政治少年死す」は単行本未収録だったが、『大江健三郎全小説』第3巻（講談社、2018年）に収録された）
1962年　中尾ミエ「可愛いベイビー」▶テレビ普及率約50%▶「三種の神器」都市世帯での普及率、白黒テレビ80%、電気洗濯機60%、電気冷蔵庫30%
1963年　梓みちよ「こんにちは赤ちゃん」▶夫婦共働きの増加で「カギっ子」流行語に
1966年　10歳の長男を使って慰謝料・保険金を詐取していた「当たり屋」の夫婦が大阪で逮捕される▶丙午で出生率前年比25%減

愁」という女の子が現れて、繁と付き合うようになりますが、例えば彼女がオウムだったり、オウムの人が繁の前に現れれば、そっちに行ったかもしれない。

山田　それはありますね。オウムの子どもたちが内部ではろくに面倒を見てもらっていないというので児童相談所に預けられたとき、所長さんは「みんなファミコンやって楽しんでいます」と言っていました。それが幸福だというイメージが所長さんにはあるのでしょうが、だいたい、その親たちは、その種の幸福に満たされなくて、オウムというようなものを求めたわけですね。ところが、子どもをもう一度こちらに連れ戻して、これが幸福ですよ、と言ってみても、これはやっぱりもう一回、再生産することになるでしょうね。

見田　オウムに流れた力学の出所みたいなものは変わっていませんね。これも『岸辺のアルバム』で言うと、姉の律子は、少なくともこの話に出てくる年齢の頃には、すでに家族に対して醒めているところがある。母親にも父親にも醒めている。そして、アメリカ人に強姦されたりして挫折して、突然、英文科から家政学科に行きたい、と言い出したりする。そのあと、凡庸な学校の先生と急に結婚しようとする。そのパターンというのは、実際によくあると思うんですね。

そこで作られる家族というのは、いわば第二次の家族ですね。第一次の家族は幻想をもった。幻想を悪いことだと僕は思っていませんが、そういう家族ですね。それに対して、家族を本源的に諦めて、幻想も捨てた第二次の家族があると思うんです。ところが、第二次の家族のほうが、もっと本物に思えてくることがあるんですね。そのへんの関係の中での心の動きは、まさに山田さんの独壇場で、よく描かれているところですが、そこで人間はすべてシニカルになるかというと、必ずしもそうではない。非常に醒めたものを心の真ん中にもちながらも、実はこの人は素晴らしいんだと、本当に思うことがあるわけでしょう。例えば、第二次の家族がオウム真理教であった場合、これはもう第一次の家族以上に素晴らしい「本物」をつかんだんだ、と思うことがあるわけです。いわば第ゼロ次の家族になってしまう。オウム真理教の力学には、そういうところがある気がします。

実際、第二次の家族のほうが本物なんだという場合もあって、そこで本当の恋愛が始まったりもするし、それが宗教になることもある。山田さんが描かれているような家族の位相の中で考えると、そういう気がするんですね。第ゼロ次に化けた第二次の家族みたいなところがある。

機嫌のいい家族の不気味

山田　そうですか。自分の作品について、そういうふうにはちょっと思っていませんでした。以前、『岸辺のアルバム』に出演した人たちが集まったことがあるそうなんです。僕はいなかったんですけど。そこで、俳優さんたちが、あの頃の家族は実に不機嫌だったなあ、と言ったそうなんです。全体に不機嫌というか、怒っているというか。母子関係で言えば、お母さんも子どもも不機嫌だった。今はみんな機嫌がよくなったね、と杉浦直樹さんなんかが言って、みんなでそうだって共感したという話を聞いたんです。

見田　面白い。そして、不気味な話ですね（笑）。

山田　そうなんです。機嫌がよくなった分がオウムにつながったというのかなあ。つまり醒めていて、いまさら争ったり、「お母さん不倫はだめだ」とか、言わなくなってしまった。いわば見田さんのおっしゃった第二次の醒めた家族を形成して、それは表面は昔よりずっと機嫌がいいんだけれど、実はものすごく内部に、人によっては、諦めがあったり、否定性があったり、超越的なるものを求めていたりしている。

見田　八〇年代というのはそういう感じがしますね。

山田　そのあたりから機嫌がよくなった。

見田　ぼくの業界の話をすると、八〇年代には「疎外論批判」というのが流行ったんです。ゼミでレポーターの学生が、たとえばなにか「本来の」あり方みたいなものを前提して、それが現在失われているという言い方をすると、「それは疎外論的な発想だ」という言い方でみんなにやっつけられる。そういうパターンが流行ったんです。

『岸辺のアルバム』で、テレビの時は気がつかなかったんですが、小説で読んだ時に、はじめのほうで、母親の則子が「本来はもっと真実の家族があるはずだという気がする」ということを心の中で思うところが二ヵ所ありますね。片方は「本来は」とカッコに入れて、片方は本来、とカッコに入れないで言っている。そのへんの微妙なところがあると思うんですね。

例えば、一人の青年が「本来」というと、それに対してそれは「疎外論的発想」だとクールな人が批判する、というパターンがあった。それは、どっちが正しいといってもしようがないんじゃないかと思います。例えば、本来はあるはずだとどうしても思えることのリアリティがあるわけでしょう。それが大事だと思うんですね。それに対して批判する側が、もともと真実のものなどないんだ、美しい共同体なんて幻想なんだ、ということを歴史的に実証してみたりしても、そういうこととは別のところに、現在見えているもののリアリティの水準がある。
山田　それがイリュージョンであったとしてもね。
見田　幻想の真実性、あるいは夢の真実性がある。それを批判する側と実証的にどちらが正しいかわからない。同時に「疎外論批判」をする人がなぜ批判するかというと、批判したいことのリアリティがあると思うんですね。どっかで回復不能な傷を負った姉がいるとすると、「本来」を信ずるナイーヴな弟の健康さに苛立ってくる。「あんた馬鹿ね。何も分かってていやしない」と、本当に腹がムラムラと立って、言わずにいられなかったりする。
山田　なるほど。
見田　本来、人間にはあるはずだと思える人の……。
山田　楽天性に腹が立って批判する。
見田　そう。一方で夢のリアリティがある。他方で、なぜかやっつけたくなる、批判するリアリティがある。このリアリティの対峙する水準できちっと捉えないと、現在の日本の社会のリアリティは捉えられないいんじゃないか。
今、本来あるべき家族の姿というようなことを言う人はいるんだろうか。
山田　漠然と納得しているイメージで言っている人は多いと思いますね。それは西欧が作った近代家族の理想型ですね。非常にジェンダーがはっきりしていて、お父さんは働きに出て、お母さんは家庭を守って、子どもたちは父親を尊敬して、というモデルがありましたね。そういうものを「本来」だというかどうか。ある時代の家族を想定して言うか。どちらにせよ、そんなに楽天的に「本来」とは言えなくなってきている時代ですね。

見田　そのどちらでもなくて、例えば繁が「本来の」家族というものを無意識に求めて、母親のことなんかも悩んでいると思うんですけど、それは近代家族の「本来」ではない。

山田　そう、非常に生成的なものですね。

見田　前近代的なものでもない。やっぱり、みんなが本気でぶつかり合ったり、ものを言い合うようなものを本来性として求めているところがあるのではないでしょうか。

山田　『岸辺のアルバム』の場合は、もう時代がずれていることもあるんです。どうも話題にされると恥ずかしいのですが、つまりあの家族の父親は、笑顔でみんなが集まった、実に稀なる瞬間の写真を撮って、そこばかり貼った、いわば嘘のアルバムを作るわけですね。そんなことはほんとに稀にしかないのに、アルバムの中では実に仲がよさそうに写っている。それはインチキなわけですね。それを息子が怒るのだけれど、今は子どもたちのほうも諦めてきた。父親にぶつかるということさえしなくなった。それで済めばいいんだけれど、済まなくなっていると思います。

見田　そうですね。

山田　みんな相対的だというふうな、例えばリゾームというようなものの考え方が流布する。それはちょっと老人の知恵みたいなところがあって、フラストレーションを若い人に作ってしまうところがあるような気がするんですね。そこへ非常に馬鹿馬鹿しいけれど、絶対的なるものを提示されると、パッとそちらに行きたくなる。論理でぎりぎりとやられているとき、非論理の魅力というのはありますね。エスニックなものが流行り出したりするのは、西洋的な理詰めの文化みたいなものからズレたい、軽やかにズレた世界に接する快感だと思うんです。そこでは、今まで大きな問題だったことが、何の問題でもなくなってしまっている。宇宙のリズムを聞いて、それに身体を合わせていればいいんだ、というような。それじゃあ何を今まで議論していたんだろうと思うくらい話が簡単になってしまうところが、メディテーションなんかにもありますね。こんなに簡単にしてしまっていいのか。いや、簡単でいいんだよ、と言ってくれる人は、そこに集まった人だけで、外に行けば、そんなことは誰も言ってくれないのだけれど、みんなでメディテーションしてると、宇宙のリズムに合わせて息をしていればいいとか、過去はもうどうでもいいから現在をプラスに考えようとか、本当に二つか三つのキーワードで何だか幸福になったような気がするんですよ。でも、社会というのは複雑性をきっちりもっていて、そんな簡単に動かない。

そういうことで、カルトみたいなものが小さくいっぱいできてきたんじゃないか。それの一つがカルトでは済まなくなってきた。マンガの世界に没頭していた人が、その外側に別の世界があることに我慢できなくなって外側もマンガにしたのでしょうか。布教の情熱とも言えないし、何なんでしょうね。

家族のことはテレビと映画で教わる

見田　オウムに惹かれかけた人が相談に来たことがあるんです。僕は社会科学系なので、ふだん付き合っているのは人文社会系の学生が多いんですが、相談に来たのは今考えると全部理科系の学生なんですね。

山田　そうですか。

見田　なんで来るかというと、世間で言われているとおりで、書いてあることが面白いので、ちょっと行ってみた、そしたら自分の膝も浮いたとか（笑）、教祖はすごいと言うので、どんなものでしょうと相談に来るわけです。でも、ぼくもインドに行ったりしてますけど、そのくらいのことは何でもないんですね。ヨガなんかちょっとやれば、日本人から見て不思議なことはすぐできるようになるし、大したことはない。だから、学生には、きみが言ったことは疑わない、本当だと思う。たぶん浮き上がったりもするだろう、だけどそれがなんなんだ、と言うんです。空中浮遊したから人が救えるわけでもないし、第三世界の飢えがなくなるわけでもないしね。きみが言ったことは疑わないけれど、それは大したことないことなんだ、と言ったんですね。その後、思いとどまったか、入信したのか、来なくなったから分かりませんけど。西欧近代的な見え方だけでずっと育ってきたから、ちょっとその外部のリアリティに触れると世界観が崩れてしまうんですね。オウムに理科系の人が多いのは、とても納得できるんです。

山田　とても他愛ないことに感心して、全部ががらがらと崩れる、という感じは分からなくはないですね。

見田　近代の自然科学の認識の体系というのは、世界を構成するごく一部だと僕は思いますが、それが全部だと思ってきたことに原因があるんです。ちょっと外部のことに触れると、なんかすごい教祖みたいに思ってしまう。そういうメカニズムがオウムにはありますね。オウムに入った若い人なんかの経験を聞くと、経験に弱いということがありますね。生の、リアルな体験をしないで来ているものだから、逆にちょっとした生の体験があると、ころっと参ってしまう。
山田　経験そのものが非常に奪われているんですね。
見田　薄いというか。
山田　最近「映画で人生を知った」という意味のタイトルの本を見ましたけど、映画だけじゃなくて、テレビだって人生を教えてくれるわけです。家族のことだって教えてくれる。でも、映画とテレビだけで教わった人生じゃねえ……。
見田　少女コミックと。
山田　それだけじゃ、匂いも手触りも何もない現実ということになる。でも、不可避的にそういう形でしか現実を覚えられなかった。それは無理もないと言えるわけですし、われわれの世代だって、今やそういうところがある。

生々しい母親は困る

見田　テレビというのは、お茶の間メディアと言われて、お茶の間で見ていたわけです。ところが、最近はテレビがだんだん個室化して、自分の部屋で見るようになりましたね。
山田　パーソナルになった。昔のように家族でテレビを見ることはなくなりましたね。
見田　そのことによるテレビドラマの変化というのは、どういう形であるのでしょうか。
山田　今、テレビドラマは非常に限定された年齢層を相手にしていますね。
見田　ハイティーンなどは、あまり見ないんですか。

山田　見るのはＯＬ、二〇代ぐらいの女性ですね。もう圧倒的に女性ですよね。テレビドラマは女性を相手にしたメディアになってますね。

見田　アパートとか、そういうところで一人で見るのですか。

山田　少なくとも家族とテレビドラマについて話すということはなくて、むしろ同年輩の友だちと学校や会社でしゃべる。そういう形の使われ方、見られ方をしていると思うんですね。そういうところでも、母子関係は変わっている。この頃のテレビドラマでは、お父さんお母さんというのは、ほとんどコメディ・リリーフみたいな役どころで、実態を描こうなんて気は作者にもさらさらない。

見田　バックグラウンドというか、舞台装置ですね。

山田　イメージとしての母親であり、父親になってしまっている。

見田　あまり個性的なお母さんが出てきても困るのかな。浅野温子が出ていた『ママハハ・ブギ』なんて、明るいママハハ関係というか、面白かったですけど。

山田　おかしければいい、みたいなところがありますね。つまり、そこで生々しいリアルな母親父親が登場すると、慰められなくなってしまう。わが家を見るような気がすることは不愉快なことですからね。

見田　テレビでまで見たくないとか。

山田　だから、テレビはリアルに家族を描こうという気持ちをだんだんなくしてしまっている。まあ、昔でも『岸辺のアルバム』の母親をやった八千草薫さんなんて、普段でも髪はセットしたてのようで、ああいう人は実際にはいない（笑）。今は、もっと現実から離れている。それをリアルじゃないんだと受け取ってくれればいいんだけれど、よその家では実際にこうなんだ、と思われてくると困ってくる。人生を学んだりする子どもがいるわけですから。

見田　テレビが「家庭の幸福」のイメージを作る。

山田　テレビの現実感に与える影響力は思っている以上に大きく、深刻なもので、作り手はかなり注意深くなければいけない時代になってきていると思いますね。昔は、あれはお話だよ、という認識が当然のごとくあったから別に問題はなかったんだけれども、だんだんそうじゃなくなってきて、テレビで人生を学ぶのですから、由々しきことですよね。それで結婚すると、相手には匂いもあれば、手触りもある。髭は痛いし、汚すし、これは非常に特殊な人じゃないか、と思ってしまう。そこで現実に気がつくというのなら、まだいいのですが、現実感のない自分のほうが正しいと思ってしまう（笑）。不思議な倒錯が起きてきている。

見田　オウム真理教ですね。

母子関係とゴミ処理場

山田　結局、実体験の幅も厚みも種類も少ない時代になってきたんでしょうね。その上、母親が家庭で力をもっている。母親のリアリティの範囲では、まだ学校信仰も会社信仰もあって、そこに合わせて生活をする。そのために勉強しなさい、努力をしなさい、と言うし、ケアもするけど、でも、雑巾がけしなさいとは言わないですね（笑）。雑巾がけというのは喩えですけど、雑巾がけをしないのは目先の役に立たないからでしょう。勉強のほうがすぐの役には立つと思っている。そういう母親の力は相当なものです。
見田　しかも、きょうだいが少ない。
山田　現実の人間と接する機会が少なくなって、ますます現実から遠ざかる。僕自身でも、シルヴェスター・スタローンやアーノルド・シュワルツェネッガーの映画が好きで、わりあいよく見るんですけど、そういうのをしょっちゅう見ていると、少しくらい殴られても平気かな、という気がしてきます（笑）。でも、実はそういうことはないんで、だいたい一発殴られても、まず精神が傷ついてしまって、幾日か立ち上がれないでしょう。ところが、何度も繰り返して見ていると、リアリティのないそういう感覚を、いつのまにか小量にせよ実生活に組み入れているんですよ。
それが暴力なら、分かりがいい。だけど、そうでない部分、例えば人と和解しなければならないとか、嫉妬とか、いろんなことが人生にはあるけど、映画やテレビを見て、相手というのはそれほど傷つかないんじゃないか、と思えてきたりすると、これは本当に怖い。実際は、好きな女の子をとられたりすれば、簡単に握手できないですよね。でも、ドラマなんかでは、ＣＭが終わると、すぐに握手してしまう（笑）。
見田　そうですね（笑）。
山田　殴っても、ＣＭが終わると、バンソウコウが申し訳に貼ってあるぐらいに治っている。
見田　コミックでは、殴られた次の瞬間に、もうバンソウコウが貼ってある（笑）。
山田　子どもは、小さい時から、そういうことを吹き込まれて、手触りの多くの現実から遮断されている。

見田　しかも、実際には殴られる機会は少なくなっている。
山田　ほとんどない。
見田　学校でもそうですね。ケンカを抑圧するから「いじめ」になってしまう。
山田　まあ、大人の世界も同じで、文学者でも、戦後問題を起こした文士というのは見捨てられたでしょう。例えば、深沢七郎さんを支援しなかった。大江健三郎さんだって、「セヴンティーン」、「政治少年死す——セヴンティーン第二部」（以上、一九六一年）の頃は支援されなかった。そのあたりは「いじめ」と同じメンタリティですね。右翼が、学校で言えばいじめる奴で、いじめられた深沢七郎さんがいて、まわりは知らん顔をしている。そこでの高い価値は何かといえば、平穏なんですね。それは、結局、生成的、遺伝子的な母性から出た価値観と言っていいのではないでしょうか。そして、それに対抗するのは、父性というか、小市民社会から飛躍するようなもののはずなんだけど、それがほとんど力をもっていない。生活実感を根拠にすれば、だいたいのことは間違えない、という人がいて、今はそういう人が強い勢力をもってしまっている。生活実感で言えば、隣りにゴミ処理場ができるのは困るから、当然反対するし……。
見田　遠くならいい（笑）。
山田　と、なりますよね。

母親によるマインド・コントロール

山田　父の役割というのは、生来的にはないのかもしれないけど、今は必要としているんじゃないか。それなら意図して父性を作ろうじゃないか、という欲求はリアルじゃないか、という気がする。例えば、神戸でボランティアをやりたい、とみんな言ったりする。あれは家族関係ではない世界、別の人間関係を求めているとでもありますね。認知されたいという欲求は、親が見ていれば満たされるというものではない。やはり、もっと社会的に自分を認めてくれる人を欲している。そういうことを含めて、動物的な母子関係だけではないものを、何か欲している。ただ、生成的な関係と違って、後天的な関係は非常にヘンな方向にいく危険性ももっている。

見田　そうですね。

山田　本当かどうか分からないけど、ヘリコプターでサリンを撒いてしまおうとか、そんなプランがあったと聞くと、われわれもとても相対的な世界にはいられない。それもあるね、なんて言ってられない。公安もいいよ、と言わざるをえないところに追い込まれていく怖さがありますね。

見田　フィクションとか情報の中で生きて自己増殖していくんだけど、それが実際には外の世界を巻き込みますからね。でも、ナチズムなんて、もっと大きな規模で、そういう幻想をもっていたわけでしょう。だから、ユダヤ人を何人殺しても平気だった。天皇制だって、そうだった。あの頃は、一億総マインド・コントロールだったわけです（笑）。ある意味では、オウム程度のものが出てきて、いろんなことを学んだというのは、もしかしたら、まだよかったかもしれない。あれが、いきなりもっと大きなスケールで出てきたら……。

山田　大変なことになったでしょうね。亡くなった人たちがいらっしゃるので不謹慎なことになりますが、そういう犠牲を無駄にしないためにも、やはりあそこからたくさんのことを学ばなくてはいけない、という気がしますね。

見田　今、ナチズムとか天皇制を言いましたけど、基本的には、戦後民主主義だって——被害はそれと比べれば、はるかに少ないけれど——マインド・コントロールと言えるし、今の僕たちだって何らかのマインド・コントロールの中にいるわけです。人間というのはマインド・コントロール内存在だと思うんです。その中で、どう考えるか。これは根源的な問題だと思います。

山田　ただ、コントロールしようとする厳然たる主体が、第二次世界大戦以降というのは見えにくくなってきていて、そんな主体が一人の人間としている、ということは少なくなりましたね。

見田　天皇制とかナチズムとかスターリン主義みたいな形ではないですね。

山田　でも、かなり私もマインド・コントロールされています（笑）。不可避的にそうだ、ということに意識的ではありたい。

見田　その中で、どういうマインド・コントロールを選ぶか。あるいは、複数のマインド・コントロールを相対化する目をもつとか。そういうことしかないと思うんですね。マラソンで、このあいだ、自己マインド・コントロールして優勝したという人がいる。そういうポジティブな使い方もあるわけです。マインド・コントロールは自分たちの外にある、と考えるのが、いちばん危険だと思うんです。「自分たちはかかっていない」という思い込みが、いちばん危ない兆候ですね。しかし、世間の論調は、ほとんどそうですね。オウムの人たちだけマインド・コントロールされていると思っているけど。

山田　それは滑稽なことですね。

見田　五〇年前だって、一億人がかかっていたわけですから。

山田　お母さんたちが戦争は二度とごめんだ、というメッセージを強くもってらっしゃった時期がありましたね。僕だって戦争は二度といやだけれど、その延長線上の平穏至上ではやっていけない部分を子どもたちはもっている、ということですね。つまり、戦争さえなければ質は問わない、というイデオロギー。それでは済まなくなってきた。僕らの年代は毎年よくなってきたようなところで成長してきたところがあるけれど、少なくとも物質的に確実によくなってきたけど、今の若い人は何だかお先真っ暗というか。

見田　非常に曖昧ですね。真っ暗でないにしても。

山田　だから、何かを本当に求めている。心を紛らわすものではなく、満たすものが欲しい。でも、母親は、お小遣いもあげているし、何か文句あるの、と言う。生活者の価値観に限定すれば、それはもう親御さん、よくなさっているといえば、なさっているわけですね。だけど、生の質を、多くの場合は無意識に、ある数の子は意識的に求めている、ということですよね。

見田　あまり母親に生の質を提供してやろうと思われても困る、という面もありますけどね（笑）。

山田　だから、ある部分で関係を降りる。

見田　手放す。

山田　教育論でも言われていることですけれども、やっぱり母親も子どもの人生から降りるということですね。

見田　大人が自分で明確に生きるということでしか、子どもはリアリティをつかめない。

山田　まあ、現実には、女性のほうが父親なんかよりけっこう友だち作って、ある年齢になると、ちゃんと子どもとの関係にも醒めていて、子どもは離れていくものと割り切って、けっこうタフにネットワークを作っていますね。余計なお世話かもしれません。

Miura Atsushi

三浦 展

若い世代の精神変容

1958年生まれ。社会デザイン研究者。

1982年、一橋大学社会学部卒業。パルコに入社し、同社のマーケティング情報誌『アクロス』編集長を務める。三菱総合研究所を経て、1999年、カルチャースタディーズ研究所を設立。

主な著書に、『マイホームレス・チャイルド』（クラブハウス、2001年。のち、文春文庫、2006年）、『ファスト風土化する日本』（洋泉社新書y、2004年）、『下流社会』（光文社新書、2005年）、『第四の消費』（朝日新書、2012年）、『郊外・原発・家族』（勁草書房、2015年）、『露出する女子、覗き見る女子』（共著、ちくま新書、2019年）ほか。

「あの世」、「奇跡」を信じる若者の背景にあるもの

三浦　二〇〇七年に、一九八五年から九二年生まれまでの世代の若者を「ジェネレーションZ」と名づけ、調査を行いましたが、大変興味深い現代の若者像が浮かび上がりました。それは見田先生が近年ご指摘されていることと共通のものでした。

つまり、一九五八年生まれの私の世代には生まれた時から刷り込まれている「近代合理主義」、「進歩」、「夢」、「未来」といった価値意識が、ジェネレーションZにおいては溶解している。そのことを『日本溶解論』（プレジデント社、二〇〇八年。のち、『ニッポン若者論』ちくま文庫、二〇一〇年）という本にまとめました。

見田先生が一九七三年の調査開始以来、協力され、「日本人のものの考え方、感じ方の変動を統計学的に信頼しうる規模と方法論を用いて跡づけてきた、ほとんど唯一と言ってよい資料」とおっしゃっているNHK放送文化研究所の「日本人の意識」調査を見ても、これまで一貫して戦後的「進歩」を続けていた「家族」、「人間関係」、「宗教」などに関する意識の変化が停止もしくは反転していることに気づきます。

特に二〇代の若者に顕著で、例えば「あの世」、「奇跡」などを信じる二〇代は、一九七〇年代以降漸増していましたが、二〇〇三年から〇八年にかけて急増しています（表）。それはジェネレーションZにも見られた傾向です。

見田　今から約一〇〇年前、マックス・ウェーバーは『プロテスタンティズムの倫理と資本主義の精神』において、近代の特色は合理化、すなわち「脱呪術化（Entzauberung）」にある、と論じまし

表　20代の意識変化（%）

	お守りやおふだなどの力を信じる	奇跡を信じる	あの世、来世を信じる
1973年	9	15	5
2003年	19	30	15
2008年	22	36	23

た。人々があの世や奇跡といった呪術的なものを信じなくなることこそが近代化だ、というわけです。

しかし、近年の「日本人の意識」調査によると、特に若い層で近代化の減速、逆行が示唆されています。その最たる例が、ご指摘のデータです。

三浦　若者が「脱呪術化」ならぬ「再呪術化」されているということですね。

見田　このデータを素直に受け取れば、若者の宗教意識が高まった、という結論になるでしょう。しかし、僕はこのことをもって特定の宗教に信仰が集まったとは思わないし、ある種の宗教意識が高まったと言えるかどうかも怪しいと見ています。

確実に言えるのは、若い人たちにおいて、ウェーバーが指摘したような近代合理主義的な世界観が揺らいでいるということです。その結果として、影響力のあるテレビタレントの発言などに流されて、「あの世」や「奇跡」を信じるという形式をとっているのでしょう。事態の表層よりも、背景にある揺らぎに注目すべきだと思います。

三浦　オウム事件によって特定宗教を信じにくくなったために、抽象的に「あの世」や「奇跡」を信じているのではないかとも私には思えます。

近代合理主義はなぜ揺らいでいるのか

三浦　ところで、そもそも若者のあいだで近代合理主義が揺らいでいる理由は何だとお考えですか。

見田　今の若い世代は、極限まで近代化が進んだ一九七〇年代以降の社会に生まれ育ちました。それゆえに、かえって現在の科学では説明できない事態に対する感覚が鋭敏になっているのではないでしょうか。

宮沢賢治に「唯物論ニ与シ得ザル諸点」という短い走り書きの文章があります。唯物論は、人間が経験したり、理論的に確かめられたりするものだけを信じる主義だが、そもそも唯物論の教えによれば人間は宇宙の中の小さな粒にすぎず、そんな人間にどうして宇宙が分かるのか、という趣旨です。

確かに、自然界には人間の五感を超えた驚くべき感覚をもった生物が存在しており、唯物論は悪い意味での人間中心主義とも言えます。ですから、近代合理主義が描く世界に疑問を抱くのは健全なことだと思うのです。

こうした傾向は、若者の「再呪術化」と相俟って、近代以前の非合理主義への回帰とも見られかねませんが、大きな流れとしては、「合理主義の限界をわきまえた」合理主義に向かいつつあるのではないでしょうか。今は移行過程での試行錯誤の時期なのだと思います。

三浦　むしろ、人間の全体性の回復とも言えますよね。それと、東京にいると実感が弱いのですが、近代合理主義への疑念が広がった背景には、一九九五年の阪神・淡路大震災の影響があるとも思われます。多くの命を奪った大地震を通して、人間を超えた力を感じたと。

酒鬼薔薇聖斗事件にしても、犯人の少年が震災当時、多感な年齢だったことが影響しているとも言われます。今の二〇代には巨大な体験だったでしょう。ただ、ジェネレーションZ調査を分析しても、関西の若者が他の地域よりも「あの世」や「奇跡」を信じている、という結果は得られませんでしたが。

見田　阪神・淡路大震災は間違いなく大きな影響を与えましたが、あくまで一つの例なのだと思います。二一世紀に入って以降も、9・11テロから秋葉原事件まで、近代が前提としてきたホモ・エコノミクス（経済的合理性に基づいて活動する人間像）では説明できないような事態が次々と起こっており、日本中の若者はそれを目にしながら成長してきたわけです。

ところで、酒鬼薔薇事件や、彼と同い年のKが起こした秋葉原事件などを採り上げると、「殺人事件も凶悪な少年犯罪もともに減少しており、マスコミが騒ぎすぎることが問題だ」という批判がよくなされます。しかし、重要なのは、なぜマスコミが報道するのか、ということです。それは視聴率や部数が上がるから、つまり人々が関心をもっているからです。では、なぜ人々が求めるかというと、カネや怨恨では説明できない不可解な事件が増えたからです。

事件の背後に近代合理主義の揺らぎを感じ、その意味を求めている人々の思いを読み取る必要があります。

家庭の「進歩」も底打ち、反転している

三浦　戦後的な「進歩」の時代が終わりつつあることは、「日本人の意識」調査の「家庭」に関す

る項目からもうかがえますね。

理想の家庭像について、「夫唱婦随」、「性別役割分担」志向は、ともに調査開始以来おおむね減ってきましたが、一九九八年を境に底を打っています。二〇代に限ると、二〇〇三年から〇八年にかけては「夫唱婦随」が5%で変わらず、「性別役割分担」は6%から8%に増加、一方で「夫婦自立」は28%から25%に減少しています。女性にとっての「職業と家庭」についても、二〇代は「家庭専念」が6%から8%に増加する反面、「育児優先」と「両立」はともに45%前後で横ばいです。

二〇〇七年調査の内閣府の「男女共同参画社会に関する世論調査」でも、同様の傾向が見られます。「男は仕事、女は家庭」に同感する二〇代女性が二〇〇四年の34.8%から40.2%に急増。「結婚か子どもができたら仕事は辞めたい」という人も17.4%から21.2%に増えています。

見田　若い女性のあいだで、夫が外で稼いで妻は家庭を守る「近代家父長制」に肯定的な意見が、一貫した減少から少し反転している。あくまでまだ一部ですが、注目すべき現象だと思います。

三浦　これだけ貴重な示唆があるにもかかわらず、戦後的な価値観の進展ばかりが強調されて、その価値観が底を打ったり反転していることが論じられないのは不思議ですね。どうも男女平等など、戦後的な「進歩」の理想が広がらなければならない、という思いのあまり、日本人が新たなフェイズに移行しつつあることが見逃されていないでしょうか。

見田　男女平等の流れを止めたくないからといって、このデータを隠す必要はないと思うのです(笑)。

今の若い女性は「女王蜂」志向なのかもしれない。働いて稼ぐなんて面倒なことは働き蜂の男性にやらせておいて――蜜蜂の働き蜂はメスですが――、自分は餌だけもらえればいい、と。ただ、男性はプライドが高いから、表面上は持ち上げる。外形的には従来の近代家父長制に見えるけれども、内実はまるで違う。そういう「戦略的近代家父長制」を目指しているとも考えられ、それは「女性の解放」とも矛盾しません。

三浦　せっかく新しい傾向が判明したのだから、いろいろな角度から分析すべきですね。私は若い女性に非正規雇用が増えたために、かえって専業主婦願望が拡大したのではないかとも思います。

金融危機で二〇世紀が本当に終わった

見田　「日本人の意識」調査をはじめとしたデータが示すように、今、社会が大きな変わり目に来ているのは間違いありません。ただ、それは短い時間で大パニックを引き起こすのではなく、深いところで静かに、しかし根本的な変化を引き起こしています。

サブプライムローン問題に端を発する今次の金融危機や、GMなどビッグ3の経営危機は、近代、すなわち人類にとっての高度成長期の終焉にほかなりません。今回の危機は「一〇〇年に一度」という表現で一九二九年恐慌と対比されますが、当時と異なり、資本主義は自己コントロールする技術を身につけていますから、失業者や自殺者が大量に出るといった悲惨な事態にはならないでしょう。しかし、その変化が人類の歴史においてもつ意味は、はるかに大きいと思います。

三浦　一九二九年の大恐慌の背景には、アメリカにおける農工業の生産過剰がありました。そこで、だったら消費を伸ばせばいいと、もともと禁欲的だったアメリカ人を「消費は美徳だ」という方向に転向させて乗りきった。
しかし、今回はそうはいかない。アメリカ人にさらに消費させるのは限界、中国やインドに買ってもらおうとしても、今度は地球の資源や環境がもたない終末的な状況です。

見田　そうですね。エネルギー消費量や人口の増加率はじめ、さまざまなデータが二〇世紀後半は近代の中でも「超」高度成長期だったことを示しています。ただ、この手法がこれ以上続けられないことは資源の面でも環境の面でも明らかで、方向転換せざるをえません。

三浦　時代には慣性があって、二〇〇一年からいきなり二一世紀には切り替われない。今回の危機でようやく二〇世紀が終わり、本当に新世紀が始まった、という感じがしますね。前世紀の諸問題を解決するのが二一世紀の役割になるのだと思います。

見田　ただ、二〇世紀は確かに終わったけれど、残った課題にどう対処すればいいかは誰も分かっていない。

三浦　二〇世紀初頭のアメリカでは、暗黒の魔王に対して女神が光を照らすという図像がたくさん描かれました。闇の前世紀から光の新世紀へ、というイメージですが、その二〇世紀が新たに闇を作り出してしまった今、二一世紀の絵はまだ描けていません。

見田　その兆候は、すでに一九九〇年代にありました。近代の高度成長の最終局面を迎えていた二〇世紀後半の五〇年代、六〇年代、七〇年代には、それぞれくっきりしたイメージがある。八〇年代はその崩壊過程ですが、三浦さんがパルコで牽引された日本の八〇年代文化に見られるように、やっぱり時代のイメージをもっている。

しかし、九〇年代は、いろんな人が名前をつけるけれど、定着しません。せいぜい「混迷の時代」という程度で、続く二〇〇〇年代も確固としたイメージのないまま幕を閉じようとしている。

堅実志向に走る若者たち

三浦　そんな先の見えない時代だからでしょうか、若者に堅実志向が広がっています。これも戦後的な「進歩」の終わりを示すものです。

見田先生は『価値意識の理論』（弘文堂、一九六六年）で、現在中心か未来中心か、自己本位か社会本位かで価値意識を「快・利・愛・正」の四つに分類しました（図）。その二〇〇三年の「日本人の意識」調査において、一六歳から二四歳の女性の「利」志向が急増したことに、私は注目しています。国民全体では「利」志向が漸減していますが、若い女性は逆の傾向にあります。ジェネレーションZ調査でも、「将来をちゃんと考え、目標をもって計画的に生きたい」が43.8％と、意外に計画的な生き方への志向が強いのです。

見田　私が大学で教えていた経験でも、堅実志向の若者が増えたと感じます。三〇年ほど前から、ゼミの合宿で「ユートピア・ギャラリー」という試みをしていました。どんな実現可能性のない話でもいいから、自分の考える理想的な社会を語らせる試みです。これを始めた一九七〇年代末から八〇年代にかけては、突拍子もないユートピアが繰り広げられました。しかし、だんだんそういう学生がいなくなり、ホラ話でいいからとけしかけても出てこない。

最近の学生の発言で印象に残っているのは、「一度でいいから、景気のいい時代に生きてみたい」

図　価値意識の分類と推移（全体）

＊各領域とも左から、1973 年より 5 年ずつ 2008 年まで（%）

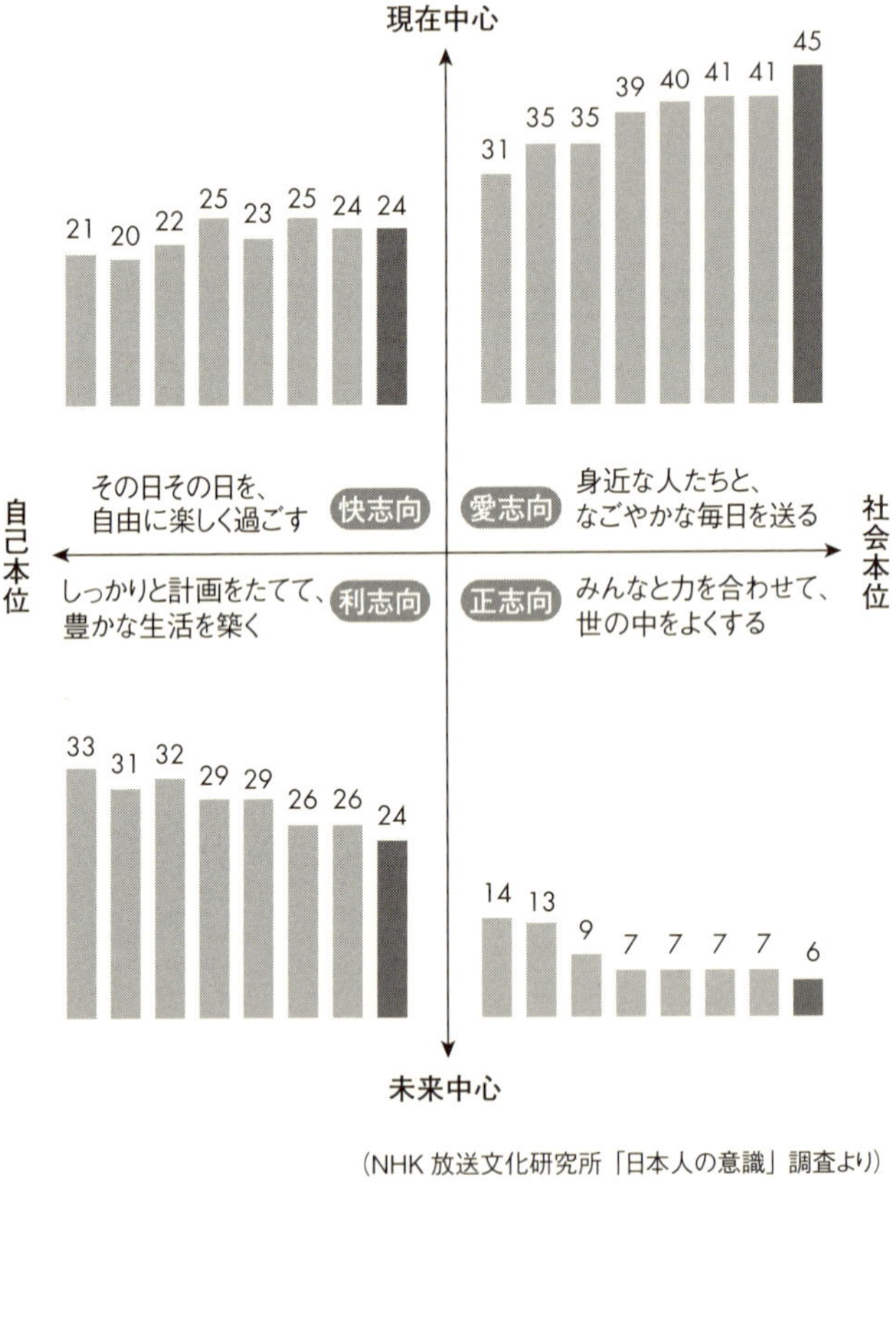

（NHK 放送文化研究所「日本人の意識」調査より）

という言葉です。青年の夢もそのくらい小さくなると、ある意味、感動的です。

三浦　それは今の若者がよく言いますね。

見田　今の学生は、物心ついた頃にはバブルが崩壊していて、それ以来ずっと日本は不景気。二〇〇〇年代前半の好景気も、人々が恩恵を感じられるようなものではありませんでした。彼らにとっては、一九八〇年代の華やかな文化は、神話的な夢なんですね（笑）。

三浦　私などは、インストゥルメンタル（手段的）に働くよりも、コンサマトリー（自己充足的）に働くほうが楽しいと思って生きてきましたが、そもそもコンサマトリーな生き方にはハウツーがなく、自分で生き方を見つけるしかない。ゆとりのあった時代には若者の試行錯誤を許容できたのですが、コンサマトリーに生きたい人は「自己責任でがんばって」となる。他方、今は割り切ってインストゥルメンタルな生き方をしようとしても、仕事がない。こうした状況が、若者の閉塞感、堅実志向を招いているように思います。

定年後社会に生きる若者の困難

見田　大澤真幸氏が現代を「不可能性の時代」と評しているけれど、確かに若い人が感じている不可能性＝閉塞感は根深いですね。日本という国は、明治維新以来一四〇年ほど、ずっとインストゥルメンタルに、生産主義でやってきたわけです。将来のために働くことが重んじられ、人生のモデルもそれに合わせて作られていた。しかし、そのモデルが通用しなくなっている。

二〇世紀を支えた大量消費による高度成長が、もはや資源・環境の面で不可能だと分かっているものの、次が見えない。今は幸か不幸か不景気なので、個々人はとりあえず働くしかないと、さしあたりインストゥルメンタルな生き方の延長で対応しています。実は、この不況から脱した時こそ、いかにコンサマトリーに生きるかという、より大きな難問に直面するかもしれません。

高度成長期の日本人について、ワーカホリックで休日をどう過ごせばいいか分からない、という風刺がありました。また、団塊の退職に前後して、働きづめの男性が定年後にアイデンティティ・クライシスに陥《おちい》る、という議論もあった。そして、実は今、日本社会全体が、近代という高度成長期を終えて何をすればいいのか分からなくなっているとも言えそうです。

三浦　なるほど、日本全体が定年後だということですね（笑）。今の若者が生きづらいのは、先の見えない「定年後の社会」に生まれてしまった悲しさでしょうか。

そう考えると、最近の若者がやたらと結論を急ぐのも腑に落ちますね。昔なら「一〇年我慢すれば給料も上がり、君も成長できる」と会社は新入社員を説得できた。しかし、今や一〇年後に会社が残っているのかも不透明です。だから、すぐに自分の成長に直結する仕事しかしたがらなくなる。今の仕事に意味があると確信できないと、すぐ辞めてしまう。

最近のベストセラーの書名も「年収一〇倍」とか「本が一〇倍速く読める」とか、究極のインストゥルメンタル志向になっていますね。若い女性が手っ取り早く稼げるキャバクラ嬢に憧れるのもそう。警察庁の調べでは、振り込め詐欺犯の約六割が二〇代です。石の上に三年座っても報われる保証がない時代、一発逆転志向が強まっています。一発逆転志向と奇跡を信じることとはつながっているでしょうね。

高度成長期ならば、社会が「利」志向の土台を用意してくれました。会社に勤め、社宅に入り、財形貯蓄すれば、お金が貯まった。今は個々で自分の「利」を追わなければいけない。それも将来が不透明な時代ですから、短期的な「利」志向になってしまう。「利」志向はそもそも未来志向だったはずですが、今の若者の「利」志向は現在志向に変質しているのかもしれません。

見田　自己責任を突きつめたのが、今回の金融危機までアメリカが突き進み、日本も小泉政権で追い求めた新自由主義の社会です。高度成長期においては、自己責任に基づく自由競争が社会にダイナミズムを生み、社会全体をますます高度成長させました。いわば近代の完成形と言ってもいい。僕自身は実は自由絶対主義的な社会は好みなのですが、現在の新自由主義的な社会は、経済競争ばかりを煽ることによって生きることに余裕をなくして、かえって自由でない社会にしている、という面があるのですね。

ヒントはラテンアメリカの文化に

見田　二一世紀においてコンサマトリーな生き方のヒントとして、一つ思い浮かぶのは、ラテンアメリカの「よい人生を生きた賞」という賞のことです。メキシコの大学に来ていた人で、ラテンアメリカの他の国の出身でしたが、その故国で「よい人生を生きた賞」という賞を受賞した人がいました。視覚障害者だったのですが、幸福な人生を生き、周囲の人たちも幸福にした人に与えられる賞、ということでした。国の賞というのは、その国家のために役に立った、というような趣旨が多いと思うのですが、「よい人生を生きた賞」というのは、いい賞だなあ、と思いました。「近代化」という大きい目標を達成し終わって、今方向が見つからない日本人にとって、ラテンアメリカの価値観は大きい示唆を与えていると思います。これからの時代において、「よい人生を送る」ということが大事な価値になる。地位や富にかかわらず、そういう人が尊敬される文化が生まれないと、二一世紀の方向性が見えてこないでしょう。

ミシガン大学による国民の幸福度調査でも、メキシコはじめカリブ海沿岸の国々は上位に位置しています。いささか暴論めきますが、日本は前近代社会においては長く中国をモデルとし、近代社会ではイギリス、次いでアメリカとアングロサクソンをモデルにしてきた。近代後においては、ラテンアメリカの文化がモデルになりうるのではないでしょうか。ラテンアメリカの文化の基本は、恋愛のみならず、同性の友人、仕事関係者まで含めた人間関係それ自体を楽しむことです。人間関係を楽しむには、あまり資源を浪費しなくても済みます。

三浦　確かに、日本人はその方向に向かいつつありますね。二〇〇四年末のインド洋沖大津波を受けて、私の知人のトラベルジャーナリストがスリランカへボランティア・ツアーを企画したのです。私がそのツアーを新聞で紹介してもらったところ、定年後の世代と若者を中心にバス二台分も参加者が集まり、第二陣まで組むほどでした。最近の若者は海外に行かないと言われますが、観光旅行に興味がないだけで、人の役に立つことをしたいと思っているようです。

今、若者のあいだに「シンプル族」とでも呼べそうな動きが生まれていると思います。とりわけ女性に多いのですが、車や服には関心がなく、欲しいのは人間関係。いろんな人と知り合い、面白い人と出会いたい。一緒にいて楽しい人と時間を過ごしたいし、自分も人からそう思われたい。

見田　コンサマトリーな生き方とは、つまりそういうことです。いるだけで楽しいということ。

旧来の共同体が崩壊しきったあとに

三浦　日本人が人間関係を求める方向に変わり始めていることは、「日本人の意識」調査からもうかがえますね。

これまで「近所」、「職場」、「親戚」、いずれの付き合いについても、一貫して全面的な関係を望む人が減り、形式的な関係を希望する割合が増えていました。しかし、二〇〇三年から〇八年にかけて、三つの付き合いのいずれも形式的でよいという層が初めて減少し、逆に三つのうち二つ以上の相手と全面的な付き合いを求める割合が増加しました。戦前の日本社会があまりにも個人を束縛していただけに、そこからの解放が求められてきましたが、共同体が崩壊しきったことで、反転し始めているようです。

見田　伝統的な共同体が解体し尽くされて個人が自由になり、新しい共同体を求めても、昔のように縛られることはない、という安心が広がってきたのでしょう。

三浦　二〇〇八年の調査では、子育て世代である一九六九〜七三年生まれにおいて、親戚間の全面的な付き合いを望む人が24％から36％と急増しました。溶解しきった社会の中で、「車で一〇分のところに娘夫婦が孫と一緒に住んでいて、何かと助け合う」ような関係が必要とされているように感じます。

見田　今求められているのは「自由な共同性」だと思います。やめたければいつでもやめられ、あまり束縛されない、そんな共同性を求めている。

三浦　この傾向が進めば、日本社会の新たな姿が見えるかもしれませんね。

ただ、少し気になるのは、そういったネットワークを多方面に作れるかどうかに、階層が関わっていることです。私の調査によると、「高階層の女性」ほど多方面に開かれたネットワークを構築できる一方、「低階層の男性」ほど地元の閉じたネットワークにとどまっています。どちらがいいというわけではありませんが、旧来の共同体の崩壊がさらに進み、新しい共同性の形成が志向されてくると、それによって階層格差が拡大するかもしれません。そんな面にも注意しつつ、日本社会が二一世紀に適応したモデルを生み出せるか、今後も注視していきたいと思います。

Fujiwara Kiichi

藤原帰一

二一世紀世界の構図

1956年生まれ。政治学者。

1979年、東京大学法学部卒業。1984年、東京大学大学院博士課程単位取得退学。千葉大学法経学部助教授、東京大学社会科学研究所助教授を経て、現在、東京大学大学院法学政治学研究科教授。

主な著書に、『戦争を記憶する』（講談社現代新書、2001年）、『平和のリアリズム』（岩波書店、2004年。石橋湛山賞。のち、新編、岩波現代文庫、2010年）、『映画のなかのアメリカ』（朝日選書、2006年）、『これは映画だ！』（朝日新聞出版、2012年）、『戦争の条件』（集英社新書、2013年）ほか。

二〇世紀は戦争と革命の世紀か

藤原　ベルリンの壁崩壊二〇年という課題なんですが、どれくらいのタイムスパンでその課題を考えるかで、たぶん議論がまったく違ってくるという気がします。対談骨子の中にある「二〇世紀とは──戦争と革命の世紀から」という捉え方、これは二〇世紀というまとまりで捉えていますね。この議論の立て方は、実は第二次世界大戦後ずいぶん長いあいだ続いたと思います。柱となっているのは、世界戦争、総力戦という言葉で言えるでしょう。世界戦争と、それから革命、社会主義革命ですね。ロシア革命、中国革命がベースになると思いますが、ロシア革命と第一次世界大戦という出来事を中核に考えて、そしてそれとつながった、同じではないけれども、一種のバリエーションとしての第二次世界大戦、さらに中国革命というものがあって、世界戦争と革命の時代として「現代」を考えるという見方が一つあるのだろうと思うのですね。

さて、冷戦終結二〇年というカテゴリーで考えると、第一次大戦とロシア革命を基準とするこの歴史観とは、ちょっと違う話が出てくるのかな、と思うのです。

一つは世界戦争ですが、第二次世界大戦が終わってから、もう一回世界戦争が起こるよ、ということを想定していろんな議論をしていた。もちろん世界戦争を恐れているわけで、あったほうがいいと思っているわけではないですが、ただ、戦争として考えているのは地域戦争ではなく、世界戦争の再現。米ソ関係に注目して国際関係を見るというのも、そうですね。

それから、革命についても、ロシア革命、中国革命と来て、さあ次の革命はどこなんだろうか。そこへ出てくる課題は、一方では先進国革命ってありうるんだろうか、という課題でした。共産主義のさまざまな再定義をしながら、ソ連がだめで、中国もだめなんだけれども、だけど本当の社会主義がどこかにあるんじゃないか、という社会主義の再定義をする先進国の知識人の仕事がありました。また、多少ならず希望的観測を込めながら、革命が起こりそうな地域に目を向けていくという立場もあった。第三世界論といった形で展開されてきた議論ですね。世界戦争ばかりでなく、革命の再現を期待して議論したわけです。

こうしてみると、第二次世界大戦が終わったあと、二〇世紀のあとの半分になるんですけれども、あとの半分については、前の半分に起こった世界戦争と革命という大課題をあてはめて、次の世界戦争、次の革命という視点から、戦争と革命の再現を想定して議論を組み立ててきたような気がするんですね。

でも、世界戦争は起こらなかった。冷戦は確かにさまざまな戦争を起こしてきたわけですけど、米ソ直接の戦争は共倒れになる可能性がありますから、やらないわけですね。その代わりさまざまな地域紛争とか内戦が起こった時代で、冷戦時代は米ソの核抑止の体制という枠の中で実は非常に数多くの戦争と内戦が起こった時代なんです。そして、冷戦が終わることによって、世界戦争という課題はどこかに消えてなくなってしまった。

対テロ戦争という言葉を使いますけれども、対テロ戦争は、第一次大戦後に流行したオスヴァルト・シュペングラーの『西洋の没落』のような、世界戦争によって文明が破滅する、というイメージではないです。第一次世界大戦のイメージを拡大して対テロ戦争という話はたぶんできない。

それから、革命についても、冷戦終結は民主化の時代でもありました。旧ソ連、東欧圏の共産主義体制独裁の崩壊。これをラテンアメリカにおける軍事政権の崩壊とか、あるいはフィリピンのマルコス政権の崩壊などと結びつけて、民主化革命として捉えることもできます。

ただ、群衆の集まり方からだけで言えば、マルコスを追放したフィリピン革命、ゴルバチョフが幽閉された時のモスクワでのエリツィンを囲んだ群衆とか、大変な群衆が現れているんですけれども、しかしこれはロシア革命のスタイルではまったくないですね。でも、民主化は、大量の群衆が参加したという意味では確かに革命としての性格はあるのですが、革命によってそれまでよりも専制的な支配ができあがるという、フランス革命、ロシア革命、中国革命で繰り返されたパラドックスは現れないんですね。民衆に政治観念を植えつけて指導する前衛党もなければ、共産党独裁のような新たな専制支配も生まれない。逆に、前とどれだけ変わったのか分からない。独裁者はいなくなったけれども、ではこの民主化とは何だったのかというような、そういう冷めた感覚を与える革命でした。同じ革命でも、ロシアや中国とはまるで違う。

としますと、戦争と革命の世紀として捉えてきた二〇世紀が、どこまで戦争と革命の世紀だったんだろうか、という気がするのです。世界戦争でもなければ、ロシア革命のような革命でもないものを抱えてしまって、その後二〇年間経ってしまったわけですね。仮に戦争と革命の世紀だったとしても、世界戦争と共産主義革命だけに注目すれば重要な現象を見逃すことになりかねません。そこで最初の問題提起なんですが、はたして二〇世紀は戦争と革命の世紀だったんでしょうか。

見田　それは藤原さんのご専門の話ですが、戦争とか革命の定義によると思います。冷戦を三番目の戦争と考えるか、考えないか。フィリピン等々の「革命」を革命と考えるか。つまり、それを革命なり戦争と考えることで何かシャープな芯が見えてくるのか、意味がないのか。あるいは反対に、それをあえて戦争ではない、革命はなかったと考えることによって歴史のもっているリアリティに迫れるのか、という思考、考える方法の問題だと思うのです。

一九八九年の歴史的意義とユニバーサリズムについて

見田　今日いただいたテーマの「ベルリンの壁から今現在を考える」ということに関して言うと、ベルリンの壁を一つの戦争の終結と考えるか考えないか、あるいは革命だったと考えるかどうかに関わりなく、あの実験はシャープな歴史のシンボリックなエポックというのか、事柄であったと考えてみることは、現在の問題に至るようなさまざまなことを考えるための手がかりとしてはとてもいいのではないか、というような感じを、この題をいただいてもちました。

特に現在、今は二〇一〇年ですが、二〇〇八年、九年に明らかに一つの大きな事柄があった。GMの解体とか、サブプライム問題とか、そういったことを一つの折れ目にして社会の空気が変わったということがあって、そのちょうど二〇年前の一九八九年からの二〇年はどういう時代だったのかということ、その意味とか構図を解明していくということは、それ以降のことを考えるための基本的な手がかりになると思うのです。

まず八九年を大きい歴史の中で振り返って、それを出してみようと思います。

僕自身も二〇世紀論というのは非常に関心があるのですが、思ったのは、ちょうど一九八九年の二〇〇年前がフランス革命なんですね、一七八九年。一七八九から一九八九ということで考えると、また一つ見えてくるものがあると思います。

その前に、やはり一九八九年のベルリンの壁の崩壊というのは非常な感動と共感をもって見ていました。それは現在でもそう思っています。あれはやはり非常に大きな、感動的というのは個人的な感情の問題ですけれども、一つの歴史の大きな事件だった。もちろん一九九一年、九二年のソビエトの解体に関わる問題ですけれども。八九、九〇、九一年とですね。

一方、フランス革命ということもよく知られているように、あとでいろんな問題があるわけですけれども、やはり一つの大きな歴史の事件であったわけです。それは基本的な構造として自由という理念の勝利ということが一番目に見えることですけれども、同時にその実質は資本主義というシステムの勝利だったということがあって、一七八九年も一九八九年も、基本的に自由という理念の勝利であり、かつ、その実態的な構図は資本主義というものの勝利だったということも共通していると思うのですね。

それから、副次的に言うと、自由ということと、それから資本主義ということと関わってくるのですけれども、ユニバーサリズムの問題がある。つまり、フランス革命の思想というのは基本的に普遍主義ですね。ユニバーサリズムというのは、フランス革命で言うと、これはもちろん藤原さんのご専門ですけれども、やがて民法典に結集するような、そういった近代資本主義社会の基本的なシステムの骨格を作り上げたということがあるんですが、もっと分かりやすい単純なことを言うと、メートル法といった度量衡を普遍的なものに定義し直したということがある意味では大きくて、思想的に言うと、フランス革命のいちばん大きな遺産はメートル法であったと言えないこともない。

メートル法というのはシャルル＝モーリス・ド・タレーランが提唱したわけですけれども、要するに普遍的な基準を作ろうということが非常に大事な発想としてあって、それまで各国で、日本の尺貫法みたいにいろいろなものがあったわけですけれども、普遍的なものを作ろうということで、何を普遍的にするかということで、発想としては赤道、つまり地球の一周の距離を四〇〇〇万で割ったもの。四万分の一を一キロメートルとした。ただ、赤道は、あの当時は、いろいろな未開民族とか何かがいて非常に測りにくいだろうということがあったものだから、北極から赤道まで子午線の長さの一万分の一にしようというふうにして、それも測定が難しかったものだから、実際にはフランスのある地点からの測量をして、その何倍にしたか、そういうふうにして作ったんだけど、ただ理念、発想としては赤道の一周という思想があって、つまりグローバリズムの発想の元みたいなものがあったわけです。つまり、一つの球としての地球という把握から、いわば普遍的なものの根拠を見出すみたいなところがあって、それがつまり、八九年以後の現在の問題を考える場合に、グローバリズムというものが、ポジティブな意味でもネガティブな意味でも、藤原さんの本もありますけれども、キーワードになっているわけです。

それはもちろん偶然ではないので、資本主義の本質等に関わってくる問題です。それから、自由にももちろん関わってくるので、副次的な、偶然的な問題ではないのです。いわばフランス革命が切り開いた自由という理念と、その実態としての資本主義のシステム。それから思想的な第一の側面としてのユニバーサリズム。ユニバーサリズムを支える根拠としての、地球というグローバルなもの全体から発想するということが、もしかしたら現在までの、八九年以後のいろいろな問題のポジティブな面とかネガティブに考える場合の補助線になる、枠組みになるかもしれない。

藤原　今おっしゃったことで、自由と資本主義と、それとユニバーサリズムですね。フランス革命から一九八九年まで。このつながりの中で、ちょっと見えにくいところがいくつかあります。

まずユニバーサリズムの議論から言いますと、今自分が居住している空間ではなくて、非常に大きい空間を想定して、その中に人々の位置を位置づけていく。距離も測る。そこで共通の基準とか尺度とかいうものをもたらして、デカルト平面のように判断していく。そういう意味では、ルネサンスからずっと続いてきた、ある要素に還元し、要素と要素の関係を見ていくという空間把握を、いわば政治的に表現したものがフランス革命で起こってきますね。

見田　そうですね。

藤原　そして、それとつながってくるのは、共通の基準尺度だけではなくて、共通の価値や目標に向けて人為的な制度を組み立てていこうとした、社会工学的な体制です。フランス革命は社会工学の塊のようなことを大胆にしていくんですね。

この考え方は、私の分野であるはずの政治学で言えば、ある考え方のまとまりの前提と結びついています。それは、ひとことで言えば、普遍的なカテゴリーを元にして、よい社会というものを構想することは可能だ、という前提ですね。

見田　はい。

藤原　これはフランス革命と並んでもう一つ、少し前にあったアメリカの独立においてもやはり似たようなプログラム性があって、憲法を作っていって、憲法で縛られた国家権力に対して、市民がそれを選ぶように参加していくという。

見田　ええ。

宗教と公共空間

藤原　ただ、この議論には実は面倒な問題が隠されている。一つは宗教との関係ですね。ここでの普遍主義は、本来は宗教から切り離された中性的な空間がありうると考えている。信仰は各人がもっているだろう。だけど、これは市民社会における各人の選択の問題である。政治権力の構成にあたっては、宗教の領域というものを切り離した、世俗的な、十分に条件づけも規則も作ることができるようなものとして、明示的な可視的な秩序として政治空間というものを考えることができるはずだ。宗教は何を信じてもいいけれども、公共の空間というのはその価値とか信心に対して開かれた、中性的な空間でなければいけないのだ、というわけです。

フランス革命における宗教との関係で言えば、非常にはっきりと宗教と政治を切り離していくわけですね。この考え方そのものは、その後スペインとの内戦における聖職者と共和主義者の間の対決とか、二〇世紀にも引き継がれますね。その最も極端な現れが、共産主義における宗教の排除でしょう。普遍主義的な原則でプログラムし、社会工学を営んでいく近代の人々においては、信仰は私的領域のものであって、公共の空間からは排除されるはずだった。

この点、冷戦後の二〇年に絞って見ますと、宗教がいろんな意味で復活しているんですね。

見田　はい、そうです。

藤原　しかも、これはイスラムだけでなくて、キリスト教もそうなんですよ。そして、近代秩序を考える考え方としても、キリスト教あっての西欧近代じゃないか、という議論になってゆく。ユダヤ教かキリスト教を信じていない社会でデモクラシーがありうるのかといえば、とんでもない言いがかりのようですが、冷戦後二〇年経った今、アメリカばかりでなく、イギリスでもこの考えを受け入れる人が増えたと思います。

普遍主義を軸とする思惟の中では、信仰は市民社会における私的空間に追いやって、市民社会の構成する公共空間は宗教と切り離す、という考え方でした。ですが、そこでは公共空間における倫理性をどうやって意味づけるのか、という課題が残される。そして、それは宗教なんだ。いや、宗教一般ではなくて、ユダヤ・キリスト教なんだ、というところに入っていった。宗教的な信仰、価値へのコミットメントが公共的な空間を支えているのだと、ある意味で近代が克服したはずの意味世界に戻っていってしまう。

この話に関わってくるのが、国王の役割です。国王は本来、教会と対抗する存在だったわけですが、同時に市民社会が制度を組み立てる上での、教会と並んだもう一つの敵だったわけですね。王様は近代が展開すればするほど行き場所がなくなっていくはずだった。しかし、君主を中心とした政治的な権威の構成は、ヨーロッパでむしろ冷戦が終わったあとになって再現し、たくさん出てくるわけですね。共産主義体制が崩壊したところばかりではなくて、イギリスでも、離婚とか何とかを重ねながらですけれども、王政への関心が高まっていて。ここでも、公共的な、中性的な空間としての政治というものではなくて、その起源にある正統性の根拠として、王権への回帰、古いところを求めていくような胎動が出てくる。

これと資本主義を並べますと、資本主義のほうは、これは逆に極度にユニバーサリストで、グローバリストで、特定の宗教や王様とのつながりはない。しかも、冷戦が終わった時にはいくつものユーフォリアに支えられていて、キャピタリストデモクラシーという言葉が平気で使われた時代ですね。ここでは、資本主義の拡大と民主主義の拡大が結びついたものだった。資本主義の普遍性とデモクラシーの普遍性というものが直線上につなげられていたような時代があったわけですね。

ところが、資本主義のほうはユニバーサルでも、デモクラシーのほうは特定の宗教や権威とのつながりを取り戻している。デモクラシーとか自由は、宗教とか、極端に言えば王権とかいった、ある意味でローカルだけれども、ローカルだからこそ、それなりに説得力があるという制度と価値に傾斜してしまうとすれば、資本主義のほうは逆に、限りなく純化されていくわけですね。それまでは政治権力の関与によってさまざまな形で資本主義を手なづけるという行為があった。保護経済とか福祉国家とか、いろいろな形があるけど、政府の関与とかいうことがあればあるほど資本主義の効率化は失われるので、資本主義のほうはユニバーサリズムを貫徹するということになる。

昔話で言えば、実は資本主義を野放しにする議論は、フランス革命でもアメリカ独立でもないんですよ。むしろ、そこでは市場における交換を広げるということと、それと政府の役割とのあいだには、けっこう積極的な関係があった。もちろん、夜警国家と言いますけれども、夜警国家というのは財産権を保護するということですからね。財産権が保護されてない時に保護する、という積極的な意味を指していたんですけれども、政治権力の領域から市場というものがどんどん独立する動きが過去二〇年間広がってきて、その結果があるいはサブプライムローンの危機と世界金融危機だとすれば、もう一回見直しになるのかもしれないですけれども、都市で言うと、政府と市場の関わりについては、政府はどんどん後退する状況にある。他方で、政府の根拠となっているユニバーサリズムのほうは、フランス革命の時に考えられていたような近代よりは、かなりパロキアルな価値によって支えられるものだ、というところに戻ってきたという展開です。

見田 そうですね。

藤原 それはアメリカを見るとちょっとあられもないぐらいはっきりしていて、毎日毎朝、聖書勉強会を行う大統領が八年間統治をする。ここで宗教を表に出すことは恥ずかしくない。また、ユダヤ教、キリスト教を対立的に見るどころか一緒にして、しかも他の宗教と横並べにするのではなく、「これが宗教だ」と考えているような意識。それと議会制民主主義を結びつけるような考え方なんですね。そんなシーンが一方で広まるとともに、資本主義のほうの無前提なグローバリズムとユニバーサリズムは受け入れられるわけです。

これは、ちょうど二〇世紀はじめのリベラリストが考えていたのとは正反対なんです。二〇世紀のはじめ、市場は政府によって制約されるべき対象として捉えられていた。一九世紀末の一八八九年、この頃は恐慌ですからね、ヨーロッパは。政府の役割が必要になってくる。市場は野放しではいけない。だけど、政治権力については王様とか教会とかいったものを追い出して、より中性的でグローバルでユニバーサルなものを作っていかなくてはいけない。歴史が進んでいるのか後退しているのか、私はよくわかりませんが、見田先生がいらっしゃるのをいいことに、自分の答えが見つからないことを投げ出しているんですけれども、同じ社会工学でも、市場に対する工学のほうは後退して、そして政治における工学のほうも後退してしまったような気がするんです。

見田　なるほど。

藤原　だから、ユニバーサリズムという言葉で表象されているものの中身にかなり違いが出てきたような気がするんですけれども、いかがでしょうか。

見田　それは、とても面白い見方だと思います。つまり、一七八九年と一九八九年というところで、そういった意味で言うと、今おっしゃったように、それがもたらした新しいシステムみたいなものの、いわば宗教に対するコミットメントとアンコミットメントみたいなものと、マーケットに対するいわばコミットメントとアンコミットメントみたいなものが逆転しているわけですね。それは非常に面白い話なんですね。

藤原　これは進歩という言葉で表現されてきたものの正反対になっているんですよね。

見田　そうですね。

藤原　市場経済を克服するというのと、宗教を克服するというのが逆になっちゃったんですから。

見田　そうですね。今おっしゃったアメリカの状況は、まさにおっしゃったとおりで、特にブッシュの八年間は、特に後半というか、二回目に勝った瞬間を見ると、アル・ゴアは相当有力だったんだけれども、今でさえ、これはまさに藤原さんのご専門ですけれども、あの投票が問題なかったかどうか多少疑問が残るくらいの接戦だったわけですね。しかし、やっぱりブッシュが勝った中に、おっしゃったとおりに、ある種のキリスト教的な価値の揺らぎに対する、グラスルーツ・コンサバティズムみたいなものの、恐怖感の票もかなりあって、共和党をチョイスした、というようなこともあったわけですね。その後、そういうことはアメリカのデモクラシーの宗教性のリバイバルみたいなものがあって、それは非常に面白い現象、大事な現象だと思うのです。

そのことがどうして起こったかということは、またいろいろ深いものがあると思うのですけれども、直接には、もちろんこれは言うまでもなく、あの9・11テロがあった。あれがどうもイスラム世界のものだということで、盛んに、表面的にはイスラムとも宗教は関係ないということを言いながら、彼らの支持層の感情として、反イスラム感情というのはありありとしていたわけです。

だから、今おっしゃったように、フランス革命の時の宗教との分離という理念とは逆に、ある種の宗教と結びつける面が出てきたということがあって、そこでキリスト教以外の宗教はやっぱりデモクラシーを支ええないのではないか、というような感覚が特にアメリカを中心として広まったということは、そのとおりだと思います。

ただ、そこで重要なことは、デモクラシーを支えることができないのではないか、という対象になったのは、直接的にはイスラム教だと思うのですね、露骨に言えば、というか、はっきり言えば。

例えば、アジアの人間として考えてみると、じゃ仏教とかヒンドゥー教はどうなんだ、と考えるわけです。異質の価値に対する寛容、非寛容ということで言うと、むしろ仏教とヒンドゥー教のほうがキリスト教に見られている以上にある意味で寛容で、さまざまな政治形態をまったく同じように受容しうるし、それから、いわば価値の多元性を享受する姿勢に関しては、歴史的な経緯は別として、ヒンドゥー教、仏教の系列のほうがもっと寛容であるわけですね。

藤原　そうですね。

見田　僕はたまたまインドに行って非常に印象的な経験をしたんですけれども、よく知られているように、いろんな町の辻、辻にクリシュナとかいろんな神々の祠《ほこら》とかが建っていて、それを信じている人たちがそこの祠に行って祀《まつ》ったりしているんです。その中のある祠というか祭壇で、ちょっと足を止めてしばらく見ていたら、ある男の人が駆け寄ってきて、「イッツ・マイ・ゴッド、イッツ・マイ・ゴッド」と言う。それはキリスト教の祠であって、ヒンドゥー教とは違うんだ、と言うのです。つまり、私はキリスト教徒なのでヒンドゥー教の祠を祀る他の連中と違うんだ、と強調したわけですね。それはインドという、いわば多神教的な社会で非常に異様な光景であって、つまりキリスト教というものは、そういう社会でいくと、非常に非寛容な、他のものを認めない宗教なのです。キリスト教以外は、さまざまな神々をお互いに認め合っているのです。

実はヒンドゥー教の立場から言うと、キリスト教も一つの神なんですね。一つの神として受け入れているわけで。だから、いろいろな神々を祀るのと同じように、キリスト教も小さい祀るところがあって全然不自然な形ではなくて、ワン・オブ・ゼムの多神教として認められている。寛容に認められているんですけれども、キリスト教の側から言うと、他の連中と違ってこれは唯一の神なのだ、ということがあって、原理的に言うと、むしろヒンドゥー教と、それからさらに仏教的なイメージのほうが本当はデモクラシーに親和的であるかもしれない。ただ、そういうことはアメリカでは考えられていないわけであって、そのへんが非常に興味深い。つまり、宗教と政治との関係とか、それから今のアメリカの空気みたいなものと考えると、ちょっとその点は押さえておきたいですね。

藤原　そこなんですね。さっき申し上げるべきだったのですが、冷戦終結、ベルリンの壁崩壊、これを専制支配からの解放として捉えることもできるし、もちろん共産主義の敗北と捉えることもできるのですが、無神論の敗北として捉える人もいるわけです。信仰を回復することができる、信じることができるんだと。キリスト教を信じることができるようになった、またユダヤ教徒に対する迫害をなくす、という意味で冷戦終結を捉える人もいる。

その時にユダヤ教、キリスト教の世界で議会制民主主義が支えられるのだ、という議論のちょうど対極にあって、他者として想定されているのがイスラム世界だ、というのは間違いない事実だと思うのです。これは9・11のテロで明確になりますけれど、そもそも議会制民主主義の体制がイスラム圏で少ない。

見田　そうですね。

藤原　で、少ないことが異様だ、問題だ、と少なくともアメリカでは考えるわけですね。日本から見ますと、イスラム教もキリスト教もユダヤ教もすぐれて一神教的な性格をもっていて、どうもどっちにも与《くみ》しがたいところがあるんですが、この宗教の違いが世界を分かつ基軸になってしまうわけです。

そこでの一種の、究極的な社会工学が生まれるわけで、それが中東の民主化の始まりとしてのイラク戦争になってしまう。イラクに介入することで、民衆が解放されて、議会制民主主義を支える。爆撃をした米軍を解放軍として歓迎して、議会制民主主義に向かっていく。

ここで展開される議論は、イスラム教という牢獄から中東の市民が解放されて、アメリカともイギリスともフランスとも同じ地平に立った「国際社会」の一員が生まれてくる、しかもこれがドミノを起こしていって、イラクの成功を前に、他の諸国でも民主化革命が起こっていくだろう、というものです。この議論は、一方では宗教を背景にしているところで普遍主義とは正反対ですけれども、同時に社会工学という点では極端なくらい民主化の社会工学的なイメージなんですよね。

これは現実のデモクラシーとは明らかな乖離があるイメージです。現実に議会政治とか選挙を限定的にでも導入した中東地域では、イスラム教が弱まるどころか、むしろ強まっている。トルコでも、アルジェリアでも、パレスチナでもそうですね。ですから、民主化すればどこもアメリカみたいになるわけじゃないんですが、それには一生懸命、目をつぶってしまう。キリスト教ではない社会において民主化が進めば、キリスト教ではない宗教が政治の領域に表現されるのはごく当たり前のことなんですけれども、それは無視するわけです。デモクラシーの根拠にユダヤ・キリスト教を掲げる議論のパロキアリティーがいちばん極端な形で出てきたのが、たぶんイラク戦争だったと思います。

これは日本で見ていると、そこのところは理解できない。まさかそんなことを考えているわけじゃないだろうと考えるから、石油のために介入したんだとか、あるいはイスラエルのために介入したんだ、という議論に偏ってしまう。イラクの民主化のためにやったんだとか、イスラム社会の解放のためにやったんだ、というのはあまりにも荒唐無稽なので、そこの議論は日本に輸入される時には全部消えてしまうんですね。

そこのところを最後まで追いつめていくと、結局、信仰回復の機会としての冷戦終結というのは、日本では受け入れる人が少ないし、たぶん日本だけではなくて、中国でも少ない。ベルリンの壁の崩壊が資本主義や民主主義の勝利だ、という議論はともかく、キリスト教の勝利だ、信仰の回復だ、という議論は日本では切り落とされるわけです。実際極論なんですが、その議論を受け入れた側は力、それも暴力をもっていますから、暴論は暴論でも、結果的にはそういう状況を作ってしまう力をもっている。そこのところは気になるのです。

見田　そうですね。

藤原　ただ、アメリカはそもそも政教分離をいち早く進めたはずの国なんですよ。

見田　形としてはそうですね。

藤原　それで、政治権力の世俗化が進んでいたはずだったんですけれど、西洋社会の世俗性という言葉を当たり前のように言うことは、もう今ではできなくなっているような気がしますね。

見田　そうですね。面白いのは、例えば意識調査、国際比較調査みたいなデータで言っても、今、西洋の都市、パリとかベルリンとか、そういった都市の若い世代で、本当にキリスト教を信じているというのは半分以下になっているんですね、チョイスの中でキリスト教を挙げる人は、プロテスタントもカトリックも含めて、20%とか、もっと下がったり、半分以下になっている。

藤原　10%から一桁ですね。

見田　若い世代では、そうですね。ところが、アメリカはそうじゃないんです。意外とアメリカでは信者が多いんです。そこは非常に面白いところですね。

藤原　その意味では、アメリカ特有の現象が、たまたまアメリカは力があるから、だから状況を作ってしまう、影響を及ぼしてしまった、ということなのかもしれない。

見田　そうですね。

資本主義の「勝利」の陰で

藤原　資本主義のほうはどうなんでしょう。
見田　それはまた面白いですね。
藤原　宗教ばかりお話ししましたが、冷戦終結からサブプライムローン危機までのあいだに、新自由主義などと呼ばれるような政策が広がりました。
見田　そうなんですね。
藤原　政府の市場からの後退という現象が、ずっと進んでいくんですね。
見田　そうそう。いろんな問題が重なっているので面白いんですけれども。
藤原　そこでは信仰回復としての冷戦終結ではなくて、資本主義の勝利として出たわけです。
見田　そういう意味づけも大きいですね。戦後体制、冷戦体制の話があると思うのですけれども、さっき一九八九年と一七八九年の話を対照してみたのですが、それで言うと、一九八九年と六九年という、今度は二〇年前のことを考えると一つの伏線になるかもしれない。つまり、さっき二〇〇年前のことがありましたが、二〇年前で言うと、一九六九年は、日本ではご承知のように安田講堂のことなんかがあったわけです。主として六八年の事件、だから六八、六九年の話です。
そうすると、直接にはベルリンの壁と関わって、六八年のプラハの春などもあるわけですね。それが一つあって、プラハの春というのは東側で起こったわけですけれども、西側で言うと、六八年の日本の全共闘運動とか、それからアメリカのバークレーから始まったスチューデントパワーとか、フランスの五月革命はその後の思想に非常に大きな影響を与えたわけです。ドイツのルディ・ドゥチュケの運動とか、アメリカやヨーロッパや日本で同時的に、六八、九年というのはものすごくいろんな運動が起こったわけです。

かつてニューレフトとか言われたわけですけれども、彼らが何を求めていたかというと、典型的には日本の全共闘運動の学生たちが言っていたような「反帝反スタ」というのがスローガンで、「反帝反スタ」ということは簡単に言えば、冷戦のどちらの体制に対しても反対であるということですね。アメリカを中心とした資本主義陣営にもラディカルに反対だけれども、ソビエトを中心にした社会主義陣営にもまったく反対であるということの表れです。もちろん、「反帝反スタ」というスローガンはかなり政治的な学生が使っていたのですけれども、ふつうの学生も含めて、一般的な気分として、やっぱり「反帝反スタ」ではないけれども、どちらの体制もいやだ、という意識はかなりあったと思うのです、もっとソフトな形ですけれども。やはり、今位置している資本主義体制には、いろいろ深い問題がある。だけど、素朴に言って、ソ連みたいな社会主義になるのもいやだと。そういう感じは決して一部の政治勢力だけではなくて、広くあった。

つまり、二つの体制、冷戦体制というものの内側から乗り越えていくというか、そういう模索がずっとあったと思うのです。特に六八年あたりに世界的にあったスチューデントパワーとか全共闘、五月革命とかドゥチュケなんか全部そうで、西側をその体制の内側から根本的に批判するんだけれども、東側も拒否すると。そういう立場ですね。

プラハの春のほうは、やっぱり東側からそういうところがあって、僕は七四年に初めてプラハに行ったんですけれども、非常に印象的だったのは、そのとき若い学生たちのグループと話を夜を徹したんです。その六年ぐらい前、つまりプラハの春のとき、プラハの市街を見下ろす小高い丘に、東ヨーロッパにたくさんあるスターリンの像の中でいちばん大きな、巨大なスターリンの像が建っていた。それを、綱をつけて引き倒したと。自分たちが夜中にロープをもって何時間もかかって、ついにあのスターリンの巨大な像を倒したんだということを口々に言っているわけです。

プラハの春からまだ六年後で、まだもちろん社会主義圏、ソ連圏だったんですけれども、スターリンの像はついに再建されないで、その丘の広場が、丸いお墓みたいな、ふくらんだペーブメントに舗装されていたのが印象に残りました。何かがなくなったという感じで。プラハの町全体を見下ろす広場ですけれども、そういうところにあった。

その時に、僕はチェコ語をしゃべれないから英語でしゃべったんだけれども、プラハの学生たちが片言の英語で盛んに言っていたのが、自分たちの望みはコンバージェンス・セオリーだということです。収斂理論というふうに日本で訳されていました。つまり、社会主義と資本主義の両方とも発展していって、やがて一つの体制に収斂していく、と。だから、その頃、プラハの学生、社会主義圏の学生たちが、隠れてか隠れてないか分からないけれども、収斂理論を一生懸命読んでいたんですね。そういうことを言っていたのが非常に印象に残っている。

つまり、僕は八九年のベルリンの壁崩壊に至る内部的なことは約二〇年前に始まっていた、西でも東でも始まっていた、という印象を受けているのです。それが八九年についに実現したわけですが、その実現の仕方が、ある意味では当然のことではありますが、東側の体制のほうが西側よりもよりひどかったから、西側よりも先に東側の民衆が立ち上がって倒したわけです。

それはよかったんだけれども、藤原さんがおっしゃるように、西側の一方的な勝利であるかのごとき形になったわけです。それで、そこから非常にいい面と悪い面が出てきたと思う。

つまり、それで今まで西側の中でも両体制ともよくないということで、乗り越えようとする真剣な声がたくさんあった。それから東側の中でも、お互いに収斂していって、いいところをとって、いい社会を作っていこうという声があったが、そういう動きが吹っ飛んでしまった。皮肉なことに、勝った者があまりにも劇的な大勝利をしたものだから、そういう模索が吹っ飛んでしまって、もう資本主義でいいんだ、ということになった。西側はもうノープロブレム、というような感覚になったわけですね。

そのことの非常によかった面と問題点があった。確かに、その点で東側が先に崩れることは当然で、ああいう抑圧的な制度が壊れてよかったと思うのだけれども、その代わり、いわば両方の体制の中で試みられていた、どちらも乗り越えるような新しいシステムがないか、という真剣な模索みたいなものも吹っ飛んでしまった。それでもう資本主義万歳、その後、世の中がそういう感じになってしまった。

そのことの帰結が、二〇〇八年、九年の、この二〇年後のリーマンショックとかサブプライム問題とかGMの崩壊とか、そういう問題とつながっていったのではないか、という感じがあって、そっちのほうで今度は八九年のベルリンの壁から二〇年遡って六八、九年のことを西と東と両方で考えてみると、二〇年後の二〇〇八、九年のワールドクライシスというか、あの構造が見えてくる面もあるのではないか。
藤原　西側でも東側でもない、西側も東側も中から変わってこない。だから、資本主義、帝国主義もだめだけど、スターリン主義もだめだと。
見田　そうです。
藤原　そこでは、そこにある現存する社会主義ですね。ルドルフ・バーロに倣って言えば、現存社会主義は認められない、ソ連を希望的解釈から捉えることは受け入れられないけれども、今の社会主義ではないものを考えることは可能ではないか、という期待があった。また、民主主義を否定するわけではないけれども、現在のリベラルデモクラシーではだめだ、という考えもあった。現存社会主義と現存民主主義の両方を乗り越えようというわけです。その両方の側での刷新という話が、結局、片方の崩壊という形で決着する。さらに、それに後追いするように付け加えますと、同時にこの時代からあと、旧ソ連・東欧圏がヨーロッパのいわば二級市民になっていくわけですね。
見田　そうなんですよ。
藤原　そして、マフィアが活躍して、これがロンドンのマーケットと結びつく。マフィアというのはロシア固有の現象であるかのように言われましたが、もちろん西側の経済とつながっているわけです。安定した議会制民主主義を享受し、しかも豊かな暮らしを享受できるロンドンやベルリンの市民と、ベルリンといっても旧東側の人たちは、これはヨーロッパの中の移民労働者になっていって、それによって玉突きになりますから、それまでトルコとかマグレブからの移民に頼っていたところ、もっと自分たちに近いほうの移民が出てくることで、中東の移民労働者を迫害しながら、旧ソ連、東欧圏の移民を二級市民として使っていくという経済ができあがる。
見田　そうですね。
藤原　これはもう、要するに負け組みが社会の下に組み込まれるという勝ち・負けの構造もいいとこでしょう。
見田　そうですね。
藤原　西側の知識人は、東側の専制支配に希望的な観測をもたず、むしろ批判はしてきましたが、自国の体制が正しいとは主張していなかった。だけど、ソ連の専制支配を糾弾しても自分たちの体制がいかに正しいかという自画自賛にはしないという、この議論はだんだん成り立たなくなってきたわけです。俺たちは勝ったんだから、勝利を受け入れろよ、おまえ、という議論になってしまう。
見田　もういいじゃないか、と。
藤原　いいじゃないか、となるわけですね。何か、勝った側が、引かれ者の小唄みたいなことを言ってもしようがないだろう。資本主義と民主主義の勝利なんだよ、と。
で、その時代の行く末を測る尺度として、それで最近のサブプライムという話になってくると思うのです。ここでひとめぐりして、やっぱり市場に対してコミュニズムかどうかは別にして、市場に対する政府の関わりというのは必要なんだ、という考え方に戻ってきたとお考えですか。
見田　「社会主義」という名前がよいかどうかは別として、市場に対する政府の関わりということは選択肢として残るだろう、と。

藤原　実は、一九六九年という時期は同時に福祉国家の頂点の時期なんですね。これは、すぐあとに石油危機で壊れてしまうんですけれどもね。それで財政が肥大して、インフレ経済なんだけれども、ここでは、資本と労働の関係で言えば、かつて資本と労働が対立的に捉えられてきたのが、結局のところ、公共投資で有効需要の創出をベースにしながら、国内市場を拡大することと労働者の賃金が拡大することは両立するんだ、資本家の儲けと労働者の賃金というのは仲良く進んでいくんだ、というこの観念が福祉国家の時代にはまだ信用されていたわけです。

のちの時代、私は石油危機のさなかの大学生だったんですけれども、その時には、やはり景気のいい時に学生運動やっていたんだな、と本当に思いました。こちらは石油危機のあとになりますから、だからかなり世知辛い世の中になっていて。

今のサブプライムローンの危機のあとから言いますと、じゃ福祉国家に戻るのかといえば、それほどすっきりいかないのは、結局、金融市場に金を突っ込まなかったら、経済が壊れてしまう。だから、セーフティネットとかという前に、まず銀行の救済にお金を流さなければいけない。他方で格差も広がるだろう。そこに対して金も出さなくてはいけない。これは成長のほうには必ずしもつながらないけれども、出さなければいけない。これは財政が拡大することで経済成長と福祉が同時に実現できるという石油危機以前の理想的な状態ではないですよね。政府が出さざるをえないんだけれども、結果的には出口がないだろう、ということですね。そこのモデルがない気がするんですよ。

だから、オバマ政権も、それで言えば鳩山政権も、やっていることはすごく似ていて、金融市場への公的資金の注入は第一に必要だからすぐやらなくてはいけないということで、それをやる。片方では、セーフティネットを張らないと、もう企業の中でも福利みたいなものは飛んじゃいましたから、だからますます再配分への要請は高いので、ここでもお金を出していかなければいけない。ここで財政が拡大するその後に出てくるものというのは誰も見えない、というようなことですね。

としますと、資本主義がそのままでいくと、こういう破綻が起こるんだよ、ということは分かったけれども、だけど何せ自転車操業なんだから、とにかく金がないとどうしようもないじゃないか、と。

見田　とりあえず、というか。

藤原　ええ、とりあえずなんですよ、そのへん。今どうなんでしょうね、結局ベルリンの壁崩壊から二〇年の資本主義と政治の関わりというのは。会う人ごとにこれをぶつけて嫌われているんですけれども、物作りに戻ろうとか、福祉が必要だということではまったく解決できないところにいる気がするんですね。

見田　それは必要は必要なんだけれども、解決ということはまた別問題ですよね。

藤原　焼け石に水を出さなくちゃしようがないじゃないか、っていう危機管理と緊急避難でとりあえず推移しているんですね。だから、石油危機より前の社民的福祉国家に戻ろうということになっても、たぶんなりたくてもならないだろう。結局、みんなに嫌われて政権がつぶれる、ということだけが続いていくような気がしますが。

見田　そうね。

「ベルリンの壁崩壊」は何をもたらしたか

藤原　全然関係ないですけど、政権交代が日本で起こったということにベルリンの壁崩壊と並ぶようなわくわく感というのは見田先生はもっておられましたか。

見田　いや、それは全然。スケールが違いますね。ちょっといいなと一時思いましたが。ただ、あれよりは二桁ぐらいスケールが小さい話ではないかと。だって、半分以上が元自民党で、要するに権力争いに負けて、こっち側へ行こうという連中が多いわけですから、そんなには。

藤原　三割安というか、賞味期限一ヵ月の変化のようなもので。

見田　オバマはやっぱり今かなり苦しいところへ来ているでしょう。鳩山由紀夫が勝った時に、太平洋の両岸で民主党が勝ったと言ったけれども、今、太平洋の両岸で民主党が苦境に立っているわけですね。かといって、あとに戻られても困るんだけれども。

例えばの話ですけれども、アフガニスタンからオバマが手を引けない構造というのは、どういうものなんでしょうか。

藤原　つらいところですけれども、手を引いた場合には、現在、破綻国家になっていたでしょう。アフガニスタンの問題は、悪いやつが権力を握っているということではなくて、実効的な国家権力が存在しないことなんですよね。政府がないから、じゃ外から政府を作れるかといったら、コストが高いだけではなくて、そもそもそこに住んでいる人が支持しない以上、意味がない。ここで引くも地獄なんだけれども、じゃ兵隊を増派すれば解決するかといえば、何ともならないわけですよね。状況から言えば、これはアメリカが始めた戦争なんだからということで、ヨーロッパは選挙監視には兵隊を送るけれども、選挙が終わったら引いちゃうわけですね。戦争を始めたのがブッシュだったといえば、それまでなのですけれども、オバマのほうが傷跡が、下手をすればひどいことになるかもしれない。

先ほどの政権交代の関係ですけれども、前の政府がひどすぎたからということでオバマ政権のほうが期待が高かった。ただ、ある政策のパッケージから違う政策のパッケージに移るというのは革命とは言えないし、たぶん有権者もそう思っていないんですね。むしろ、ブッシュ政権の始めた戦争が愚かであり、またそこでの、これはブッシュというよりはクリントン以来ですけれども、規制緩和が愚かだったとしても、今その現実がある時にとれる政策の選択肢は限られている。

そして、その選択肢をとったところで出口が見えるわけではないという、もうあからさまに荒廃した議論になるわけで、前の政府のせいだよ、という言い訳が残っているのが唯一の取り柄の民主党政権が、アメリカと日本で苦境に立たされている。見取り図は、そんなところなんですね。

見田　そうですね。

藤原　そうなると、ブッシュ八年の暴政が終わってよかった、よかったということには残念ながらならないですね。終わったのはよかったと思うのですけれども。

見田　それはベルリンの壁と同じことで、壊れたことはよかったんだけれども、じゃよかった、よかったということになったかというと、そういうことはないですね。

藤原　われわれは何かを作ったのか、ということなんですね。あっちが壊れたので、こっちに新しいものを作るという自転車操業でも何でもないですね。

見田　ベルリンの壁の話にまた戻って言うと、ブッシュはイラクで漠然とベルリンの壁の勝利みたいなものがまたあるんじゃないかと期待したのではないか。つまり、自由で資本主義的なあれがイラクの民衆にも歓迎されるはずだと、そんなような感じがあったと思うのです。だけど、ベルリンの壁の西側の勝利ということを考えてみると、そこであえて方法として冷戦を三番目の戦争と見るか見ないかということで、それは方法としてどっちでも起きると思いますが、仮に冷戦を三番目の世界大戦であったと考えると、第一次大戦と第二次大戦の場合の勝ち方と全然違うわけで、冷戦で西側が勝った勝ち方のいちばん大きな特色は、武力によって勝ったのではないということだと思うのです。つまり、軍事力で勝ったわけではない、と。そのことを忘れているのです。

つまり、東側の圧政がひどすぎたから東側の民衆が自分で立ち上がって倒したわけであって、それにおいては西側の社会の魅力というものがあったんですけれども、それはいわば西側の社会の、東側と比べた圧倒的な消費の水準の高さと情報の水準の高さというものだったと思うのですね。それはよく言われているエピソードですけれども、東の人たちはだんだん西側のテレビなんかも見られるようになっちゃって、その映し出される社会が非常に美しくて豪華だから、あんな社会なのかということで逆に憧れたということがあったわけです。

つまり、消費の水準の高さと情報の水準の高さによって勝ったわけであって、決して武力で勝ったわけではないので、そのへんがベルリンの壁のキーポイントだと思うのですね。それをブッシュをはじめ誤解して、またぶっ潰せば民衆は大歓迎してくれる、というような目論見が誤算だったと思うのですけれども。

藤原　誤算ですし、戦争との関係で言いますと、これがもし共倒れのような世界戦争とその後の再建ということになれば、国際秩序はもっと大きく変わったと思いますね。

見田　そうです。

藤原　第一次世界大戦のあととか第二次世界大戦のあととか、とにかくこういったものを繰り返してはいけないから新たな刷新が必要だろうということで国際連盟と国際連合とかが作られた。これはそうじゃないですよ。むしろ勝った側なんだから、こっちが変える必要はないわけで。冷戦時代の同盟が過去のものだという議論は、一九九一、二年ぐらいまではされるんですね、もうＮＡＴＯの役割は終わったと。そして、全欧安全保障会議をベースにして新たな秩序を作ろうという議論があるんですけど、どこかで沙汰やみになりますね。沙汰やみになって、ＮＡＴＯのリサイクルを進めることになる。

それと多少つなげて言うことができるかどうか分からないですけれども、勝った側中心ということは、武力の配置から言いましても、この冷戦が終わった時に、核時代は終わったんだ、という議論が八九年頃まではまだされているんですね。核兵器に頼る時代というのはやめましょう、と。東側も西側も核兵器は大規模に削減しよう、という議論があった。そして、核の不拡散の体制も作ろう、なんていう議論があるのですが、ただ、結局この問題は旧ソ連がいくつかの共和国に割れて、そうするとほとんど機械的に核保有国が増えますから、それを避けよう、クリミアの核兵器の問題をどうこうしようとか、その問題になるけれども、アメリカの核兵器というのはソ連に圧力をかけて冷戦を終わらせる役に立ったんだから、なんで減らすことがあるのかと、だんだんそっちもなくなっていくわけですよね。

軍事秩序については、大きな改変を加えるようなインセンティブのまるでない終わり方だったので、戦争がなかったからこそなんで変える必要があるのか、という議論になってしまう。

見田　それで、第一次大戦とか第二次大戦の終わったあとというのは、気分としては「ノーモア」というね。「ノーモア〇〇」である、と。それで国際連盟や国際連合ができたわけだけど、ベルリンの壁の崩壊と、冷戦の終結のあとというのは「ワンスモア」という感じがあって、もういっぺんやってみたいというような、そういう感じですよね。それでイラク戦争やアフガニスタン戦争になった。

藤原　おっしゃるとおりで、今度は特に武力で壊れたわけでもないのに、ベルリンの壁崩壊のような民主化を人為的に作ろうという試みがイラクとかで行われるわけですね。

見田　そうですね。

藤原　しかし、何か味気ない時代に来ている気がするんです。

見田　そうなんですよね。

藤原　確かに、元の独裁がひどかったから、旧ソ連・東欧圏における体制崩壊というのは多くのものをそこの人たちが得るきっかけになった、という議論はあるかもしれない。西側の消費生活へのアクセスを得たという意味では大きなものを得たのかもしれないし、もちろん政治的自由も、信仰の自由も得たわけですから。

見田　解放されたという意識はあるでしょうね。

藤原　われわれ西側の人間にとって得たものって何だったんでしょう、俺たちが正しい、という思い上がりを別にして言えば。あるとすれば、その勝利を歴史に投影して、歴史の終わりと言ってみたりするような、歴史をショートハンドで書き直すような見方というのが出てきましたけどね。

見田　われわれにとって得たもの、みたいなことを強いて言うとすれば、素朴な言い方だけれども、あんまりひどい体制はいずれ内側から崩れるものだ、という教訓みたいなものは得たと言えるかもしれません。

率直に言って、さっきの六八年のプラハの春もあったけれども、ベルリンの壁については、ほとんどすべての人があんなに早く崩れると思ってなかったでしょう。あとからはコロンブスの卵で、もう崩れるべくして崩れたとみんな言うけれども、でも率直に言って八九年の直前までは、今日明日に東側が崩れるとは思ってなかったですよ。それが崩れたということは、やはりあんまりひどい体制というものは内側から崩れるものだ、という何かある種の希望というか、芯が出たということは、かろうじてわれわれが得たよい教訓ではなかったか、という気はしますけれどもね。そのくらいの話で。

藤原　少なくとも体制が倒れたところでは、自由という言葉が実態になるわけですね。

見田　そうなんです。

藤原　多くの人が実際に求めているものなんだな、ということが確認されましたよね。インテリの、象牙の塔というものの呼びかけというものではなくてね。

見田　そうですね。

藤原　ただ、同時にこの二〇年間は天安門事件からの二〇年でもあるんですね。

見田　そうなんですね。

藤原　こちらは共産党の支配が二〇年続いたわけですね。しかも、豊かな中国が実現するということであって。

見田　それはまた、いろいろな、たくさんの問題があります。資本主義よりも資本主義的という面もあるし。

藤原　資本主義にすることで共産党が生き延びたような。

見田　そうなんです。中国研究者の石井明さんが雑談で言っていたんだけど、中国では当然、今相当いろいろな、資本主義的な矛盾が現れているわけでしょう。貧富の格差とか、いろいろなことがね。それで、反対派がその体制に対して批判しようと思うんだけれども、共産党の名前はすでに政府にとられてしまっているから使用できないんだ、という冗談を言ってたんですけれどもね。

藤原　共産主義という選択がないのは共産主義だけだ、ということですね。

見田　そうそう。そういうジョークを言ってた人がいるけれども。

自由主義と自由

見田　最後のまとめで、今の話と通じて問題提起として言うと、ベルリンの壁崩壊は自由の勝利だったということはあるのですが、今、例えば日本で人々が感じているのは、大変な閉塞感ですよね。大澤真幸の著作『不可能性の時代』（岩波新書、二〇〇八年）というのが話題になりましたけれども、あれの帯にもあったように、若い人が非常な閉塞感をもっている。それは若い人だけではなくて、全然別の筋から、勤めている人なんかに聞いても、会社でも大学でも、どんどん閉塞感が強まっている。つまり、自由がなくなってきた、という実感が人々にあるわけです。

大学に勤めている友人が多いのでその例で言うと、この一〇年間ぐらいのあいだに、例えば出勤のためのカードだとか、それから週に何回以上出勤しなければいけないとか、出勤しない場合は理由を書けとか、いろんな管理規制というものが厳しくなっているということです。

民間会社なんかはもっとそうであって、会社に勤めている金融関係の人なども、やはり非常に息苦しくなってきている、と。会社の管理システムの中で非常に不自由な社会になってきた、という意識があるわけですよ。

どうしてそうなったか、ということを考えてみると、細かい話は別として、太い線で言うと、根源にはやっぱり新自由主義的な体制があるわけですよ。新自由主義的な体制で、まさにグローバリズムであって、どんどん貿易も自由化されてくると、次には各国内で国際競争力ということがキーワードになってくる。日本の各企業とかなんかで「国際競争力」をもたなければいけない、というふうになってくる。そうすると、国際競争力をもつためには合理化しなければいけない。どんどん合理化を企業でも官庁でもしていく。そうすると、それはいろんな形で管理の強化とか、遊びのあった部分は切り捨てるとか切り詰めるとか、そういうふうになっていく。それが人々の非常な不自由感になっている、ということが太い線になる。そうすると、新自由主義が自由をなくしている、というパラドクシカルな面があるわけです。

僕自身は断固とした自由主義者だから、自由というものが非常に大事だと思っているんですが、政治的、経済的なイデオロギーとしての自由主義が本当に人間の自由を拡大するかということは、また別の問題だと思います。大事なのは一人一人の実質的な自由を拡大することなんですけれども、イデオロギーとしての「自由主義」はその可能性をもたらすかというと、それはまた検討しなければいけない問題で、特に「新自由主義」であった場合、連鎖で、実際には相当、新自由主義的な政策というものが、日本だけではないと思うんですけれども、おそらく一人一人の実質的な自由を抑圧している、というところがあると思う。たぶん自由という問題を未来の問題として考える場合に、そこを一つ押さえておく必要があるのではないか。実質的な自由をどうやって確保するか、ということが大事だと思うのです。

藤原　自己決定をする機会という意味で自由を考えた場合には、自己決定を阻《はば》む要因は社会生活とかいろんな形でありますね。それは市民社会の側の問題で、政治の課題ではないよ、と切って捨てるということは、もちろんできる。そこのところに文句を言ったのがマルクスだったわけですね。マルクスの『ユダヤ人問題によせて』というのは、市民社会のほうに押しつけた階級という課題を放置したまま公共空間について言うことにはそんなに意味がないんだよ、と。ここに一つイデオロギーとか観念とかが作られた時代をわれわれは見たわけですけれども、ただここでまた面倒な問題があって、本当の自由とか本当の民主主義というものを議論した場合には、それは場合によっては制限されない権力を作ってしまう可能性がある。ソビエト国家はブルジョワ民主主義より民主的だと言いながら、結果的には共産党の専制支配を作るだけのものになってしまった。

そうすると、法による支配とかいった概念というのは、やっぱり重要は重要だろう。自由主義的な制度というもの自体は重要なんだけれども、自由主義的な制度があることは個人の自己決定における実質的な自由とは、また距離が残るわけですね。その意味では伝統的なマルクスの問題というのは残ってしまうわけで、そしてもしそこに手をつけないとすると、自由とは結局、人の自由にされる状況であって、自己決定ではなくなってしまう。その課題に対する答えは、まだ得られてないですね。

見田　自由の拡大には常に賛成なのですが、経済的なイデオロギーとしての「自由主義」、特に「新自由主義」には、今見たようなパラドックス、矛盾があるのですね。つまり、例えば企業間競争の徹底加速化↓「企業競争力」の絶えざる増強の圧力↓企業内「合理化」の圧力↓個々人の労働と生活の規制の強化という中間項を媒介として、結果的に〈不自由な社会〉を実現してしまう。企業の代わりに学校とか公共団体を代入しても同じで、僕は「自由主義のパラドックス」と言っているのだけれども、これが現実に進行している。

グローバリゼーションという、本来は「開放性」の原理が、現実には社会の「閉塞感」を帰結しているということも同じ回路があると思う。

今日の対話の出発点であった「ベルリンの壁」の感動的な自由の勝利から二〇年を経た現在の〈自由〉の状況は、このような逆説的なところに立っていると思います。

この状況を打開する方向は、もちろん古い共産主義に戻るという方向であってはならない。反対に、自由のいっそうの拡大という方向でなければならないと思います。そんなことができるだろうか。現在のような資本主義でも共産主義でもないような社会のあり方が可能だろうか、ということですね。僕は可能であると思っているのです。

経済的なイデオロギーとしての「自由主義」、「新自由主義」が現実に実現しているのは「競争する自由」ですが、競争する自由とともに「競争しない、自由」もある時に、人間は本当に自由になれる。素朴にのびのびと生きることもできる自由、好きなことだけをやって生きてゆくことのできる社会が、本当に自由な社会ですね。現在の「新自由主義」のイデオロギーは、「競争する自由」だけを煽るということで、「競争しないで生きる自由」を実際上、抑圧してしまう。

みんなが「好きなことだけをやって生きられる社会なんて、ありえない。生存のために必要な物資の生産は誰がやるのだ」という批判がすぐに聞こえます。アンドレ・ゴルツのような経済学者の計算では、二一世紀に入った頃の先進産業社会は、成人が週に二日、各五時間くらい仕事をすれば、社会的に必要な物資は十分に生産できる。すべての人に質素で健康的な最低限の生活は保障することのできる物資は生産できる。社会的には無用の労働も現在では多いのですが、「社会的に必要な仕事」だけについては、現代の技術と情報の水準をもってすれば、これで十分に実現できる。週に二日、各五時間くらいなら、人それぞれに自分の好きな仕事、農業とか物作りとか交通とか情報とか医療とか福祉とか教育とかを分担して、楽しみながらやることができる。何万年かの人間の歴史の中で、人間は初めてそのような生産技術の高さにまで達したわけです。

その上にもっとゴージャスな生活とか金儲けとかしたい人は、自由に競争したらよい。しかし、僕自身を含めて、多くの人は、質素で健康的な最低限の生活が保障されれば、その上は、ゴージャスな生活や金儲けより、アートや愛や友情やスポーツや自然を楽しむほうが、ずっとよい人生を楽しむことができると思う。

〈自由〉という視点から論理的に整理するなら、経済的なイデオロギーとしての「自由主義」、特に「新自由主義」は、生き方の根本的な価値を選択する自由を考えていない。ホモ・エコノミクスという経済的な価値だけに生きる人間を前提としていて、価値それ自体の選択の自由を考えていない。「近代」の資本主義、共産主義という二つの体制に共通していたホモ・エコノミクスという人間像からの解放、生き方の方向性を選ぶ自由の獲得ということを通して、人間は新しい自由の地平に立つことができると思う。

今日の対談では触れられなかったけれども、この世紀の人間が直面しているもう一つの大きい問題として、地球環境の有限性の露呈という問題があるわけですが、このもう一つの問題も、この自由の拡大という方向で、つまりホモ・エコノミクス的な価値観からの自由と、これをベースとする経済成長の無限進行という強迫観念からの自由ということを通して、初めて方向性を見出すことができると思います。

Tsushima Yuko

津島佑子

人間はどこへゆくのか

1947-2016年。小説家。

太宰治と津島美知子の次女として生まれる。白百合女子大学文学部英文科在学中に『文芸首都』や『三田文学』に参加し、1969年に文壇デビュー。

主な作品に、『葎の母』(河出書房新社、1975年。田村俊子賞。のち、河出文庫、1982年)、『寵児』(河出書房新社、1978年。女流文学賞。のち、講談社文芸文庫、2000年)、『夜の光に追われて』(講談社、1986年。読売文学賞。のち、講談社文芸文庫、1989年)、『火の山』(講談社、1998年。谷崎潤一郎賞、野間文芸賞。のち、講談社文庫、2006年)、『ナラ・レポート』(文藝春秋、2004年。芸術選奨文部科学大臣賞、紫式部文学賞。のち、文春文庫、2007年)ほか。

失う恐怖

見田　人間の未来ということで、昨年ちょっと面白いと思ったことがあります。映画『ALWAYS三丁目の夕日』（山崎貴監督、二〇〇五年）は、高度経済成長が始まったばかりの一九五八（昭和三三）年が舞台で、できつつある東京タワーを見ている町の人々の話なんですね。代表的な評言で、あの頃を「人々が未来を信じていた時代」と過去形で表現しています。現代では誰も未来を信じていないということが前提になっているわけです。

日本初の超高層ビル「霞が関ビル」の建設をめぐる当時の映画で『超高層のあけぼの』（関川秀雄監督、一九六九年）というのがありますが、そこでは高度成長に何の疑いももっていない。奇しくも当時は「あけぼの」で、今度は「夕日」。ラストシーンは、新しい時代が来るという感覚ではなくて、今あるもの（美しい夕日）がいつまでもあってほしいという感覚で終わっている。「未来」の感覚に微妙な変化を感じます。

津島　あの昭和三〇年代というのは、まだ魔物の存在がリアルに感じられた時代でもありましたね。一方、アメリカのホームドラマを見ながら、こんな家庭が幸せの原点で、魔物なんていうのは克服しなくてはならない対象と捉え始めていた。最近、渋川（群馬県）に行ったのですが、以前聞かされた赤城山の小沼にまつわる伝説を思い出しました。小沼の主は女の子が好きだから近づいてはいけないというのですが、当時の小沼は本当に荒涼とした沼でしたから、とても現実的な怖れが伝わってきたんですね。あの当時は、まだそういうものが生きていた。

先生は、目に見えないもの、言葉で表現できないものを私たちは喪失してきた、と書いておられますね。

見田　高度成長期にはムラとか家とか伝統的な共同体が根こそぎ解体されて、そこからの解放感があったとは思うんです。生活が豊かになったとか、いい面もたくさんありました。いわば、日本の近代化の集約なんですね。その十数年から日本人が得たものは、所得が何万円になったとか、数字に出しやすいし、言葉で表現しやすい。だけど、失ったものは見えにくいものが多い。小沼の変化であるとか、数字には出ないですよね。

高度成長期に集団就職で東京や大阪へ人々が流れ込み、孤独な群衆を形成していった。当時「孤独」という文字をつけると本がたくさん売れたそうです。『愛と死をみつめて』[1]があの時代にアピールしたのは、古里から一人で出てきたような人たちが「近代」の内部に別の心の拠り所を見つけようとしたところがあったのでしょう。

津島　サモア最初の女性作家でシア・フィジェルという人の著書に、こんなくだりがあります。学校で白人の先生から「私のペット」という題で作文を書くように言われて、主人公の少女は「私はブタを飼っている。姉も妹もおばあちゃんもおじいちゃんもかわいがっている」と書く。すると、先生が怒って「私たちのペットでなくて、誰とも共有していない、あなただけのものはないの?」そこで彼女は胸を張って応えます。「そういえば、ありました。一〇セネのコインを隠してあります。誰も知らないはずです。私とブタ以外は……」。つまり、サモアの社会には、もともと「私」という概念はない。

見田　「私」が輸入されたわけですね。

津島　近所のおじさんはブタや風や花とも話ができる人で、死んだブタを運ぶ時に寄ってくるハエに語りかけるんですね。「ハエくん、このブタはもう奥さんがいるから、あなたが今から求婚しても結婚できないよ」。

見田　うーん。面白いですねえ。

津島　ただし、そうしたサモアの伝統的な価値観だけでは生きていけないわけですね。コーンフレークやテレビが生活に入ってくる。

見田　サモアの海は、おいしい魚がいっぱい捕れる。ところが、大事なお客さんを歓迎する時は、わざわざアメリカから輸入した缶詰の魚を出してくる。そのほうがご馳走だと、そういう価値観にだんだんなっている。

津島　同じことが日本の文学にも起きてきたと言えるんでしょうね。浪曲などの大衆芸能、見世物小屋。今から見ると立派な芸術分野ですが、私の親の世代くらいは、そんなものに何の価値があるのか、と。それよりは頭のよさそうな小説のほうがずっと高級だ、という考えだったようです。

見田　近代文学の輸入缶ですね。津島さんが書いておられたニュージーランドの先住民マオリの文学でしたっけ、「渦巻く文学」。

津島　ええ、彼らもマオリ文学をどう定義づけたらいいのか、相当悩んだんでしょう。マオリとは何かから始まるわけです。遺伝子にこだわれば純血主義となり、排他的になるのは目に見えている。ニュージーランドでは白人と共存していますから、今さら白人の文化は排除できない。

結局、融合という概念ではなく、渦を巻きながら互いに伸びていくイメージ、それはシダの芽が彼らの伝統的なシンボルでもあるからなのですが、その渦巻きから新しいエネルギーが生まれるんじゃないか、マオリ文学とはそういうものだ、と。素晴らしいアイデアです。日本にもアイヌ民族のかたたちがおられる。先住民や少数民族と、メジャーな人たちがどんなふうに共存していけばいいのか、大きなヒントになると思いました。

見田　アイヌで思い出したんですが、バスク地方（フランスとスペインの国境）で独立運動をしている少数民族についての話で驚いたことがあります。そのピレネーの山中の少数の村人が、日本のアイヌのことにものすごく関心をもって、日本人よりよく知っているというんです。マイノリティー（少数派）の人たち同士のはるかな呼応があるんですね。

津島　アイヌは伝統的に無文字で、口承文芸を大事にしています。口承文芸は流れることを前提にした歌物語ですから、非常に広い範囲で姿や物語の筋を変えながら流れていく。それが歌の魔力であり、魅力。文字で書いた近代文学がかなわない力をもっているんですね。先日『楢山節考』[2]の映画をDVDで見たんですが、ひとことで言えば貧しさゆえの口減らしなんだけど、これもある種の知恵なんじゃないかと思いました。

見田　『楢山節考』なども、近代の観点では単に日本残酷物語みたいな感じになってしまうけど、別の見え方があるでしょうね。

津島　死者の捉え方もちょっと違います。山に行く老人たちは「生き続ける死者」のほうに移ります、という感じ。現代の私たちは「死」というと絶対的なもののように考えて怖がりますが。

見田　近代的な死の恐怖は、個体の絶対化の結果だと思います。絶対化されれば、死はすべての虚無の源泉になる。

魚の思い

津島　何が善で何が悪なのか、これからどうするのか、ということを私たちは突きつけられています。朴裕河《パクユハ》さんという韓国人の日本文学研究者がおられます。日韓のあいだでこじれているさまざまな問題の中で、独島、竹島問題[3]について、この海で昔から生きてきた魚たちはどう思っているんだろう、とお書きになっている。人間だけの都合でなく、魚の意見、鳥の意見も聞く、馬鹿みたいに聞こえるかもしれないけど、実は切実にそう考えないと次に進めない時代に来ています。

また、林京子さんの著書に、アメリカのグラウンド・ゼロ[4]に行く話があります。自身の被爆体験から人間の被害ばかりを考えてきたが、行ってみたら土地そのものも被害者だと感じた。土や生物と一緒に、原爆の怖さを訴えなきゃいけない、と書いています。そこに、これからのことを考えるキーがありそうな気がしてなりません。

見田　近代の根本的な考え方は、人間中心主義です。だけど、人間主義は、人間主義を超えた価値によってしか支えられない。生物種が多様な生態系は強いそうです。個体の多様性がなくなった生物種は、環境の激変があると一気に滅びる。文化や思想も多様性がない社会は脆《もろ》い。近代の価値観でもっていた社会がいきづまったとき、突破する発想のタネはどこからやって来るか分かりません。流行のグローバリズムは世界中の文化の個性をなくし、同じ価値基準で統一する。けれど、多様性を失えば、未来は塞《ふさ》がれてしまう。

津島　先生は「自明性の罠からの解放」がキーワードだと書いておられます。そのことで思い出すのが、台湾の南にある蘭嶼《らんしょ》島に行った時のことです。海洋民族のタオという人たちが四〇〇〇人ほど住んでいます。植民地時代の日本語を話すお年寄りが集まってくださったので、タオの伝統的な歌を聞きたいのですが、とお願いしたら、今歌ったら明日ブタを殺さなきゃいけないからだめ、と言うんですね。儀式の歌なんです。彼らには気楽な娯楽の歌はない。歌の意味が全然違う文化にびっくりさせられました。

少し前にフランスの雑誌で「フランスの文化を支えてきたのは、みな外国人だ」という特集をしていました。ピカソだの、ショパンだの、フランス文化とは何か、という論争があった。日本では単一民族という神話をいまだに何となく信じていますね。実は南の海から、大陸から、半島から人々が流れ着いて共存してきたはずなのに。

見田　忘れてますね。ちょっと昔のことだから（笑）。アメリカなんかまだ新しいから、よそから来た人がアメリカ人になる、ということをふつうに考えている。アメリカは、そういうところは強い。

津島　先ほどのサモアの作家はアメリカに留学したインテリですが、作品に語りの文体を入れています。リズムがあって、朗読に非常に向いている。サモア語もどんどん入れて、英語の顔をしてるけど、新しい魅力的な表現語になっている。実は日本語でも同じようなことを試せるんじゃないかと。

見田　アイヌ語にも、日本語にもっと入れたらよい表現があるんじゃないですか。多様な表現ができるようになるんじゃないかな。

津島　さっき生態系の話が出ましたが、ある言語学者が生き物と言語との関係の論文を書いていました。ニューギニアの小さい部族の言葉が次々に絶滅しているけれど、その絶滅線とチョウの絶滅線というのが気味悪いくらい一致しているそうです。

見田　二〇世紀の終わりのほうというのは、一日に何種もの生物が滅んでいる。そのことと文化を絶滅させる力とは同じものですね。

津島　いまだにニホンオオカミを見つけたという記事が出たりしますが、日本人の潜在意識の、二度と取り戻せないものを失った、という喪失感がどこかにあるんでしょうか。台湾では雲豹《うんぴょう》という大型の山猫が絶滅したけど、どこかにまだ生きているんじゃないかと希望を捨てたくない人たちが会を作って探し続けているそうです。

見田　無意識かもしれないけれど、雲豹を探す人たちは雲豹に何かを託しているんでしょうね。

津島　私たちは文学作品の中で雲豹に託すようなものを何か示していくしかないという気がします。

見田　ところで、家族みたいなものはどうなっていくとお感じですか。

津島　明らかに大きく変わろうとしていますね。女性は男性と同等の教育を受け、社会で自分の可能性を試して、経済的にも自分の力で生きていきたい、と望んでいます。それは当然なことですが、そうすると従来の家事労働をどうするんだ、という問題につながる。大家族主義に戻るのではなく、共同体的にものを考える発想に学ぶところがあるかもしれませんね。

見田　夫は仕事に励み、妻は家庭で支える、という典型的な近代家族は、三〇年前の高度成長期の調査では、二〇代の男女の理想像でした。それが、二〇〇三年の調査では、それがよいという二〇代の青年は6％。近代家族というのは音をたてて崩壊しています。方向としては、家族をもたなくては、という強迫観念がなくなる。何割かの幸福な家族が、それぞれに違った仕方で幸福、という時代になると思う。多様な家族と多様な独身者が認め合いながら共存していくのが望ましいし、そうなっていく。文化の多様性にもつながる。

津島　聖パウロが書いた『エペソ人への手紙』[5]を読んだのですが、当時のエフェソス（エペソ）は母系性のかなり享楽的な社会だったんですね。だからこそ一夫一婦制を聖パウロは叫び続けたんだ、と初めて知りました。一夫一婦制は当時、仰天するような観念だった。

今の常識は当時の常識じゃないと思い知りました。これからどうなるのか、そういう意味では面白いですね。

見田　いろいろな可能性が出てきます。ただ、世界の指導者たちがちょっと時代に遅れていますが。

静かな歓び

津島　二〇〇〇年という年は一つの節目だと思います。キリストの生誕から約二〇〇〇年。そろそろ儒教やキリスト教の文化に賞味期限が来たのではないでしょうか。

見田　例えば、生物学で個体の増え方を示す「S字曲線」というのがあって、一つのシャーレで微生物を繁殖させる実験をすると、最初はゆっくり、ある時から急激に増殖して限界に達し、また横這いに近い安定期に入る、というものです。高等動物はもっと複雑ですが、根本的に同じなんですよ。人間の場合も、近代はちょうど大爆発期で、地球上の資源をほとんど使い尽くす直前のところまで来た。生き延びるとすれば、安定平衡期に入るしかない。その折れ曲がり点が、一九七〇年頃から二〇〇〇年。世界人口も、その間に変曲点があって、明確にスローダウンしている。それが人間の意識や文化にも反映されていて、例えばそれは「未来を信じていた時代」が過去のものとなり、だんだん未来観が変わってきています。

津島　なるほどねえ。

見田　象徴的だなと思うのは、昨年末に問題になった「近未来通信」という会社に何百人もの人々が退職金をつぎ込んでひどい目に遭ったでしょう。彼らは高度成長期を担ってきた人たちで、ずっと「未来」を信じてきた。それが最後に「近未来」を信じて騙される、という皮肉なことになってしまった。それは「未来を信じてはいけない」という教訓ではないと思います。そうではなくて、「30％の配当」というような高度成長期タイプの未来の信じ方は破綻したということをシンプルに示した事件でした。

津島　新しい価値観が必要になっている。

見田　歴史の変曲点に来ている現在、未来を信じ、切り開くためには、おそらく高度成長期とは違う別のやり方で未来を信じる時だと思いますね。人間の大爆発期である近代の価値観の基本は「自然を征服し、人間も互いに競い合う」という考え方です。高度成長期にはこの価値観が有効でしたが、その大爆発の成功の最終局面は「9・11」テロ[6]の、乗っ取られた飛行機がビルに衝突する少し前みたいな状態で、どこかで方向転換をしないと破綻する。

では、どう転換するのか。何らかの形で「共存するシステム」を考えるということだと思います。高度成長ができなくなったから仕方なく、ということではなく、本当は自然とも他の人間や社会とも共存するほうが楽しい世界なんだと。人間や動植物も含めて、さまざまな種と共存することは楽しい世界なのだと。そういう方向にしか、未来を信じる道はないと思います。

津島　文学も「もう書くことがない」と言われるけど、観点を変えて見ると、そういう術を見つけられないだけなんでしょう。今から五〇年、一〇〇年後の世界にも文学がもし存在しているとすれば、現在は「近代文学と称して、何と可視的なものだけで書いていたことか。豊かな世界は見えていなかったのだな」と言われるかもしれないし、そうなればいいと思います。今のところは、そういうものを書くための試行錯誤の状態。ファンタジーばっかりじゃなくて、足を止めて耳をすまして目を閉じて見てみる。本当に見たいものは目を閉じたほうがよく見える、と言うじゃありませんか。そこで感じられる豊かな世界を描いていけたらと思いますね。

見田　文学の未来は楽しみですね。ゴーギャンが犬と人間たちが共存してゆったりした世界を描いていて、それは《アレアレア》という絵なのですが、マオリの言葉で「静かな歓びに満ちた日々」というような意味です。「静かな歓び」という感覚は豊かな未来を開いてゆくタネであって、そういうタネや発想は世界の中にいっぱいあるんじゃないかと思うんですね。

1　大学生の河野実さん（マコ）と、難病の軟骨肉腫に侵され、二一年の生涯を閉じる大島みち子さん（ミコ）との、三年間に及んだ往復書簡集。一九六三年に出版され（大和書房）、一五〇万部を超えるベストセラーになった（のち、だいわ文庫、二〇〇六年）。映画やテレビドラマにもなり、純粋な愛の物語は多くの人の心を打った。

2 日本の寒村の因習に従い、年老いた母を息子が山に捨てる「姥捨山伝説」をテーマに深沢七郎が書いた小説（中央公論社、一九五七年（のち、『楢山節考／東北の神武たち――深沢七郎初期短篇集』中公文庫、二〇一四年所収））。木下恵介監督（一九五八年）、今村昌平監督（一九八三年）によって映画化されている。

3 日本と韓国の境界にある大小二つの島をめぐり、両国のあいだで係争中の領有権問題。日本では竹島、韓国では独島と呼んでいる。

4 英語で「核兵器の爆心地」の意味。一九四五年七月一六日、地上初の原爆実験が行われた米国ニューメキシコ州の砂漠の「グラウンド・ゼロ」（トリニティ・サイト）に立った時の衝撃を、林京子さんは作品「トリニティからトリニティへ」（『長い時間をかけた人間の経験』講談社、二〇〇〇年（のち、講談社文芸文庫、二〇〇五年）所収）に綴っている。

5 新約聖書の一書。使徒パウロが小アジアの都市エフェソスのキリスト者共同体に宛てて書いたとされる。

6 二〇〇一年九月一一日に米国で起きた同時多発テロ。イスラム過激派によってハイジャックされた旅客機が、ニューヨークの世界貿易センタービルなどに激突。約三〇〇〇人が犠牲となった。

Kato Norihiro

加藤典洋

現代社会論／比較社会学を再照射する

1948-2019年。文芸評論家。

1972年、東京大学文学部仏文学科卒業。国立国会図書館職員を経て、明治学院大学国際学部教授、早稲田大学国際教養学部教授を歴任。早稲田大学国際教養学部名誉教授。

主な著書に、『アメリカの影』（河出書房新社、1985年。のち、講談社文芸文庫、2009年）、『言語表現法講義』（岩波書店（岩波テキストブックス）、1996年。新潮学芸賞）、『敗戦後論』（講談社、1997年。伊藤整文学賞。のち、ちくま学芸文庫、2015年）、『文学地図』（朝日選書、2008年）、『9条入門』（創元社（「戦後再発見」双書）、2019年）ほか。

さまざまな主題の連関

加藤　編集部から見田さんの特集について話があった時に最初の企画案を送ってもらったのですが、タイトルが「見田宗介＝真木悠介」となっていました。それで「見田＝真木」というカップリングが企画のコンセプトだとすれば面白い、と思ったのです。

見田さんのこれまでのお仕事は、「一人二人」全集方式の『定本著作集』の構成からも分かるように、見田さんの仕事と真木さんの仕事と二つのラインがあります。ですが、今、見田さんが向かわれているのは、この二つの仕事の綜合というか、それが合流する地点なのではないでしょうか。

まず私が見田さんの仕事にひときわ強い関心を抱かされ、その後、お話をさせていただくようになったきっかけから始めるのがよいでしょう。きっかけは、一九九六年刊行の『現代社会の理論——情報化・消費化社会の現在と未来』（岩波新書。改訂、二〇一八年）です。私は九六〜九七年のあいだ日本を離れ、フランスに滞在していて、九七年三月に帰国したら、行く直前に書いた「敗戦後論」と、いないあいだにフランスで書いて発表していた「戦後後論」、「語り口の問題」というものに対する風あたりがひととおりのものではありませんでした。いないあいだに日本に出てきた自由主義史観という動きと同調するものとひと括りにされていて、ちょっと面食らいました。帰国後、これらをまとめて『敗戦後論』（講談社、一九九七年。のち、ちくま学芸文庫、二〇一五年）を出したのですが、これもさっそく左右両陣営から批判を受けました。その後、一段落ついて、自分がいないあいだに出た本を見る余裕が生まれ、程なく発見したのが、見田さんのこの本です。これには一読、びっくりしました。すごい本だと思いましたね。でも、まわりの人に、こんなにエポックメーキングな本が出ていたんだね、と評判を聞いても、「えっ、あんまり知らない」と(笑)。しかし、そういう黙殺にあった理由が分からないでもなかったのです。

この本は、消費・情報社会の「光」と「闇」の双方を「みはるかす」統合の視点を掲げています。私から見ると、左派と右派の両方を「みはるかす」視点をもたないと戦後問題の本質が見えてこない、と書いた自分の『敗戦後論』とモチーフが同型だと思います。何しろ、消費化・情報化社会の「光の巨大」を否定するのをやめよう、その南の世界を搾取する「闇の巨大」の側面と同時に、「光の巨大」の肯定面もしっかりと受けとめよう、という当時としては驚天動地の主張がなされている。みんなこれをどう受けとめてよいか分からず、曖昧にスルーするしかなかったのだろうと思うのです。本質的なものが出てくると、日本のように小さな閉回路の社会では、えてして、こういうことが起こる。しばらく模様見が続くのですね。

そこで、もう刊行から一年半くらい経っていましたが、これが画期的な本であるゾと、七〇〜八〇枚くらいの長文書評の形で、当時勤めていた大学の紀要に書きました(「二つの視野の統合——見田宗介『現代社会の理論——情報化・消費化社会の現在と未来』を手がかりに」、『明治学院論叢　国際学研究』第一七号、一九九八年一月。のち、『可能性としての戦後以後』岩波書店、一九九九年所収)。自分としてはかなり踏み込んで書いて、それへの批判と考えられる点も挙げたと思います。そして、それを見田さんに読んでもらいたい、とお送りした。竹田青嗣さん、橋爪大三郎さんなどとやっていた勉強会、読書会でご本を取り上げるので来てもらいたい、とお願いし、来ていただきました。大澤真幸さんも、その時には顔を出してくれたと思います。

ポストモダン思想全盛の時期に、それを相対化する視点を失わないで独自の足場を築く、強固な頭脳と稀有な姿勢・態度がここにある、と思ったのです。

それで、その後、9・11が起こった時にも、ぜひ見田さんの考えを知りたいと思い、当時勤めていた明治学院大学でシンポジウムを企画するのでそれに出席してくれ、とお願いしました。受諾の答えをもらうのに半年以上かかりましたね。極力いやだと言われるので（笑）。それでも、とうとう引き受けてくださいました。それで書いていただいたのが「アポカリプス――「関係の絶対性」には向こう側があるか」という文で、直後に『論座』（二〇〇三年一月号）に発表されたあと、少し形を整えて『社会学入門――人間と社会の未来』（岩波新書、二〇〇六年。改訂版、二〇一七年）の第五章に収められています。この文章を見田さんの9・11への応答として受け取った時には、身が震えるような思いがしたことを、ついこのあいだのことのように覚えています。

さらに、もう一度この続きのシンポジウムを行う必要があるということは、すぐに思っていて、シンポジウムを聞きに来てくれていた東大の竹内整一さんなどとも話していたのですが、竹内さんが中心となり、その続きとして開かれたのが、結局五年以上かかったわけですが、二〇〇八年一一月に東大で開かれた「軸の時代Ⅰ／軸の時代Ⅱ――いかに未来を構想しうるか？」という公開シンポジウムです。そこで初めて見田さんの「軸の時代」というコンセプトに触れます。「軸の時代Ⅱ」とあるので、どこで軸の時代の一回目のシンポジウムをやったのだろうとつい思ったくらい（笑）、これは不意のテーマ領域の出現でした。

そのレジュメは、すごかった。時間の都合上、見田さんのお話は三分の一くらいで終わってしまいました。僕は何時間でも、深夜までかかっても聞きたい、と思っていたのですが。でも、そのインパクトは、とても大きかった。大きな宿題をもらったと感じました。それから四年ほどして、3・11を挟んで『人類が永遠に続くのではないとしたら』（新潮社、二〇一四年）という一冊の本を書くのですが、それはその応答でした。

そこでは、『現代社会の理論』が、なぜ世界的な論の広がりの中においても画期的な意味をもつものであるか、ということも書いています。社会学的に関心が重なる著作家としては、ウルリッヒ・ベックを挙げています。私は社会学の人間ではなく、不勉強で、ベックのことを知りませんでしたが、3・11が起こると、みんなが当然知っていたような顔をしてベックのことを話すので、もっと早く教えてくれよ、と思いましたね。ベックを読んでみると、面白い。見田さんが『現代社会の理論』で書かれたことに、別の方向から現代社会の内部限界の問題にアプローチしているのです。チェルノブイリ原発事故があった一九八六年にベックはリスク社会論という考え方を出すわけですが、これも画期的な展開でした。そして、その一〇年後に見田さんが『現代社会の理論』を書く。そこで、ベックにはなかった「有限性の近代」の中で生きていくという問題を提出される。もともとはジョルジュ・バタイユから見田さんが取り出した「普遍経済学」という概念の核心にあたる側面です。有限性の問題、限界問題は、無限性から出てくる。「光の巨大」と「闇の巨大」というのは、無限性と有限性ということでもあります。無限性ということが先にあるんだ、という発想がここにすでに顔を見せています。見田さんは「統合した視野がなければダメだ」とおっしゃってきましたが、そうした発想の形はバタイユと非常に似ている。なぜ全体的でなければならないかといえば、素朴、シンプルでなければならないからで、直観の力がただごとでないバタイユにもそういうところがあります。

さて、私が今日お話をするにあたって、最初に用意した問いは、見田宗介にとって真木悠介とは何者なのか、という設問です。『現代社会の理論』のあとがきに、ご自分のお仕事の全貌の構想が七部構成で示されていますが、前半のまとめがこの本で、後半はまだだ、と言われている。その後半、つまり今後の展開には、真木悠介名でなされてきた仕事の合流が不可避だろうと思うのです。むろん、すぐに答えられるものではないので、今は聞き流してくださってかまいません。でも、そんな関心から、お話を始めさせていただきます。まず、一九七七年に『気流の鳴る音――交響するコミューン』（筑摩書房。のち、ちくま学芸文庫、二〇〇三年）と『現代社会の存立構造』（筑摩書房）という二冊の本が、真木悠介の名で発表されていますね。しかも、そのどちらとも始まりは七三年です。『気流の鳴る音』の中で最初に掲載された文章は「交響するコミューン」（原題「欲求の解放とコミューン」）で、七三年一月の『朝日ジャーナル』に載っています。そして、この文章から発するメッセージが、きわめて鮮やかなのです。こんな話です。『更級日記』で夢に猫が登場して、自分は大納言の息女なのだと言う。作者の菅原孝標女と姉の藤原道綱母は、それから猫のことをお姫様として遇するようになる。つまり、夢を見て、そこから仮象の色をもらって現実に加える。そうすることで、生きる喜びが深くなるのです。で、それはフロイトの夢解釈とは逆なんだ、と見田さんは書いています。フロイトがやったのは、夢の色を全部剝がして、「あなたにはこのようなコンプレックスがある」と示すことです。当時は、ソシュール、マルクス、フロイトがそんなふうに現実の仮の色あいを脱色して本当の構造は何なのかと示すことが学問であり、新しい知だ、と言い始められた時期でした。みんなが、それになびいていた。その時に、見田さんは正反対のことを言う。仮象の色あい、それに目を向けよ、と言っていたわけで、これは非常に挑発的な宣言なのですね。ですから、『気流の鳴る音』はある意味ではまったく反時代的な作品なのですが、同じ七三年の五月には、やはり真木悠介名で、これとまったく違う『現代社会の存立構造』の最初の文章が『思想』に発表されているのです。大澤真幸さんによれば、柄谷行人さんの『マルクスその可能性の中心』（講談社、一九七八年。のち、講談社学術文庫、一九九〇年）とほぼ同時期に、まったく影響関係なしにマルクスの価値形態論から別のものを導き出したのが『現代社会の存立構造』だった。

この真木悠介は、どこから出てきたのでしょう。真木悠介名で最初に書かれたのは、どの文章だったのでしょうか。『朝日ジャーナル』に発表された当初から、真木の名を使われていたのですか。

見田　そうですね。真木悠介を使っていたと思います。

加藤　では、最初に書いたのは何でしょう。

見田　今では読まれないほうがいいのですが、『人間解放の理論のために』（筑摩書房、一九七一年）という文章です。本になったのは七一年のことですが、『展望』に連載を始めたのは六九年からでした。それが真木の名を最初に使った文章です。

加藤　なるほど。『すばる』二〇一五年一〇月号で鶴見俊輔さんの追悼インタビューを受けられていますが、そこで『気流の鳴る音』が自分にとっての折り返し地点となった、というお話をなさっています。そこでの「折り返し」とは、何と何のあいだの折り返しなのでしょうか。

見田　ああ、そうですね……。それは時間があればお話ししますが、ちょっと長くなるので、あとにしましょう。

加藤　分かりました。なぜこんなことをお尋ねするかというと、七三年の前年の七二年というと、連合赤軍事件があった年だからです。私くらいの年齢の人間にとっては、連赤事件というのは非常に大きくて、彩色も脱色もなく、世界から色がなくなるような出来事でした。ですから、それから一年も経たないうちに、私とほとんど同年代の沢木耕太郎が『敗れざる者たち』（文藝春秋、一九七六年。のち、文春文庫、一九七九年）を書いていたとあとに知った時には驚嘆したのですが、あの時期に、ほぼ同年代の人間が、まったく違う場所でプロフェッショナルな著述の仕事を始めている。なぜこんなことがありうるのか。何がそこにあるのだろう、ということで、沢木耕太郎という書き手に対する関心が芽生えました。沢木さんにはそれなりの背景があって、それは非常に面白かったのですが、見田さんの、真木悠介名の『気流の鳴る音』、『現代社会の存立構造』の出現の中にも、似た驚きと関心を禁じえないのです。このまま進んでいったらだめになるんだ、といった気持ちが「あとがき」などでは表されています。自分がここに書いたことは、異世界についてではない。現代社会を「その存立の構造においてみるかぎり、巨視的な世界の構造においても、微視的な自我の構造においても、これら〈異世界〉への抑圧のうえにはじめて、われわれの合理化された日常性がなりたっている」と書いておられますね。一方で、『現代社会の存立構造』の「あとがき」には「本書の仕事の直接的な展開としての、現代社会の理論の完成という課題にたちもどるのは、何年かあとになるだろう」と述べられています。確かに、このあとでメキシコやインドへと見田さんは赴かれます。だから「この課題をさきに完成してくれる若い研究者がでてくれるならば、著者としてこれほどうれしいことはない」とされているのですが、誰も出てこなかったわけですよね（笑）。

つまり、真木悠介の二つの大きな仕事のどちらともが、すでに『現代社会の理論』を念頭に置いている。この二つの著作が、『現代社会の理論』のほうから見ると、それぞれ社会学の埒外の赤外線と紫外線の位置を占めていることが分かるのです。しかし、一方で、一九八一年の『時間の比較社会学』（岩波書店。のち、岩波現代文庫、二〇〇三年）の「あとがき」でも、自分のこれからの仕事について、一から一〇までのプログラムを書かれています。時間論に次いで取り上げられる主題は自我論と関係論だということで、「共同性と個体性」、「時間の比較社会学」、「自我の比較社会学」、「関係の比較社会学」、それから「身体」、「人生」、「教育」、「支配」、「翼」、「解放」と挙げられています。これもまた、自分一人ではとてもできないので、若い人に参加してもらえるとうれしい、と書かれている。しかし、この最初にある「時間」、「自我」、「関係」という三つには、『現代社会の理論』の関心は入っていません。

ですから、それから一五年を経て、『時間の比較社会学』では前景化していなかったことが『現代社会の理論』で書かれている。七三年から見ればつながっているのですが、八一年のプログラムでは前景になっていなかったことがせり上がったことで、新たな展望ができて、もう一度新しい地図を書き直し、更新されているわけです。

それで言うと、見田さんの二〇〇八年以降の展開というのは、さらなる更新を要請するものなのではないか。『現代社会の理論』では十分に前景化していなかった「有限性」や「軸の時代」といった発想がせり上がってきて、将来構想がもう一度、新たな地図に書き直されつつあるのではないかと思います。私は昔、初めて『時間の比較社会学』を読んだとき、なぜこのような「比較社会学」的考察が真木悠介名で書かれているのかが分かりませんでした。でも、今回改めて読んでみると、幼少期から、死んだらどうなるのか、という恐怖に震えていた見田さんの姿が行間から浮かび上がってきます。そして、その始原性が、考察の始原性、時間のアフリカ的始原へと直接続いていることが分かる。ここで書かれていることは、ほとんど「軸の時代」を先取りしているんだな、と初めて了解しました。

今回、私は見田さんに三つのことをお話しいただきたいと思ってきています。一つは、『時間の比較社会学』で示されたテーブルが、『現代社会の理論』で「情報化」や「消費化」、そして資源の問題などを組み込むことで更新がなされたように、今改めて『現代社会の理論』(と『社会学入門』)の論のテーブルが更新されようとしていると思います。そこで、現時点から今までのプランを照らし直した上で、今改めて見取り図を描き直すとすると、どのような構想になるか、ということです。

もう一つは、冒頭に挙げましたが、真木悠介と見田宗介の両者が、見田さんの中でどのような関係になっているのか。真木悠介はどこから出てきたのか、ということです。私は、見田さんにとっての社会学とは、ある種の拘束衣だと思うのです。それがなければ「ドグラマグラ」のようなものが出てくるところを、拘束衣でもって抑え込んでいる(笑)。だから、この拘束衣はかなり強くなければだめで、それがやはり真木名での『現代社会の存立構造』だったのではないか。見田さんは、学問として書いているのではなくて、自分が必要だったために書いている。その中でいちばん堅い『現代社会の存立構造』と、いちばん柔らかい『気流の鳴る音』が、どちらも真木悠介の名前で書かれている。

それはなぜか、ということも含めて、うかがいたいと思っています。

三つ目は、「軸の時代Ⅰ・Ⅱ」についてです。私自身はレジュメを拝見していて、お話しされていない部分も知っていますが、見田さん自身はその後どこでも話されていませんから、ぜひ一度展開していただきたいと思ってきたのです。ただ、今回改めて『自我の起原——愛とエゴイズムの動物社会学』（真木悠介名義、岩波書店、一九九三年。のち、岩波現代文庫、二〇〇八年）と『時間の比較社会学』を読んでみると、その材料はすでに提示され、書かれていたことにも気づきます。鋳貨の問題などは『時間の比較社会学』で非常に詳しく書かれていますよね。ですから、材料はすべて出しているのだから、あとは若い人がやればいい、というお気持ちかもしれません。しかし、見田さんの中には、その原型のような構想があるでしょうから、その点についてお尋ねをしたい、ということです。

「現代社会はどこに向かうか」——視座の転回

見田　非常に大きな、本質的な問題を提起していただいたと思います。まず、一つ目と三つ目の質問から申し上げます。

一つ目の質問にお答えします。大きく言うと、人間の歴史の第Ⅲ局面の幸福な安定平衡期と、その思想である有限性の哲学という新しい視座から、『現代社会の理論』、『時間の比較社会学』、『自我の起原』がどのように照らし返されるかを考えてみたいと思います。

その前に、初めての読者のために、少し前提となるポイントをお話しします。

いろいろなところで書いていることですが、生物学の理論でロジスティックス曲線というものがあります。これは生物のさまざまな環境条件の中にある、種のたどる運命についての実証的な理論です。この理論によると、基本的に三つの局面があります。第I局面は、発生してしばらくのあいだ、少しずつ増殖していく。そのうちに、環境条件によく適合した生物種の場合、第II局面の急激な（時に爆発的な）大増殖期を迎えます。環境容量の限界に近づいてくると、うまくいく生物の場合は、周囲の環境に適合、共存して、第III局面の安定平衡の時代に入ります。第II局面の終わりに生き方の転換をすることができないで、環境資源を食い尽くして滅んでゆく生物種も多い。成功して生き延びた生物は第III局面の安定期に入るわけですが、人類がどちらの運命をたどるか、ということが大問題です。人類がもしうまく生き残るとすれば、第III局面の幸福な安定平衡期に入っていくことができる。第II局面の高度成長期が限界に達したあとで、第III局面の幸福な安定平衡の軌道に乗ることができるか、むりやりに成長を続行しようとして滅亡するか、岐路に立たされる。

この曲線には変曲点が二つあります。人類の歴史にあてはめると、最初の変曲点は、貨幣経済と都市社会の成熟によって、人々がこれまでの共同体の閉鎖的な世界から解放されて、初めて世界の無限性を知ると同時に、そこに投げ出されたことで哲学や世界宗教が生まれてきた時期です。この時期を、カール・ヤスパースは「軸の時代」と名づけました。

人類で言うと、第II局面の大爆発期にあたるのが、近代社会の萌芽である貨幣経済、都市社会ができあがった文明初期から、これらの全面的展開である近代社会、そして現代の時期だと思います。この大爆発期が終わりに近づいてきていて、人類が安定平衡期に入るか、滅ぶかの岐路に立っているのが「現代」です。それがいわば「軸の時代II」であり、新しく思想や社会システムが根底から構想されなければならない。誤解を恐れずに単純化して言うと、ロジスティックス曲線による人間の歴史の基本的な三局面論と、曲がり角、変曲点としての「軸の時代Ⅰ」、「軸の時代Ⅱ」という二つのポイントがあります。その観点から見て、世界が無限であるという前提で自然を征服し続けてきた第Ⅱ局面が限界に近づいてきたあとで、（抽象的には宇宙は無限ですが）人間が生きることのできる空間と時間は有限であるという認識の上で、新しい価値観やシステムが展開されなくてはならない。これが有限性の哲学です。

以上が骨組みとなる視点ですが、来るべき第Ⅲ局面の「有限性」の思想から、僕のいくつかの仕事がどのように照らし返されるかを考えてみます。

『時間の比較社会学』——無限性の感覚の起原と展開

見田　いちばん関係が簡単で明快なのが『時間の比較社会学』なので、これから先に短く片づけてしまおうと思います。

ニーチェがニヒリズムの元凶は時間であると言っていますが、時間というものは抽象的に無限かつ不可逆的に続くものであって、過去はすべて次々と帰無していく、という時間観は、近代人からすると疑いようのない真理だと思われるわけです。一個体である人間は当然死ぬし、人類の全体も何億年かあとには宇宙の中に跡形もなく消え去るのだから、あらゆることは虚しいのではないか、という近代的な時間感覚と自我、そして人類の絶対性を前提にするならば、どう考えても逃れようもない真実をどうやって乗り越えることができるか、ということが、この本の問題意識です。

抽象的な無限性としての時間、過去を次々と帰無していく不可逆性としての時間という感覚が、実は僕たちが生きている近代に至る世界の構造から来ているわけです。その萌芽は、古代社会の貨幣経済と都市社会の成熟から来るわけです。そうした虚無の源泉としての時間の感覚というものがどこから来るのか、その時間の感覚を支えている現実の人間たちの生きる社会の構造はどのようなものか、そして抽象的な無限性としての時間と不可逆的に帰無していく時間という感覚を相対化、対象化してみる、ということが本書のモチーフです。近代的な時間意識の萌芽は、近代社会に至って全面展開するわけですが、もとはヤスパースの言う軸の時代――古代ギリシャの都市社会やヘブライズム――に生まれてきたわけです。詳細は本書に譲り、結論から言うと、抽象的な無限性としての時間という観念は、古代ギリシャの貨幣経済と都市社会から生まれてきます。不可逆性としての時間、過去を帰無していく時間は、ヘブライズムから生まれてきます。その二つが結合したところから、近代思想の元が生まれてきます。面白いことに、ニヒリズム、虚無の思想の源泉とされているのが、旧約聖書の中の「空なるかな空なるかなすべて空なるかな」という一節で始まる『コヘーレス』(日本語訳では『伝道の書』)という文章です。ヘブライズムの思想が抽象的に無限化するヘレニズムと出会ったところで生まれているのです。

『時間の比較社会学』を書いた時はヤスパースの議論は知らなかったのですが、古代の貨幣経済と都市社会の成熟した時代に発生してきたということを詳細に見た第三章を転回点として、それ以前の原始的な社会の、具象的で反復する時間との比較と、それ以後の近代社会に至る無限性×不可逆性としての時間への転回を追求したのが『時間の比較社会学』でした。そのため、有限性の思想という視点からこの本を照らし直すと、無限性の思想というものを相対化し、対象化し、客観化する、という最初の試みであったと思います。三〇年ほど前の本なので、今のような一般的な理論が出てくる前だったから、その時はそういう意識はありませんでしたが。

「現代社会はどこに向かうか」（『定本　見田宗介著作集』第Ⅰ巻所収）の問題意識で言えば、『時間の比較社会学』は、第Ⅱ局面の精神の基底である〈無限性〉の感覚の起原と、現代社会に至る展開、徹底を追求する仕事であったと思います。

『現代社会の理論』——無限性のシステムの成果と限界

見田　『現代社会の理論』の話に移ります。

この本は四部構成になっています。第一章では、現在の現代の情報化／消費化社会の資本主義は人間が作り出したこれまでのシステム——ソビエト的な社会主義なども含めて——の中では最も相対的に優れたものであって、自由で楽しくて明るい輝きに満ちた豊かな時代である、ということをきちっと言った上で、それがなぜなのかを追求しました。その理由は、情報化と消費化を車の両輪とすることによって、マーケットの無限性、成長の無限性が解放されたからです。従来の古い資本主義は、マーケットが有限だったため、ほぼ一〇年ごとに恐慌が起こり、大戦争が起こった時にだけ恐慌を避けることができた。そのことを社会主義陣営などに批判されたりしてきたわけですが、そのような古い資本主義の限界を乗り越えて、成長空間の無限性を解放した、ということが情報化／消費化社会の成功の秘密と言える。二〇世紀の後半のうちの三〇年間ほどは大きい恐慌はほとんどなく、未曾有の素晴らしい繁栄の時代を迎えたわけですが、無限性のシステムの最終的な可能性を解放したのが情報化／消費化社会だと思います。

しかし、いいことばかりかというと、そうではなくて、いろいろな批判者が言うように大きな限界があることも事実です。その限界は、大きく言うと二つあります。一つは環境資源問題、もう一つは南の貧困／北の貧困問題です。大ざっぱに言うと、究極的には無限性のシステムというものは本当の無限性ではなく、地球上の資源の有限性や環境の有限性というものに制約されている。これまでの資本主義とか他の社会とは異なり、無限の可能性を解放したという、まさにそのことによって限界まで成長・繁栄してしまったゆえに、その最終的な有限性、限界が初めて現実に露呈してしまった。無限性を徹底的に解放したがゆえに、逆にその有限性の限界に達したということ、これが第二章、第三章に書いたことです。

第四章は、解決策について書きました。情報化／消費化社会をやめてしまえばいいのかというと、そういうことではなくて、むしろ情報化と消費化をラディカルに徹底させることによって解決しうる、ということが第四章の主張です。まず情報化について簡単に言うと、情報という概念はふつうは知識を伝達するなどと使われるのですが、根本的に言うと、情報科学の徹底的な理論家である吉田民人が概念規定するように、西洋哲学の伝統のマテリーとフォルムということと対応している。世界は情報と物質からできています。例えば、遺伝子情報やデザインやアートも情報です。情報という概念をふつうの「知識」という概念から解き放って、もっと一般的なマテリーを秩序づける原理のようなものとして考えるならば、デザインやアートや文学も情報です。そういうものから生み出されてくる価値というのは、資源を浪費しなくても、価値を生み出しうる。典型的なのは、何十億円もするゴッホの絵に使われている絵具やキャンバスといった物質的資源はわずかなもので、何十億円のうちのほとんどが情報だけの価値です。つまり、情報という概念をデザインやアートや文学などに徹底して拡張すれば、マテリーの有限性を越えた無限の自由と幸福が可能になると思います。

消費の概念も、そうです。バタイユの「消費」概念は非常にラディカルですが、ジャン・ボードリヤールはそれをもう少し通俗化して、商品の消費として展開します。ボードリヤールの想定する消費社会は、商品を大量に使うという意味での消費ですから、環境資源問題に抵触するので限界があるわけです。日本語ではどちらも消費と訳されていますが、バタイユが述べた〈消費〉(consumation)概念は、ボードリヤールの「消費」(consommation)とは異なります。バタイユの〈消費〉は、必ずしも商品の消費ではなく、それ自体として無償の歓びをもたらすような「奢侈」の感覚とつながっている。例えば、バタイユは至高の奢侈として「奇跡のように街の光景を一変させる、朝の太陽の燦然たる輝き」という経験を挙げています。バタイユは、生産の至上主義を批判して、消費こそが人間の根源的なことなんだ、と主張する。パーソンズ派の社会学の用語で言うなら、コンサマトリーです。コンサマトリーは、インストゥルメンタル(道具的、手段的、何かの役に立つ)の反対語で、「それ自体が喜びである」ということです。ウィリアム・ワーズワースの「私の心は虹を見ると踊る」という言葉のように、何の役に立つということではなく、それ自体が喜びだということです。

加藤　日本語に訳すと、どういう言葉になりますか？

見田　それが訳せないんですよ。無理して訳すと「即時充足的」となりますが、少し違ってしまいます。バタイユが言う〈消費〉は、コンサマトリーな生き方とか感覚のことを言っていて、必ずしも商品を消費することを言っているわけではないのです。バタイユの言うように消費という概念を根源的に考えると、資源の消費や環境の汚染を必ずしも必要としない。そこから人間は無限の〈消費〉、バタイユの言う「奢侈」、贅沢をすることができる。幸福や喜びを感じることができるのですから、有限な資源と環境の世界の中で無限の喜びを感じることを可能にすることができる。つまり、情報化も消費化も強いてストップさせなくても、ラディカルに情報化も消費化も徹底すれば、世界の有限性の中で人間は無限の幸福と喜びを感じることができる、ということです。

『現代社会の理論』も、第Ⅲ局面の有限性の思想ということから現代社会を見直した場合の具体的な展開の例として位置づけることができる。

実は、『定本』第Ⅰ巻に『現代社会の理論』と、先に述べた「現代社会はどこに向かうか」を一緒に収録するにあたって、矛盾があってはまずいし、「現代社会はどこに向かうか」のほうが正しいと思うので、当初『現代社会の理論』を全面的に書き直すつもりでいました。しかし、読み返してみると、まったく書き直す必要を感じなかったので、データが更新されていた関係で短い節「「資源消費なき成長」の可能性と限界」を挿入した以外は、そのまま収録しました。

『現代社会の理論』は、「現代社会はどこに向かうか」の問題意識で言えば、人間の歴史の第Ⅱ局面＝大爆発期を駆動してきた「無限性」の感覚と思考、そのシステムの最終的な到達点——成果と限界とを確認する作業として定位できると思います。

『自我の起原』――共存的解放の根拠

見田　最後の『自我の起原』ですが、二〇〇八年のシンポジウムで配ってほとんどお話しできず、加藤さんが『人類が永遠に続くのではないとしたら』の中でまとめてくださった「森という他者」やシノモン的存在というコンセプトと関わってくる問題です。『自我の起原』は、科学的な生物学のオーソドックスな議論だけを元に「人間的自我」の起原を追求した仕事です。この仕事はダーウィンの『種の起原』の向こうを張る、という大それた野望というか、関心があり（笑）、種の起原は分かった。種の中で「個」というものは、どうして現れたのだろう。

『自我の起原』の結論的な部分を二つだけ言うと、一つは、個体とか主体、自我というものがどうして生まれてきたかということを見ていくと、もともと自我というものは、コギトに代表される近代的自我の議論のように、自我自体を自己目的とするように作られているわけではなくて、自我の存立構造それ自体が個というものを自己裂開する構造をもっている、ということです。もう一つは、シノモン的な存在ということです。リチャード・ドーキンスの『利己的な遺伝子』（40周年記念版、日高敏隆・岸由二・羽田節子・垂水雄二訳、紀伊國屋書店、二〇一八年）は、その刺激的なタイトルと書き方によって非常に有名になりましたが、内容としては、生物学者が言うように、きわめてオーソドックスです。ドーキンス本人は、もう一つの著作『延長された表現型――自然淘汰の単位としての遺伝子』（日高敏隆・遠藤彰・遠藤知二訳、紀伊國屋書店、一九八七年）のほうが理論的に大事だと述べていますが、『利己的な遺伝子』のほうが面白いし、世界的に有名になってしまったので、『延長された表現型』はあまり読まれていません。簡単に言うと、表現型とは遺伝子によって人間の背が高くなったり、色が黒くなったりすることです。しかし、延長された表現型は、それだけではなくて、人間や動物が外界を変えていくことを含みます。『延長された表現型』の本の表紙は、小さな動物のビーバーが、ものすごく巨大なダムを作っている絵です。そのダムはビーバーの遺伝子が作らせるわけで、ビーバーという一つの身体だけではなく、それが作り出す環境世界というものも遺伝子の表現型と考えるべきだ、とドーキンスは主張します。さらに面白いことは、表現型というのは、いろいろな生物がお互いに誘惑し合っている世界だということです。ビーバーがダムを作る時に木の枝などを利用することと同じように、生物は他の生物の存在や行動を自分の環境の一部分として活用することもある。いちばんいい例として、動物の中で圧倒的に繁栄している昆虫類と、植物の中で最も繁栄している顕花植物は、生存のサイクルの中で、お互いに前提し合っていることが挙げられます。昆虫の遺伝子が植物の花の咲き方などに影響を及ぼす一方、花はきれいな色や蜜の甘い香りや味で虫を誘惑する。つまり、昆虫の行動も、ある部分までは顕花植物の遺伝子の表現型であると考えられるし、顕花植物のあり方も、ある意味で昆虫の遺伝子の表現型でもある、と考えられます。

これはものすごい発想の転換なのですが、例えば人間がコンクリートの中にいるよりも森の中にいるほうが身体が沸き立ってくるような感覚をもったりするわけですが、森というのは、いろいろな植物や鳥、虫、そして人間も含めて、さまざまな生命体が、異なった種相互のあいだで誘惑し合っている、そういった誘惑の磁場空間のようなものとして考えることができます。もちろん、森というのは比喩的なイメージで、理論的な言い方をすれば、生態系です。人間というものは、人間以外の植物や動物からも誘惑され、それに対して歓びを感じるように作られてしまっているわけです。そのことが、とても面白いと思います。生態系というものは、さまざまな種というものをお互いに、いい意味で誘惑し合っている。誘惑という言葉は、もともと自分のために相手を都合よく誘うことですが、人間の場合でも誘惑されるということはとても楽しいことで、ある意味では誘惑されることほど楽しい経験はありません（笑）。誘惑という言い方をするとネガティブなイメージに響きますが、いろいろなものが互いに幸福を与え合っている、という側面があるわけです。そういった関係作用を、生物学ではシノモンと言います。ホルモンは一つの生体内での各部分の調和であり、フェロモンは女王蜂がフェロモンを出して働き蜂をコントロールするような、同じ種の中での各個体同士の調和です。そして、シノモンは異なった種と種とのあいだの調和のさまざまな物質とか現象です。人間はシノモン的存在であって、他の動物や植物の中で歓びを交感しながら生きています。人間という存在のいちばんベースには、当然、生命的な層があるわけですが、フロイトをはじめとする議論では、だいたい人間の生物学的な基礎というと、セックスや生殖のことばかり考えてきました。しかし、そうではなくて、他の種とのあいだにもシノモン的な関係があると把握すると、これまでの議論よりはるかに開放的なイメージを獲得することができます。

三局面論の「有限性の思想」から『自我の起原』を捉え返すと、第Ⅱ局面では、自然は戦いと征服の対象であり、近代は自然を征服することで成長し、人類は無限に展開してきました。第Ⅲ局面の有限性の時代、幸福なプラトーの時代においては、自然は共存と交歓の対象になるわけです。例えば、第Ⅱ局面の昆虫にとって森はもっぱら征服の対象であり、増殖し尽くしたあとに環境条件が飽和すると、昆虫にとって森は共存の対象になってくる。つまり、自然は第Ⅲ局面において交歓の対象になってくる。

『自我の起原』で確認してきた、自我というものの自己裂開的な構造、さらにシノモン的な構造は、第Ⅲ局面のプラトーにおける、人間の解放のためのベーシックな根拠として把握することができると思います。

「現代社会はどこに向かうか」の問題意識で言えば、『自我の起原』は、第Ⅱ局面の展開の絶対化された主体であった〈自我〉の起原と構造とダイナミズムを確認することを通して、第Ⅲ局面の課題である人間の〈共存的解放〉のための可能性の根拠を確定する作業として見ることができる。

他の二つ、『気流の鳴る音』と『宮沢賢治——存在の祭りの中へ』（岩波書店〈20世紀思想家文庫〉、一九八四年。のち、岩波現代文庫、二〇〇一年）も、第Ⅲ局面の課題である人間の〈共存的解放〉のポジティブなイメージを追求したものとして見ることができると思います。

以上、三つの仕事を、それぞれ骨組みだけですが、人間の歴史の三つの局面と「有限性の思想」の視座から、それぞれ捉え返してみました。具体的な内容は、それぞれの著書を読んでもらえると、よく伝わると思います。


主体の変容。贈与と誘惑。

見田　以上が基本的な骨組みですが、もともと『現代社会の理論』は全体の構想としては七部構成で、現在発表されている四部構成の本のあと、第五、六、七章の構想をあとがきに書きました。第二、三章の「環境の臨界／資源の臨界」と「南の貧困／北の貧困」という問題は、外部的な限界です。一方、第五章「現代人は愛しうるか」、第六章「リアリティ／アイデンティティの変容」の問題は、現代社会の「内部問題」として考えられます。これらの問題を深く考えようとする時には、ふつうの社会調査や社会学的データだけでは深みがなく、文学やアートという領域を探求しなければならない。そうすると、それは相当冒険的な思考を含むことになるので、その手前の誰が見ても納得がいくであろう確実なところでまとめたわけです。しかし、いずれ第五、六章の「内部問題」はやりたいと思っていますし、この問題に取り組むにあたって、現代文学や現代アートなどを読み返したり見返したりしてみたいわけです。

「軸の時代」シンポジウムで、現代社会は二つの力線――第Ⅱ局面の無限に成長しうるという幻想のもとにむりやりに成長を続けようとする力と、未来の安定平衡期に軟着陸しようとする力――のせめぎ合いだ、という話をしましたが、その観点は、『現代社会の理論』を書いた段階では、無限性の近代が生み出す内部のさまざまな解体、いきづまった状態としての現代、つまり力線で言う前者しか捉えられていなかったわけです。しかし、「現代社会はどこに向かうか」という三局面論の視点から言えば、現代を前者だけではなくて、後者の未来の安定平衡期、僕の言葉で言えば高原（プラトー）に向かう力線と拮抗し合う過渡期として考えるようになりました。そして、プラトーに向かう萌芽のようなものが文学やアートの中に表れているのではないか、という期待が出てきたことで、これまでの文学や芸術に対する読み方でいいのか、考えるようになりました。例えば、加藤さんも『文学地図――大江と村上と二十年』（朝日選書、二〇〇八年）の中で書かれていますが、二〇〇〇年代の日本文学の中心的な焦点は、阿部和重の『シンセミア』（全二冊、朝日新聞社、二〇〇三年。のち、講談社文庫、二〇一三年）でした。優れた文学だと思いますが、第Ⅱ局面のいきづまりとしての現代だけを描いているとと思います。現代社会の「内部問題」の考察としては優れていますが、プラトーに至る萌芽のようなものは別の作品に求めないといけないだろうと思った。つまり、これまで考えていたものとは別の、ポジティブな萌芽のようなものを見たい、というふうに大きく変わったわけです。

加藤　今、お話をうかがっていると、見田さんのものの考え方は、ちょうどヨットのようです。ヨットというのは、風がどのように吹いても、自分で帆の方向を変えて、自分の行きたい方向に進む。逆風でも、それをうまく受けて、船と帆の向きの組み合わせによって前に進むことができるのですね。見田さんのものの考え方には、そういった機構があると思います。あるいは、仮象を偽物と考え、真に還元させるというのではなく、その仮象性、過ち、偶然の揺らめき自体を喜ぶ、楽しむ、というような原的なポジティブ性がそなわっていると思います。

お話のとおり、二つの力線のうち、プラトーの観点は、一九九六年に『現代社会の理論』を書いた時点ではなかったのですが、その後、加わったのだろうと思います。見田さんのおっしゃる内部問題のうち「リアリティ／アイデンティティの変容」の問題とは何かというと、自然との関係です。つまり、人間が生きていく上での自然との関係の中で、生きるリアリティを失う。一方で「現代人は愛しうるか」という問題は、今までの見田さんの考えから言うと、人との関係性ですね。おっしゃるとおり、二〇〇〇年代の日本文学で、こういう関心に触れるものというと、阿部和重の『シンセミア』ということになるでしょうが、的確に指摘されたように、この作品は、いわば往相だけで還相をもたない。症例としては深いが、それ自体の誘惑の力は少ない作品だろうと思います。浅い社会学で見るなら面白いが、その先に進むと物足りないところがあるかもしれません。

しかし、一方で、社会学で見田さんのおっしゃった観点からアートや文学を見る場合、そのままこれを適用すると、アート、文学を症例として見ることになってしまう、という問題が出てくると思います。症例として見た場合でも、それなりの指摘ができますが、いわば作品を見る観点が一方向的になり、シノモン的な関係が生まれなくなります。夢あるいは作品と『更級日記』ふうに双方向的に——誘惑的に——関係を結ぶのではなく、フロイトふうに一方向的に解読、解釈で対するだけになりやすい。すると、作品からやって来るメッセージも、こちらの解釈格子を壊すほどに元気のよいものとはなりません。その先、作品に解釈側の見方自身を揺るがせられたいという場合は、症例として見る見方だけではだめで、それこそ歓ぶという見方が必要になる、という感じをもちます。

作品にシノモン的な誘惑力の弱い作品があるように、批評というか、受容にもシノモン的な力の弱い受け取り方、解読一方の受け取り方ができてくるのです。

深い受け取り方が必要で、文芸評論の場合だとそういう言い方で済むのですが、これが社会学だとすると、ここから、やはり社会学自身が変わらなければならない、という問題が出てくるのではないかと思います。つまり、このたびの将来構想の書き直し、更新では、社会学的な方法自身の更新、拡大も含まれるのではないだろうか。見田宗介の仕事が真木悠介の仕事とここで再度合流する理由が、ここに生まれているのではないかと思うのです。

それは、やはり社会学——に限らず、学問がもっている——暴力性の問題に関わってきます。暴力性というと「暴力的でないほうがいい」という話になりますが、そうではなくて、暴力性というのは学問の原罪でもある。それがないと取り出せない問題が多々あるはずです。そこからモチーフをどう軟着陸させていくか、という課題も出てきます。そのことで私が考えたのは、今回の問題で言えば、例えばコンティンジェンシー（偶然性、偶有性）とか、「しないことができる」とか、「してもしなくてもいいことから自由が出てくる」とかといった概念だったのですが、概念の暴力性という手がかりを手放さないで、デリケートな森の中に入っていく作法が今必要だろう、という気がするのです。見田＝真木問題で言えば、そういう課題に見田さんはフェルナンド・ペソアの「一人二人」的あり方、異名の複数性で答えている、という感じです。「しないことができる」という力能についても、見田さんは真木さんとして、すでに『気流の鳴る音』で「しないこと」が大事だ、とドン・ファンの口を通じて言っていますね。つまり、こういう言い方が、またあり方が、すでに従来型の社会学とは違っているわけです。

結局、社会学というものが、見田さんにおいて、見田宗介だけではやれない、誰もが二つの名前でやるような、そういうところに来ている。そういう問題が社会学の問題として出てきている、という感じです。でも、これは社会学のことだけではない。有限性の哲学という話が出ましたが、それが総体として、こういう構えの変化をもたらしているのかもしれないのですね。これについてはここでは言いませんが、今後、文学自体が、これまでの構えを「ほどかれる」かもしれません。私自身、先に『人類が永遠に続くのではないとしたら』というものを書いているあいだ中、自分が何をしているのかは、はっきりしていなかった。このめまいの感じは、その後もつきまとっているのです。外から見たら、要するに「評論家」なわけですが、ここにもドーキンスの延長された表現型の問題があるのかもしれません。自分が取り組み、考えようとしている対象によって、表現型ではないですけれど、自分も姿を変えさせられる。その対象も変わってくるかもしれない。論じ方、その表現自体が変わるかもしれない。考えようとしていることがさらに深くなると、芋虫から蝶への変態を強いられるように、また自分の考え方も姿を変えないといけません。

以前、鶴見俊輔さんの『戦時期日本の精神史——1931〜1945年』（岩波書店、一九八二年。のち、岩波現代文庫、二〇〇一年）と『戦後日本の大衆文化史——1945〜1980年』（岩波書店、一九八四年。のち、岩波現代文庫、二〇〇一年）の元になった講義を、たまたまカナダで贋《にせ》学生として聴講したことがあります。英語の授業だったので、当時は跡をたどるだけでせいいっぱいだったのですが、あとから振り返ると、なぜ戦時期は「精神史」で、戦後は「大衆文化史」になるのか。なぜ戦時期の「大衆文化史」と戦後の「大衆文化史」でも、戦時期の「精神史」と戦後の「精神史」でもなくて、「精神史」から「大衆文化史」に変わるのか。そこが疑問として浮かびました。そこで分かったのは、ある一つのものをずっと追いかけていくと、魚だったものが両生類になって、陸に上がってくる。日本の精神史の核心を追っていくと、その追求は、先に精神史だったものが大衆文化史に変わることに気づかなければならない、ということです。変容する対象の追求を完遂するには、自分も水陸両用で追いかけていかないと、それができないのですね。そういった自分なりの発見を『戦時期日本の精神史』の解説に書いています。

見田さんは、鶴見さんについて、子どもの感覚がずっと生き続けている、と書いていますが、見田さんにもそういうところがあると思います。ただ、見田さんの場合の「子ども」は、とても虚無的ですね。一つは、死んだらどうなるのだろうとか考える、ニヒリスティックな子どもなんです。それこそ、内部問題というのは、無限性をどこまでも突きつめていったら、こういうふうな子どもができる、という問題でもある（笑）。小学生で『資本論』を読んだという話があるけれど（笑）、そういうところまで行ってしまった人は、どうすればいいのか。そんな問題に、かなり初期の時代、幼い時にぶつかっています。だから、私は「なんで見田さんが社会学なんかに」と言っては悪いけれど（笑）、そう思うのですが、あるいは、だから見田さんはいちばん資質とは反対の、社会学を必要としたのかもしれません。社会学というのは、見田さんにとって、自分を拘束する、あるいは解毒用の薬物のようなものなのではないかと思うのです。だから、私は『現代社会の存立構造』を「真木悠介」という名前で出されたのは、それがまったく個人的な書物だったからではないか、とも思っています（笑）。この本で足場を用意したので、このあとは旅行に行く、という感じの置き手紙みたいな「あとがき」が書いてありますけれど。そのへんを考えようとすると、やはり社会学自身がもっといろいろな形で、ふくらんで、揺らいで、変容していく必要があると思うのです。

二〇一四年の一二月号の『現代思想』（「特集　社会学の行方」）で、見田さんは、一九世紀、オーギュスト・コントが〈予見するために見る〉学問として社会学を構想したけれど、二一世紀の現在は、世の中が激動していて、未来を予見する、あるいは先取りするだけではなくて、存在しない未来を〈構築する／構想する〉というような対象創造型の社会学が必要になってきている、と書かれています。「未来を構想する」というのは、想像＝創造の行為です。つまり、違う分野や異種に対する影響形態としての、シノモンの発信行為なのです。これに対し、未来予見というコントの社会学は、同種間の交信であるフェロモンなわけです。それが異種のところまで広がるというのでないと、もうだめなのではないか。逆に言うと、そういうシノモン的な関係を、学問として、また脱学問的探究として、見田＝真木の連関のうちに見田さんは作ってきたのではないか、と思うのです。

しかし、だからこそ、このシノモン的な学問をどう基礎づけるか、という問題は重要で、厳密な検討を要する点でもあると言えるでしょう。先に『現代社会の理論』に関する最初の書評で、できるだけ批判的観点も書き込むようにしたと言いましたが、それはこのことと関係があります。『自我の起原』では「エージェント的主体」と「テレオノミー的主体」という二つの概念が最後に出てきますね。つまり、裂開していくだけでは個体とならないので、どこかでひとまとめにする生成子の機能的なケアの側面が必要です。そこから、免疫系、脳神経系中心の系列化などが生まれる。その機能中立的な主体構成の側面を指すのが「エージェント的主体」で、免疫系、これはエージェント的主体です。これに対し、目的論的な自立化の進化の果てに生まれてくるのが「テレオノミー的主体」です。見田さんは、これは「ヒトという種の出現をまってはじめて確立する」と書いていますから、別の言い方をすると、この「テレオノミー的主体」がビオス（意識存在性）とゾーエー（生き物性）に言う、ビオス的主体にあたっています。私はこの、それ自体正当な指摘に対し、これへの評価として、自我の本質は裂開性にあると結論してよいのだろうか、自我の本質はこの裂開性と自立性の二重構造性にあると言うべきではないのか、という疑問を呈したのだと思うのですが、これなど、かなり厳密さを要する点だろう、と今も思っています。

吉川浩満さんの『理不尽な進化――遺伝子と運のあいだ』（朝日出版社、二〇一四年）に展開されている進化論の問題、ドーキンスとスティーヴン・ジェイ・グールドの論争なども、この問題だと思うのです。テレオノミー的な主体があると初めて、その主体はさらなる高次の集合への自らの帰属と、そこからの独立と双方の関係意識をもつことになります。人間の場合の「人類」がそうです。そして、人類というような高次の集合を意識するので、そのための犠牲・贈与というものが生まれてくる。利己的な遺伝子と個体のあいだと類比的な関係が、新たに個人と人類のあいだに生じてきますが、その場合、両者の関係の蝶番《ちょうつがい》としての個人存在は、「利己的」だけでなく「利他的」でありうる。マザー・テレサのような個人が生まれてきて、贈与とか自己犠牲を実行するわけです。吉川さんの進化の論争では、グールドがなぜ圧倒的な劣勢の論争に打って出るのかが一つの焦点でしたが、私から見ると、グールドの異議申し立てには、しっかりとした根拠も存在理由もある。圧倒的に不利な土俵で戦われたのですが、別に負けなくともよかったのです。以前おうかがいしたとき、見田さんが、ドーキンスが来日した時に、「利己的な遺伝子」説では人間の問題は説明できないのではないか、と質問したら、ドーキンスは「ああ、人間というのは exceptional なんですよ」と簡単にひとことで答えた、という話でしたが、ドーキンスの「利己的な遺伝子」に代表される学説は、人間を除いた生き物に妥当するが、人間は例外だ、というのが、まさしくそのことを指しています。人間だけは「エージェント的主体」の他に「テレオノミー的主体」をもっていて、ドーキンスの学説では、この「テレオノミー的主体」がいろいろ悪さをする、ノイズを出すのですが、ドーキンスもそのことは重々知っていたのだろうと思うのです。

そもそも誘惑作用はシノモンの働きで、生き物の個の裂開的本質に基づきますが、誘惑される喜びを感じるのは「テレオノミー的主体」ですよね。裂開的本質ということが、一つある。しかし、そこからまた、贈与、犠牲、誘惑が出てくる。「ある意味では誘惑されることほど楽しい経験はありません」と見田さんはキルケゴールのようなことをおっしゃったけれども（笑）、中でいちばん奥深いのは、誘惑されることかもしれません。

それでは、「誘惑」とは何なのか。私は、ぜひ「誘惑」とは何か、見田さんに聞いてみたかったのですが（笑）。

見田　先の話と少し重複しますが、なぜこの世界に花というものがあるのか、ということです。花がなぜあんなに美しかったり、かわいらしかったりするかというと、基本的には昆虫を誘惑するためです。つまり、先に述べたように、花が美しいさまざまな色彩、さまざまな香しい匂い、さらには蜜みたいなおいしいものをもっているのは、昆虫を誘惑するためにあらゆることをしているのです。基本的に、この世の中の美しいものは、他者を誘惑するためにできたのではないかと思います。他者は、他の生物の種類、シノモン的な関係を含めた他者です。進化の過程において、いわば誘惑的な関係は非常に基本的な現象なので、あまり生物学者も真正面からは取り上げていないと思いますが、人間だけの世界についても、そうではないかと思います。『現代社会の理論』で言えば、現代の消費社会がなぜあれほど楽しくて美しいかというと、資本が大衆を誘惑して、一生懸命デザインをして楽しいものや美しいものを作ったりするからです。現代社会のネガティブな面は別として、ポジティブな美しい面というのは、例えば昔のソビエトみたいな社会や中世などと比べても、資本による大衆の誘惑の試みがある、ということです。だから、それが悪いというのは左翼の理論だけれど、その誘惑が楽しいものであることは、それはそれで一つのいいことではないかと考えています。情報化／消費化社会における誘惑の楽しさについてはボードリヤールも触れていると思いますが、それから花と昆虫に至るまで、この世界の美しいものは相互の誘惑的な関係から生まれているように思います。

加藤　今質問していて気づきましたが、そういえば誘惑は、例えば親子や兄弟とかのあいだではないですね。自己犠牲や贈与とかはあるけれど、一般的には誘惑は他者でないといけません。だから、まるっきり関係のない人が自分を誘惑してくれることを喜ぶので、まるっきり他者であることが喜びの源泉なのかもしれません。例えば、中世のお姫様と騎士の恋愛物語といった宮廷物語の場合、結局、そこで恋愛、誘惑し、されることから喜びが生じるのは、そこに身分などの関係を無化するものがあって、純粋な他者性を浮かび上がらせる力があるからかもしれませんね。関係の真空が突然生まれることの喜びというか。ですから、片方に犠牲や贈与といった関係の一つの契機として置き、もう一方に誘惑を置くと、かなり見田さん言うところの第Ⅲ局面での関係性の広がりが捉えられるのかもしれない、と思います。また、翻って言うと、シノモンとフェロモンは誘惑ですが、ホルモンも生体の中での誘惑関係として捉えられるかもしれない。

筆名周辺。寺山修司。

見田　先の真木悠介と見田宗介の関係の話に戻ると、真木の筆名を使った時に、いち早く共感してくれたのが、寺山修司でした。真木の名前を使ってすぐに「僕は非常によく分かります。好きなことをやりたくなったのでしょう」と言われた（笑）。それは、ある意味では、ずばり当たっていました。

加藤　寺山修司さんとは、どのあたりで接触があったのですか？

見田　『思想の科学』が縁でした。『思想の科学』は、鶴見さんが特にそうだけれど、新しい感性のいい人を発見するのが早いでしょう。ですから、寺山修司が出てきた頃に鼎談の写真が載っていました。その寺山の写真というのが、刈り上げの、いかにも不良少年的で、家出少年だった僕は、それを見て、言っていることも含めて「ああ、気が合うなあ」と思いました。

加藤　見田さんは家出少年だったんですか？

見田　中学の頃から家出のことばかり考えていました。特に家が悪い家だったわけではなかったのですが、家族とか家庭というものが一般的にいやだったのですね。今はそうではありませんが（笑）。寺山と気が合ったのは、そういう家出少年的なことがあったからです。

加藤　寺山さんとは年代的にはほとんど同じですか？

見田　彼のほうが二つ上です。その後、ある雑誌で、森秀人と寺山と僕と三人で、東京都内の怪しげな場所を探訪して、その探訪記を書く、という企画がありました。企画はとても面白かったのですが、そのとき僕は大きい仕事に入ろうとしていたので、僕は不器用でいろいろなことを同時にできないタイプだから、「僕はこちらの仕事に集中したいから抜ける」と言いました。今から考えると惜しいことをしたと思いますが。その時に喫茶店で寺山さんに話をした時も、「見田さんはいろいろなことを同時にはできないタイプなのですね」と言って、そのままOKしてくれたことが印象的でした。彼自身はマルチ人間なので、何でも同時にやれるんです。

加藤　いい理解者です。

見田　一つだけ対立したことがあって、「僕は歴史が好きで、地理は興味がない」と言ったら、寺山は「僕は歴史に興味がなくて、地理が好きだ」と言ったことです。「歴史は待たなきゃいけないから嫌いだ。僕は走っていく人だから」と。

加藤　ほう。そのとおりですね。

見田　そうでしょう。「空間の思想／時間の思想」（『定本』第X巻に収録）という短いエッセイは、この時の寺山との対話がきっかけなのです。僕はそれまでは時間の思想でしたが、寺山の話を聞いていて、空間の思想もいいものだと思いました。今思うと、この短い会話は僕にずいぶん深い影響を与えたように思います。

加藤　寺山さんも子どもの時の感情がのちの仕事につながって生きていた人だから、見田さんに理解があったのではないかと思います。私のような社会学の素人も含め、いろいろな人が見田さんの社会学を面白がるけれど、その面白がり方が少しずつ違うんですよね。

『現代社会の存立構造』を真木悠介の名で書こうと思ったのは、なぜですか。

見田　締め切りがない仕事を真木で書こうと思ったからです。締め切りがある仕事は、見田で書く。締め切りがある仕事は、テーマが決まっていたり、どこの出版社で出すかなどが決まっていたりして拘束があるけれど、締め切りがなくて、書きたいものを書けばいいというものを、真木で書きたかったのです。見田の名前だと、過去に書いたイメージなどが世間にあったりするから、それに縛られるのもいやだった。ペンネームというのは、家出なんですね。自分を純化して解放する方法なのです。それを寺山はすぐに分かった。

『現代社会の存立構造』は、読もうと思ってくれたかたは分かるように、非常に抽象的で難解で面白くない。つまり、誰にも読んでもらわなくてもいいから自分のノートみたいなものとして書こうと思ったものを、真木で書いた。

加藤　なるほど。ペンネームは家出。これで決まり、というお答えです（笑）。ペソアも行ったっきりの家出少年だったんだ。注文ではなく、自分で書きたい時に真木悠介の名前を使う、というお話でしたが、『現代社会の存立構造』を一九七三年から七四年にかけての時期に書こうとされた。これと『気流の鳴る音』の並行性は、どういうことなのでしょう。

見田　それは単純な話で、その時期『現代社会の存立構造』を書いたあと、インドやメキシコ、ブラジルを二、三年放浪していました。『気流の鳴る音』は、そのあとなんですね。だから、書いた年代は全然違っているのです。旅の前後ですから。『現代社会の存立構造』のほうは、もともと『思想』に連載したあとですぐに外国に行ってしまったから単行本にならなかっただけで、自分からすると旅の前に昔書いたものがあとで単行本になった、というだけのことなのです。『気流の鳴る音』と出版年が同じ年になりましたけど、旅の前後の三年間は私にとって全然違う転回の前後なので、単純な話なわけです。

『現代社会の存立構造』については、近代市民社会の存立の構造みたいなものが明確にできる、という感じがあったのです。それをきちんと押さえておこう、という気があったのです。ただ、難しい議論だし、誰にも読まれないだろう、と。だから、『定本』から外しました。

加藤　それを見て、大澤真幸さんが「これはいけない」と解説を書いた（真木悠介・大澤真幸『現代

社会の存立構造　『現代社会の存立構造』を読む』朝日出版社、二〇一四年)。

見田　僕としては、ありがたいことです。『定本』は、見田宗介で一〇巻、真木悠介で四巻です。真木の四巻では『気流の鳴る音』を最初にもってきて、その展開として『時間の比較社会学』と『自我の起原』をもってきたかったのです。感性的に柔軟な高校生のようなタイプの人にいちばん読んでほしかったから、『気流の鳴る音』を最初にもってきたかったのです。

加藤　『定本』もそうですが、大澤さんの本で真木悠介はこのあとまた読者を広げるのではないでしょうか。

「見田ゼミ」の空気

――いわゆる「見田ゼミ」は、社会学に限らず、さまざまな領域の第一線で活躍する人材を輩出してきました。見田さんはゼミ生に対して「特に指導はしなかった」とお話しされることが多いですが、本当の意味で「何もしない」ということとは違ったのではないでしょうか？　例えば、見田さんの一度肯定した上で話を進めるコミュニケーションのスタイルに、ゼミ生は触発されていったのではないでしょうか。

見田　基本的には、今言われたとおりで、個性的で自分でどんどんやっていきたい学生は、僕が放牧主義なので――これは橋爪大三郎君が僕のゼミについて言った表現です――梁山泊みたいに自由な空間として集まってきたのだと思います。

もう少しポジティブな言い方をすれば（笑）、僕は「教育」ということをほとんど考えないで、その時々に自分が熱中している研究を、そのままストレートに講義でもゼミでもぶつけていました。「時間の比較社会学」の時は、比較社会学の話ばかり、興奮して話していました。「現代社会の理論」の時は、現代社会の話ばかり、一節ずつの主題を夢中になって話していました。

僕自身の学生時代の経験があって、僕がいちばん面白く、感銘を受けた講義は、金子武蔵の精神史の講義で、一回だけもぐりで聞いたのですが、その時の金子教授は、学生のほうは全然見ないで、自分のノートを二時間棒読みにするだけという（笑）、授業の技術としては「最低」の方法でした。けれども、その内容は実に興奮させるものであり、さまざまのことを考えさせられました。ルネサンスの「青」の感覚についての講義でしたが、大学の授業というのは技術ではなく内容なのだな、と強く思いました。

教える側が自分自身の全身でのりのりに乗っていることをそのままストレートにぶつけることが、結局いちばん深いところから触発する力をもつのだと僕は思っています。

それから、編集部の言われたもう一つの点、まず肯定するということで言うと、僕は学生に対してだけでなく、他の著者や過去の思想家など、その人のいちばんポジティブなことにしか興味がないのです。他の欠点にあまり興味がなくて、その人のいちばん素晴らしいところ、こちらが学ぶべきもの、可能性はどこか、ということだけにしか興味がない。学生のレポートを見ても、その学生のいちばんいい可能性はどこか、と考えます。例えば、90パーセント大したことのないお勉強論文を書いていても、1パーセントのきらめきがあったりすれば、僕はその1パーセントに対してだけ、「あそこはすごい。あそこをもうちょっとやれば、誰もやっていない仕事になる」とコメントしたりします。

絶対に嘘は言わないけれど、学生に限らず、人のいちばん優れた可能性がどこにあるか、ということにしか興味がないのです。それによって自信をつけた学生もいるかもしれません。

加藤　批判することと肯定することがあるとして、七割くらいは批判よりも肯定することのほうが意味があるし、また難しいことかもしれないですね。肯定するということは、批評としても難しいですし、高度です。

お話をうかがっていて、見田さんの方法に、まさにそういうものを感じました。先ほどヨットの話を出しましたが、見田さんの若い頃の『思想の科学』周辺での渾名は「幸福の王子」だったと聞いています。それは当たっている（笑）。本当にどんなところからも前に進む力を受け取る力、ポジティブなところを作り出す力がある、というのが見田さんの方法の源泉かもしれません。

前出の『すばる』のインタビューで「吉本さんは「殺す」思想家」で、「鶴見さんは「生かす」思想家」とおっしゃっていますが、確かに殺されて生きる人と生かされてそれがいいかどうか分からない人がいるので、そこはどちらがいいか分からないにせよ（笑）、見田さんも「生かす」人なんだろうと思います。そういう教育者的な側面の他に、非教育者的側面――挑発者、誘惑者的側面――をもっている。そのことが人を引き寄せ、人を育てたのだと思います。シノモン、誘惑の力ですね（笑）。やはり社会学と見田さんの組み合わせというのは、異種格闘技ではありませんが、非常に異質な人が学者になって仕事をしてきた。その落差のダイナミズムが大きいですよね。やはり、見田宗介＝真木悠介という非近代的なあり方に、人が集まり、育ったことの可能性が秘められていたのだと思います。

すでに教員を辞められているから、うかがっていいと思うのですが、ゼミナールなどの選考においては、どんな基準でもってあたられていましたか？

見田 ゼミのメンバーを選考する基準は、今だから言うと（笑）、センスのいい人です。批判されると思いますけど（笑）。それから、もっと批判されると思いますが、人柄のいい人です。人間がいい、ということは、とても大切なことです。頭がよくても、シニカルな人や攻撃的な人は（東大生などに多いのですが（笑））、他の学生を萎縮させる、特に後輩たちやデリケートなセンスのよい人を萎縮させるので、のびのびとした自由な空気をだめにしてしまうのです。

その人一人を見るのではなく、ゼミという場の自由な空気をイメージして選考しました。そこから百花斉放で、さまざまな創造をする若い人たちが出発していったのだと思います。

文学の主題／科学の方法

見田 フロイトの精神分析学の方法論の宣言みたいな「飛んでゆくことができないなら、せめて這ってでも」という一説に、若いとき強く共鳴しました。ドイツの古い民謡か大衆の歌から採ったのでしょうね。フロイトは、これまで理論的な研究の対象外と思われてきた主題に、何とか理論という方法で「這ってでも」迫ろうとした。その成否については、いろんな議論があるでしょう。「異種格闘技」をやることのできるアリーナが、僕にとっては社会学という「自由の空間」だったのです。

僕が本当にやりたかったことは、他のところでも書いていることですが、「本当に歓びに満ちた人生を送るにはどうしたらいいか」、そして「すべての人が歓びに満ちた人生を送るにはどのような社会を作ればいいか」ということ、その中でも、特に二つの焦点として〈死とニヒリズムの問題系〉、〈愛とエゴイズムの問題系〉ということでしたが、それは基本的には文学や思想の問題なのです。けれども、僕はこれらの問題を、現実的な事実の実証と透徹した理論という方法で追求したかった。つまり、文学や思想の主題を、科学という方法で追求したかったのです。

そんなことがどこまでできるか、できないのかは分かりません。けれども、そういう統合の冒険に一生を賭けてみる人間が一人くらいいたっていいじゃないか、と(笑)。

加藤 対立するものの肯定と統合ということは、私なんかにとってもいい教えです。自分にはできないとしても、目指すべき方向として深い共感を覚えます。『現代社会の理論』を初めて読んだ時に、全然違う考え方を出してきて、統合した二つを「みはるかす」という構え方という点で、『敗戦後論』と重なっていると思った、と言いました。しかし、私は両方を肯定して、しっかり受けとめる、という構えがいささか弱かったと、今、反省があるのです。特に、古くからの護憲派の人々、一部の保守派の人々には深い尊敬の念を抱いていましたが、言い方として、こっちもだめで、向こうもだめ、両方だめじゃないか、と言ったことで、両方からひどく反撥を食らいました。藤田省三さんのように、電話をくれて、趣旨はいい、しかし言い方が乱暴すぎるじゃないか、と注意してくれたかたもいたのですが(笑)。今年一〇月に『戦後入門』(ちくま新書、二〇一五年)という本を出したところですが、別に今度は褒めてもらおうと思ったわけではありませんが、今回は、どっちも正しい、と書いているかと思います(笑)。どちらからも学ぶ、肯定する形で受けとめる、というお話は初めて聞きましたが、非常に大事なことだと思います。

今のお話をうかがっていて思い出したのですが、しかし、何かをしっかりと肯定するということは、別のものをあっさり、はっきりと否定することでもあるんですね。『時間の比較社会学』を読んでいて、いちばん驚いたのは、最後にジャン＝ジャック・ルソーの『孤独な散歩者の夢想』の主張を、これでいいんだ、と肯定するところで、これを批判しているジョルジュ・プーレを、このプーレがだめなんだ、と明白に書いていることです。その逆転の発想が非凡。他の人にはできないところだな、と思いました。『現代社会の理論』でもマルクスの言ったことを逆転している名高い箇所がありますが、そうした箇所を読むと、ハッとさせられます。つまり、見田さんが言わなかったら誰も何となく「そうなんだけどな……でも、それだけじゃないと思うんだけど」と気色の悪い感じで進むところを逆転する。そうすると、日が陰っていたところに急に日が照って光が差してきて、風景が一変する。ルソーの最晩年の作品である『孤独な散歩者の夢想』は、同時代の人々からも孤立して書かれた、ルソーのいちばん心弱い部分の出ている本ですが、私は好きなものの一つなんですね。でも、最後、ルソー、落魄して、半分自然の中に逃げ込んじゃった、くらいに評されている。でも、それを見田さんは取り上げてきて、「これでいいんだ、ここからひっくり返さないとだめなんだ」と、これを否定するプーレのほうをばっさりと切る。こういうことは見田さんにしかできません。『時間の比較社会学』は、古代から現代までを一つの線で貫いている。ゴルフで言うと、刻んで進むのではなくて、ホールインワンするような射程距離をもった作品だと思います。

クンデラと往相／還相。現在が永遠である。

加藤　文学との関わりで言うと、ミラン・クンデラの『存在の耐えられない軽さ』（千野栄一訳、集英社文庫、一九九八年）の冒頭はニーチェの永劫回帰で始まるわけですが、『時間の比較社会学』とこの本は、最後にニヒリズムを超えていく、という点で構造が似ています。この本の主人公は事故ですでに死んでいて、有限性が決まっている。書き手も死んでいると書いてしまい、読者もそれを知っている中で、最後、当事者たちが死ぬということを知らないで、二人でダンスして「ここに今、幸せがある」と言って終わります。往相の他に還相をもっているんです。この作品が二〇〇〇年単位で見たとき浮かんでくる現代作品だというので、一度お話しした時に意見が合ったのですが、二つの著作が、有限の中に無限がある、ということで共通しているように思いました。タイトルは『時間の比較社会学』ですが、前半部分は国文学や短歌、万葉集を取り上げていて面白い。子どもの頃からの虚無や無限、ニヒリズムなどの感覚に裏打ちされている不思議な本だと思います。これが真木悠介名で書かれていることに、もう一度立ち止まりたいですね。今、『現代思想』という雑誌が見田宗介＝真木悠介特集を組むのは、時宜を得た試みだと思います。

見田　『存在の耐えられない軽さ』は、いきなり冒頭、〈永劫回帰〉が出てきて、全体のモチーフを鮮明に予示するのですね。

物語の最初の場面は、トマーシュが窓際に立って、中庭の向こうの建物の壁を、何をしたらいいのか分からない、という感じで「ぼんやり」と見ている。トマーシュは徹底的に明晰で合理的で、計画どおりにてきぱきと行動する人間で、「ぼんやり」するなんてありえない。一生に一度のことかと思う。この最初の場面に立ち返るたびに、僕はレンズ切り換えの瞬間を思い出すのです。今のレンズでも、世界はいちおう、そのすみずみまで明晰に見えているように見える。けれども、本当に透明なレンズに切り換えて見ると、世界はすみずみまで同じ世界でありながら、まったく新しい鮮度と、生彩と、輝きをもって立ち現れる。このレンズの切り換えの時に、一瞬、世界は焦点が合わなくなって、「ぼんやり」とする局面がある。最初の場面のトマーシュの「ぼんやり」が、どのような「明晰」から〈明晰〉への転回の予感であったのかが分かる最終の章に向かって、物語は現代社会のいろんな問題を巻き込みながら、ゆっくりと、しかし強靭なモチーフの一貫性の力をもって展開してゆく。

現代社会の「外部問題」は南北問題と地球環境の有限性という二つの「限界問題」であるのだけれども、現代社会の「内部問題」はリアリティ／アイデンティティの解体変容と〈現代人は愛しうるか〉というような問題の二つが基軸だと僕は思っているのですが、『存在の耐えられない軽さ』は、まさにこの二つの基軸の問題と、真正面から、しかも非常に深いところで格闘している。

クンデラと同じ世代の石牟礼道子の仕事と並んで、二〇世紀の文学の極致である、と僕は思っているのです。

交響空間——あとがきに

同じ時代を生きることができた、多くの優れた思想家、作家、学者、研究者と、対話の機会をもつことがあった。必ずしも「対談」という形式だけでなく、さまざまの呼応の形があった。一人、また一人、かけがえのない奏者が去ってもなお鳴り響き続ける交響の空間のように、現在もそれは私の中で、やむことがない。そのうちのいくつかのものを、ここに収めた。

初出の形の一覧は、以下のとおりである。少しだけのものについては、のちにいくらかの余談と補注を記した。

河合隼雄　超高層のバベル‥「「バベルの塔」神話」として、河合隼雄編『講座 心理療法』第八巻「心理療法と現代社会」岩波書店、二〇〇一年四月に掲載。

大岡昇平　戦後日本をふりかえる‥「戦後40年の文化——どこからどこへ」として、『朝日新聞』一九八五年一月三日（朝刊）に掲載。

吉本隆明　根柢を問いつづける存在‥「世紀末を解く」として、『東京新聞』一九九七年一月三日（朝刊）、四日（夕刊）、六〜一〇日（夕刊）、一三日（夕刊）に掲載（のち、中央公論編集部編『吉本隆明の世界』中央公論新社、二〇一二年六月に再録）。

石牟礼道子　前の世の眼。この生の海。∴「豊かな老いへ――往復書簡」として、『朝日新聞』一九九〇年七月五日、一二日、一九日、二六日（朝刊）に掲載。
廣松　渉　現代社会の存立構造（真木悠介名義）∴「物象化・存立構造論としての『資本論』」として、『情況』一九七三年七月号に掲載（のち、「物象化社会――物象化・存立構造論としての『資本論』」として、『知のインターフェイス――廣松渉学際対話』青土社、一九九〇年一一月に再録）。
黒井千次　日常の中の熱狂とニヒル∴「市民たちの空虚な思い――ニヒルと熱中のはざまで」として、『展望』一九七一年四月号に掲載。
山田太一　母子関係と日本社会∴「オウムを生んだ母子関係の力学」として、『大航海』第五号、一九九五年八月に掲載。
三浦　展　若い世代の精神変容∴「「進歩」が終わった世界を若者はどう生きるか」として、『中央公論』二〇〇九年七月号に掲載。
藤原帰一　二一世紀世界の構図∴「ベルリンの壁崩壊二〇年――世界と日本はどう変わったのか」として、『神奈川大学評論』第六五号、二〇一〇年三月に掲載。
津島佑子　人間はどこへゆくのか∴『東京新聞』二〇〇七年一月三日（朝刊）に掲載。
加藤典洋　現代社会論／比較社会学を再照射する∴『現代思想』二〇一六年一月臨時増刊号「総特集　見田宗介＝真木悠介――未来の社会学のために」に掲載。

余談と補注

石牟礼道子　前の世の眼。この生の海。

この往復書簡は、朝日新聞の企画で掲載された。第二信の文中にある「江郷下の母女線路行」については、石牟礼道子『天の魚――続・苦海浄土』（講談社文庫、一九八〇年）五五―五六頁と、この版の巻末解説「『天の魚』覚え書き」（『定本 見田宗介著作集』第Ⅱ巻に「孤独の地層学」として収録）参照。

石牟礼さんとの呼応としては、他に「世界を荘厳する思想　無限という病を超えて」という小文を記しておきたい。石牟礼さんの句集『天』（天籟俳句会、一九八六年）を贈っていただいたことへの応答として書いたものだから、対話といっても、ほとんど私のほうからの全面的なオマージュであるが、短いものなので、ここに全文を記載しておこうと思う。一九八六年一二月二六日、当時私が担当していた『朝日新聞』の「論壇時評」の最終回として掲載したので、そのような書式と文脈になっている。

世界を荘厳する思想　無限という病を超えて――明晰による救済

今年の最終回なので、今年のはじめからの言説のいくつかを手掛かりとして、この世紀末の思想のひとつの水平線を見定めておきたいと思う。

一月の時評〈週末のような終末〉の中で、村上春樹の『世界の終りとハードボイルド・ワンダーランド』を素材に、現在の若い世代の、明るい終末の感覚のようなものを見てきた。杉浦日向子のいうように、「二十一世紀は来ますかね」という会話が、お天気の話でもするように交わされている（『へるめす』三号「二十一世紀の風景」）。

存在する人類の死

人類はしぶとい動物だから二十一世紀は来ると思うが、いずれにせよこの世紀末は、次の世紀が来るかという問いを、思想の内部に抱いた世紀末である。

前世紀末の思想の極北が見ていたものが〈神の死〉ということだったように、今世紀末の思想の極北が見ているものは、〈人間の死〉ということだ。

それはさしあたり具象的には、核や環境破壊の問題として現れているが、そうでない様々な仕方でも感受されていて、若い世代はこのことを日常の中で呼吸している。核や環境汚染の危機を人類がのりこえて生きるときにも、たかだか数億年ののちには、人間はあとかたもなくなっているはずだ。未来へ未来へと意味を求める思想は、終極、虚無におちるしかない。

二十世紀末の状況はこのことを目にみえるかたちで、裸出してしまっただけだ。

人類の死が存在するということ、わたしたちのような意識をおとずれる〈世界〉に終わりがあるという明晰《めいせき》の上に、あたらしく強い思想を開いてゆかなければならない時代の戸口に、わたしたちはいる。

共同体の人びとの生と世界は有限な環《わ》の中に自足していた。近代はこの有限を解体し欲望を無限に向けて解き放つ。貨幣という欲望がそうであるように、近代は時間や空間や価値の、無限という病に憑《つ》かれた時代だ。近代が解き放ったかにみえた無限が、ほんとうはもうひとつの有限であること。を正視するところから、近代を超える思想の問いは始まる。——しかも共同体たちがその「外部」をもったほどにも、どのような「異郷」も「都」ももつことのない、ほんとうに孤独な有限であるということを。

二月の時評〈超越を超越すること〉でふれた『へるめす』別巻のシンポジウムで、植島啓司の「サマルカンドの死神」という報告は、こういう伝説を主題としている。

ある兵士が市場で死神と会ったので、できるだけ遠く、サマルカンドまで逃げてゆくために王様の一番早い馬をほしいという。王様が王宮に死神を呼びつけて、自分の大切な部下をおどかしたことをなじると、死神は「あんなところで兵士と会うなんて、わたしもびっくりしたのです。あの兵士とは明日以降にサマルカンドで会う予定ですから」という。

わたしたちはどの方向に走っても、サマルカンドに向かっているのだ。わたしたちにできることは、サマルカンドに向かう旅路の、ひとつひとつの峰や谷、集落や市場のうちに永遠を生きることだけだ。

仕事の究極の方向

六月の時評〈沈められた言葉たち〉では、『思想の科学』六月臨時増刊号「水俣の現在」の中の、石牟礼道子の、〈人間はなお荘厳である〉ということばにふれた。竹内敏晴は、昨年わたしと二十時間位やった対談（「関係としての身体」未刊）のおわりに近くなって、自分の仕事の究極の方向のようなものとして、この〈荘厳〉ということをぽつりと言っている。〈荘厳する〉とは仏教のことばで、花を飾るということである。「例えばからだがね、いろんな病んでる身体だの、そこから脱出して来る身体だのいろいろあるけど、そこにからだが荘厳されて来ていると。」そういうふうに、演ずるものの身体が舞台の上で、生活するものの生が舞台の外で、「花咲けば、荘厳されればいいじゃないかと。」

日本の仏教界で日常的には、このことばは「仏」＝死者を花飾ることに使われるという。熊本の寺の一室を仕事場としている石牟礼が、この用法をしらないはずはない。と、するとこれは相当、ものすごいことになってくる。石牟礼はどこかで〈人間〉を、もう死んだものとして感覚している。あるいは、いつ死んでもおかしくないものとして感覚している。その人間の死にぎわに添おうとしている。人間を荘厳しようとしているのである。

「人間の上を流れる時間のことも、地質学の時間のようにいつかは眺められる日が、くるのだろうか。」このように書き出されている文章のなかに、〈人間はなお荘厳である〉、という視覚は、おかれる。

石牟礼の句集『天』（天籟俳句会）が五月に刊行された。

死におくれ死におくれして彼岸花
祈るべき天とおもえど天の病む
三界の火宅も秋ぞ霧の道
銀杏舞い楓舞うなり生死《しょうじ》の野

まだ来ぬ雪や　ひとり情死行
九重連山月明つれて双の蝶
樹液のぼる空の洞より蛇の虹
樹の中の鬼目を醒ませ指先に

〈三界の〉の一句だけでも充分なのだが、どのようなアンチ・ヒューマニストたちの断念よりもいっそう深い断念のはてにおかれた、荘厳、ということば——世界の質感の粒立ちのよみがえりへの、鮮烈な知覚。句集全体は次の句で結ばれている。

さくらさくらわが不知火《しらぬひ》はひかり凪《なぎ》
いかならむ命の色や花狂い
天日のふるえや空蟬《うつせみ》のなかの洞

生者を生きさせる

荘厳、ということばはここで、「仏教的」な意味をくぐらせて幾重にも転回している。正確にいえば、「仏教的」な意味をつきぬけて、〈仏教的〉な意味の核心を再生している。それは第一に、死者たちを祀《まつ》ることばから、生者たちをも祀ることばへ転生している。第二にひとりの人間を祭ることばから、〈人間〉を祭ることばへ、人間の世界のぜんたいを祭ることばへ転開している。第三に〈荘厳する〉という行為のことばから、〈荘厳である〉という存在のことば、覚醒のことばへ転帰している。

ひとりの死者をほんとうに荘厳するとは、どういうことだろう。その死身の外面に花を飾ることでなく、その生きた人の咲かせた花に、花々の命の色に、内側から光をあてる、認識である。それは石牟礼が、その作品で、具体的に水俣の死者のひとりひとりを荘厳してきたやり方である。

このようにしてそれはそのまま、生者を荘厳する方法でもある。その生者たち自身の身体にすでに咲いている花を目覚めさせること。リアリティを点火すること。〈荘厳である〉というひとつの知覚は、死者を生きさせるただひとつの方法であることによって、また生者を生きさせるただひとつの方法である。ひとつひとつの空蟬の洞にふるえる天日のあかるさのように、それはこの個物ひしめく世界のぜんたいに、内側からいっせいに灯をともす思想だ。

〈夢よりも深い覚醒〉に至る、それはひとつの明晰である。

まったく思いがけないことに、現代美術批評の中心的な存在であった東野芳明氏から、肉筆の強い共感と賞賛の葉書をいただいた。

東野さんが「日本における現代絵画の到達点」として美大の学生たちに語っていたという宇佐美圭司の『20世紀美術』（岩波新書、一九九四年）は、マティスを回顧する序章に続いて、クンデラによるニューヨーク派批判を起爆剤として、現代美術への根底的な批評の本論を展開している。クンデラと宇佐美圭司を媒介として、石牟礼さんへの東野さんの共振をよく理解できると思った。『定本 見田宗介著作集』第Ⅱ巻で、石牟礼さんの仕事の一端の解説としての「孤独の地層学」と、コンテンポラリー・アートの先端における転回と言うべき杉本博司の『SEASCAPES』（青幻舎、二〇一五年）に寄せた解説「時の水平線。あるいは豊饒なる静止」を、ミシェル・フーコー『性の歴史』への批判的なコメント「声と耳」(『定本』第Ⅱ巻所収)と並んで現代世界の文化状況を照射する三つの角度からの投光源のような配置で提示したのは、この東野さんの石牟礼さんへの共振という、うれしい驚きに触発された、さまざまの思考の展開の帰結であった。

クンデラと石牟礼さんについては、加藤典洋さんとの対談の終わりと、それへの「あとがき」で、もう一度立ち返ってみる。

廣松　渉　現代社会の存立構造

一つの思想を真に「乗り越える」ということは、この思想をその低い部分で乗り越えるということではなく、この思想をそのもっとも高い部分で乗り越えるということでなければならない。

マルクスは、私は「マルクス主義者」ではない、と語った。ここに天才の孤独を見ることができる。果たせるかな、マルクスの死後三〇年にして、それはレーニンの手によって「プロレタリア独裁」とか「前衛政党の排他的な指導性」とかを正当化するイデオロギーとして変造され、宣布されるに至った。

マルクス自身の理論の最も高い部分は、ライフワークである大著『資本論』における、近代市民社会の存立の原理的な構造の解明、消費し、生産する一人一人の人間の関係性の矛盾という原基から出発して、水平的/垂直的な関係性の幾層もの重層を把握することを通して、全世界規模の経済の動向の解明に至る、重厚な理論の編成にあった。『現代社会の存立構造』という作業の企図したことは、資本論のこのように重層する論理の骨格を、あらゆる種類のイデオロギー性を洗い落とし、純化して取り出すことを通して、サイエンスとしての社会学、社会科学にとって活用可能な、ニュートラルな理論装置として把握するということ、資本論の「脱イデオロギー化」ということにあった。

このような企図は、当然「マルクス主義」、「反マルクス主義」の双方からの激しい反撥か無視と遭遇することとなる。

この対談の編集者の企図は、この仕事の刊行当時から四〇年後の現在もなお世界的に最も高い水準のマルクス研究者である廣松渉氏と、この冒険とを対決せしめるということにあった。

対談末尾の問答にもあるように、それは必ずしも編集者の期待したような「対決」とはならなかったかもしれないが、本質的には、編集者の企図したとおりの緊迫した、密度の高い討論となったと思う。

『現代社会の存立構造』自体は、若い時の「読書ノート」の一冊みたいな味も素っ気もないものだから、当然ほとんど読まれなかったが、例外的に関心をもってくれた当時一〇代の少年だった二人の理論家がいた。一人は水平性／垂直性という関係性の重層性の構造を的確に把握された、後年ポストモダンの中心的な理論家となる浅田彰君であり、もう一人はＲＯＳ（関係‐客体‐主体）のトリアーデを基軸とする編成に着目されて、明快な注解と独創的な応用展開の書を四〇年後に刊行されることとなる社会学の大澤真幸君（真木悠介・大澤真幸『現代社会の存立構造『現代社会の存立構造』を読む』朝日出版社、二〇一四年）であった。ノートの作成者としては、望外のレスポンスであった。

廣松氏との対話では、他に「世界の「見え方」を解体する」というタイトルで収録するつもりであった吉田民人、廣松渉、見田の鼎談（「分類の思想――社会科学の分類と分類の社会科学」、『知の考古学』社会思想社、一九七七年三、四月号）がある。吉田民人氏はアメリカ系の構造／機能主義的な社会学の本流の徹底した理論家として、日本の社会学会では最も尊敬されていると言ってよい神話的な存在であり（二〇〇九年没）、廣松氏は前記のとおり、対照的なマルクス主義の哲学者として世界的な高峰であり、『知の考古学』というフランス系のポストモダンの現代思想の感覚の強く流れるアリーナで繰り広げられたこの両カリスマの直接対決は、記念碑的にラディカル（根本的）な対論であり、論理の切っ先の火花の散る場面もいくつかあったが、決して「勝った負けた」の醜い論争となることはなく、あくまでも爽快な論理と論理との対決に終始したのは、吉田、廣松両氏の人格によるものである。ただ、現在の広い範囲の若い読者（特に高校生諸君）の視点で何回も読み返してみて、論理の水準が高度にすぎ、難解にすぎると判断するほかはなく、熟慮残念の末、最終選考で割愛することとした。ファイトあふれる諸兄姉には、ぜひ一読をお勧めしたい。初出誌の他に、比較的手に入れやすいものとして、一九九五年に刊行された『廣松渉コレクション』第六巻（情況出版）に収録されている。

加藤典洋　現代社会論／比較社会学を再照射する

対談は『現代思想』二〇一六年一月臨時増刊号「総特集　見田宗介＝真木悠介――未来の社会学のために」巻頭の導入的な対談として企画された。二〇一八年に刊行される第四の理論的な主著『現代社会はどこに向かうか――高原の見晴らしを切り開くこと』（岩波新書）の総論部分をほぼ完成して雑誌に発表した時点だった。人間の歴史の全体と、その中での「現代社会」と未来の社会の方向性について、これまでとはまったく異なった理論装置によって新しく統一的に把握し直すという仕事だったから、当然それ以前の三つの仕事『時間の比較社会学』、『自我の起原』、『現代社会の理論』の内容を、この新しい理論装置の基盤の上に、どのように統合的に定位し、再照射するか、ということが、読者からも問われ、私自身にとっても徹底して整理しておく必要のある課題であった（他の三つの仕事『気流の鳴る音』、『宮沢賢治――存在の祭りの中へ』、『まなざしの地獄』は、理論的な根幹の仕事のための、生きられるヴィジョンの展開と、素材的なモノグラフだった）。加藤氏の的確に本質を捉えた設問との対話を通して、ここでは特に、世界の「無限」という思想／世界の「有限」という思想の、それぞれの生成と、転回と、重層という論理を基軸に、人間の歴史の全体と、その中での「近代社会」、「現代社会」、未来社会を、一貫した理論の展開の中で、統合的に把握する視界を開いておくことができたと思う。

私についてだけでなく、他の現代の作家、思想家についても、透徹した理解と批評とを展開している加藤氏を、この課題の対話者として得たことは、非常に幸運のことであったと感謝している。

加藤さんが対談の終わりで提起しているクンデラと往相／還相のモチーフは、前出の石牟礼さんの「不可視の門の向こう側」、世界を荘厳する思想ということと正確に重奏している。

life is but a dream;
dream is, but, a life!

本書の編集者・互盛央氏は、『定本　見田宗介著作集』全一〇巻（岩波書店、二〇一一—一二年）、『定本　真木悠介著作集』全四巻（岩波書店、二〇一二—一三年）の中心的な編集者であり、講談社に移籍されたあと、見田の対談集を作るという加藤典洋氏の提言を受けて、散逸した多くの資料のうちから、抜群の探索力と編纂力をもって、整然たるデータベースを作成された。記して深甚の謝意を表したい。

二〇一九年九月

見田宗介

＊追記　本年（二〇一九年）五月一六日、本書の企画発案者であり、収録最終対談者である加藤典洋氏が急逝された。編集は完了しており、本となった形で見てもらえなかったことは、無念である。加藤さんと、本書の編集者互盛央さん、講談社の編集者見田葉子さんの四人で、新宿ルノアールで何回か行った現代文学研究会はクンデラと石牟礼道子、スヴェトラーナ・アレクシエーヴィッチとローラン・ビネ、鶴見俊輔と吉本隆明、大江健三郎と村上春樹から、ボーヴォワールとソクラテスまでを縦横に往還する、刺戟に充ちた交響の空間であった。加藤さんの声が突然聞かれなくなったことは、埋めることのできない、喪失である。

宮沢賢治（1896-1933年） 38, 43, 52-62, 67, 184
森秀人（1933-2013年） 279

［ヤ］

ヤスパース、カール（1883-1969年） 258, 260
八千草薫（1931-2019年） 172
柳田国男（1875-1962年） 8, 65
山崎貴（1964年生） 236
湯川秀樹（1907-81年） 23
ユング、カール・グスタフ（1875-1961年）（ユング派） 26, 55
吉川浩満（1972年生） 275, 276
吉沢英成（1941年生） 98
吉田民人（1931-2009年） 262
吉本隆明（1924-2012年） 284

［ラ］

ライプニッツ、ゴットフリート・ヴィルヘルム（1646-1716年） 113
リントン、ラルフ（1893-1953年） 108
ルソー、ジャン＝ジャック（1712-78年） 43, 287
レヴィ＝ストロース、クロード（1908-2009年） 37, 64
レーヴィット、カール（1897-1973年） 109

［ワ］

ワーズワース、ウィリアム（1770-1850年） 263

埴谷雄高（1909-97年） 32
林郁（1936年生） 162
林京子（1930-2017年） 240, 246
バーロ、ルドルフ（1935-97年） 219
東山紘久（1942年生） 18
ピカソ、パブロ（1881-1973年） 241
平田清明（1922-95年） 103
平野謙（1907-78年） 33
フィジェル、シア（1967年生） 237
フィヒテ、ヨハン・ゴットリープ（1762-1814年） 110
フォイエルバッハ、ルートヴィヒ・アンドレアス（1804-72年） 109, 110
深沢七郎（1914-87年） 163, 175, 246
フーコー、ミシェル（1926-84年） 51
藤田省三（1927-2003年） 286
藤原道綱母（936頃-995年） 252
ブッシュ、ジョージ・W（1946年生） 209, 224, 225
ブーバー、マルティン（1878-1965年） 22, 23
プーレ、ジョルジュ（1902-91年） 287
フロイト、ジークムント（1856-1939年） 55, 57, 62, 112, 113, 252, 267, 271, 285
ヘーゲル、ゲオルク・ヴィルヘルム・フリードリヒ（1770-1831年） 43, 45, 91, 94, 110, 115
ペソア、フェルナンド（1888-1935年） 272, 281
ベック、ウルリッヒ（1944-2015年） 251
ボードリヤール、ジャン（1929-2007年） 51, 263, 278

［マ］

マザー・テレサ（1910-97年） 276
マッカーサー、ダグラス（1880-1964年） 32
松本清張（1909-92年） 33
マルクス、カール（1818-83年）（マルクス主義） 37, 38, 43, 46, 60, 84, 86-88, 91, 93-95, 97, 98, 100, 103, 104, 106, 113, 119, 122-124, 128, 129, 139, 231, 232, 252, 253, 287
マルコス、フェルディナンド（1917-89年） 200
ミード、ジョージ・ハーバート（1863-1931年） 109-111

スターリン、ヨシフ（1878-1953年）（スターリン主義） 63, 177, 217, 219
スタローン、シルヴェスター（1946年生） 174
スペンサー、ハーバート（1820-1903年） 88
関川秀雄（1908-77年） 236
ソシュール、フェルディナン・ド（1857-1913年） 252

［タ］

ダーウィン、チャールズ（1809-82年） 265
竹内整一（1946年生） 250
竹田青嗣（1947年生） 249
太宰治（1909-48年） 37
タレーラン、シャルル＝モーリス・ド（1754-1838年） 203
塚本健（1931年生） 104
鶴見俊輔（1922-2015年） 50, 51, 140, 253, 273, 279, 284
デカルト、ルネ（1596-1650年） 112, 113
デュマ、アレクサンドル（1802-70年） 34
デュルケーム、エミール（1858-1917年） 64, 86
寺山修司（1935-83年） 278-280
テンニース、フェルディナント（1855-1936年） 122
ドーキンス、リチャード（1941年生） 265, 266, 272, 276

［ナ］

中尾ミエ（1946年生） 163
ニーチェ、フリードリヒ（1844-1900年） 158, 259, 288
日蓮（1222-82年） 61

［ハ］

ハイデガー、マルティン（1889-1976年） 109
パウロ（前10頃-65年頃） 243, 246
朴裕河（パクユハ）（1957年生） 240
橋爪大三郎（1948年生） 249, 282
橋本やよい 8, 9
パーソンズ、タルコット（1902-79年） 108, 263
バタイユ、ジョルジュ（1897-1962年） 251, 252, 263, 264
鳩山由紀夫（1947年生） 223

［カ］

カイヨワ、ロジェ（1913-78年）　34
金子武蔵（1905-87年）　283
柄谷行人（1941年生）　253
木下惠介（1912-98年）　246
キリスト　→イエス・キリスト
キルケゴール、セーレン（1813-55年）　277
クラックホーン、クライド（1905-60年）　114
クーリー、チャールズ（1864-1929年）　110, 111
クリントン、ビル（1946年生）　224
グールド、スティーヴン・ジェイ（1941-2002年）　276
クンデラ、ミラン（1929年生）　288, 289
ケインズ、ジョン・メイナード（1883-1946年）　44
ゴア、アル（1948年生）　209
河野実（1941年生）　245
ゴーギャン、ポール（1848-1903年）　245
ゴルツ、アンドレ（1923-2007年）　233
ゴルバチョフ、ミハイル（1931年生）　200
コント、オーギュスト（1798-1857年）　88, 91, 274

［サ］

サルトル、ジャン＝ポール（1905-80年）　37, 110-112
沢木耕太郎（1947年生）　254
サント＝ブーヴ、シャルル＝オーギュスタン（1804-69年）　34
ジッド、アンドレ（1869-1951年）　34
島倉千代子（1938-2013年）　163
清水正徳（1921-2004年）　104
シュタイン、ローレンツ・フォン（1815-90年）　88
シュペングラー、オスヴァルト（1880-1936年）　199
シュワルツェネッガー、アーノルド（1947年生）　174
正田美智子（1934年生）　163
ショパン、フレデリック（1810-49年）　241
ジンメル、ゲオルク（1858-1918年）　89, 90
菅原孝標女（1008-59年以後）　252

人名索引

・対話中に登場する人物を対象としたが、当該の対話者は除外している。
・書名中の人名、邦訳文献の訳者名は対象としなかった。また、巻末「交響空間——あとがきに」に登場する人名も対象としていない。

［ア］

明仁（皇太子）（1933 年生） 163
アグネス・チャン（1955 年生） 162
浅沼稲次郎（1898-1960 年） 163
浅野温子（1961 年生） 172
麻原彰晃（1955-2018 年） 21, 59, 63
梓みちよ（1943 年生） 163
阿部和重（1968 年生） 269, 270
イエス・キリスト（前 4 頃 -30 年頃） 56, 243
石井明（1945 年生） 229
石牟礼道子（1927-2018 年） 289
泉鏡花（1873-1939 年） 150
伊藤整（1905-69 年） 33
今村昌平（1926-2006 年） 246
ヴァレリー、ポール（1871-1945 年） 34
上田紀行（1958 年生） 13
ウェーバー、マックス（1864-1920 年） 86, 182, 183
エリツィン、ボリス（1931-2007 年） 200
大江健三郎（1935 年生） 163, 175
大澤真幸（1958 年生） 84, 191, 229, 249, 253, 281, 282
大島みち子（1942-63 年） 245
小川国夫（1927-2008 年） 56
オバマ、バラク（1961 年生） 223, 224
オルテガ・イ・ガセット、ホセ（1883-1955 年） 34

見田宗介（みた・むねすけ）

一九三七年、東京生まれ。東京大学大学院博士課程単位取得退学。東京大学大学院総合文化研究科教授、共立女子大学家政学部教授を歴任。東京大学名誉教授。専門は、社会学。

主な著書に、『近代日本の心情の歴史』（講談社（ミリオンブックス）、一九六七年。のち、講談社学術文庫、一九七八年）、『現代日本の心情と論理』（筑摩書房、一九七一年）、『宮沢賢治』（岩波書店（20世紀思想家文庫）、一九八四年。のち、岩波現代文庫、二〇〇一年）、『現代社会の理論』（岩波新書、一九九六年。改訂、二〇一八年）、『現代社会はどこに向かうか』（岩波新書、二〇一八年）ほか。

真木悠介名義の著作に、『気流の鳴る音』（筑摩書房、一九七七年。のち、ちくま学芸文庫、二〇〇三年）、『時間の比較社会学』（岩波書店、一九八一年。のち、岩波現代文庫、二〇〇三年）、『自我の起原』（岩波書店、一九九三年。のち、岩波現代文庫、二〇〇八年）ほか。

著作集として、『定本 見田宗介著作集』（全一〇巻、岩波書店、二〇一一―一二年）、『定本 真木悠介著作集』（全四巻、岩波書店、二〇一二―一三年）がある。

超高層《ちょうこうそう》のバベル
見田宗介対話集《みたむねすけたいわしゅう》

二〇一九年一二月一〇日　第一刷発行
二〇二二年　六　月二八日　第四刷発行

著　者　見田宗介《みたむねすけ》

発行者　鈴木章一
発行所　株式会社　講談社
東京都文京区音羽二丁目一二―二一　〒一一二―八〇〇一
電話（編集）〇三―三九四五―四九六三
（販売）〇三―五三九五―四四一五
（業務）〇三―五三九五―三六一五

KODANSHA

装幀者　奥定泰之
本文印刷　株式会社　新藤慶昌堂
カバー・表紙印刷　半七写真印刷工業株式会社
製本所　大口製本印刷株式会社

ISBN978-4-06-518126-3　Printed in Japan　N.D.C.361　308p　19cm

講談社選書メチエの再出発に際して

講談社選書メチエの創刊は冷戦終結後まもない一九九四年のことである。長く続いた東西対立の終わりはついに世界に平和をもたらすかに思われたが、その期待はすぐに裏切られた。超大国による新たな戦争、吹き荒れる民族主義の嵐……世界は向かうべき道を見失った。そのような時代の中で、書物のもたらす知識が一人一人の指針となることを願って、本選書は刊行された。

それから二五年、世界はさらに大きく変わった。特に知識をめぐる環境は世界史的な変化をこうむったとすら言える。インターネットによる情報化革命は、知識の徹底的な民主化を推し進めた。誰もがどこでも自由に知識を入手でき、自由に知識を発信できる。それは、冷戦終結後に抱いた期待を裏切られた私たちのもとに差した一条の光明でもあった。

その光明は今も消え去ってはいない。しかし、私たちは同時に、知識の民主化が知識の失墜をも生み出すという逆説を生きている。堅く揺るぎない知識も消費されるだけの不確かな情報に埋もれることを余儀なくされ、不確かな情報が人々の憎悪をかき立てる時代が今、訪れている。

この不確かな時代、不確かさが憎悪を生み出す時代にあって必要なのは、一人一人が堅く揺るぎない知識を得、生きていくための道標を得ることである。

フランス語の「メチエ」という言葉は、人が生きていくために必要とする職、経験によって身につけられる技術を意味する。選書メチエは、読者が磨き上げられた経験のもとに紡ぎ出される思索に触れ、生きるための技術と知識を手に入れる機会を提供することを目指している。万人にそのような機会が提供されたとき初めて、知識は真に民主化され、憎悪を乗り越える平和への道が拓けると私たちは固く信ずる。

この宣言をもって、講談社選書メチエ再出発の辞とするものである。

二〇一九年二月　　野間省伸